# 国际贸易实务与单证编委会名单


主　编：彭月嫦

副主编：陈向华

参　编：朱蔚兰　石智丰

国际商务专业“理实一体化”系列教材

# 国际贸易实务与单证

GUOJI MAOYI SHIWU YU DANZHENG

主 编◎彭月嫦 副主编◎陈向华

暨南大學出版社
JINAN UNIVERSITY PRESS

中国·广州

**图书在版编目（CIP）数据**

国际贸易实务与单证/彭月嫦主编；陈向华副主编．—广州：暨南大学出版社，2015.9
（国际商务专业“理实一体化”系列教材）
ISBN 978－7－5668－1594－1

Ⅰ.①国…　Ⅱ.①彭…　②陈…　Ⅲ.①国际贸易—贸易实务　②国际贸易—原始凭证
Ⅳ.①F740.4

中国版本图书馆 CIP 数据核字（2015）第 193308 号

出版发行：暨南大学出版社

地　址：中国广州暨南大学
电　话：总编室（8620）85221601
营销部（8620）85225284　85228291　85228292（邮购）
传　真：（8620）85221583（办公室）　85223774（营销部）
邮　编：510630
网　址：http：//www.jnupress.com　http：//press.jnu.edu.cn

排　版：广州市天河星辰文化发展部照排中心
印　刷：深圳市新联美术印刷有限公司

开　本：787mm×1092mm　1/16
印　张：19
字　数：480 千
版　次：2015 年 9 月第 1 版
印　次：2015 年 9 月第 1 次
印　数：1—2000 册

定　价：44.00 元

# 前　言

近两年，我国已成为世界第一大货物贸易大国，对外贸易对我国经济增长的贡献突出，是我国经济增长的重要支撑。随着我国参与不同国家和地区之间商品劳务交换活动的日益频繁，国内外企业需要大量掌握国际贸易理论知识和实际操作技能的综合型应用人才，为此，我们在学校开展国家示范性学校建设的背景下，通过校企合作，共同探讨和研发，将国际贸易实务知识与国际商务单证知识紧密融合在一起，编写了本教材。本教材具有以下特点：

实务＋单证：本书以外贸业务流程为主线，将自交易磋商开始至交易结束整个流程及各环节所产生的主要单据贯穿全书，做到理实高度融合，使学生通过学习，能掌握交易的流程，熟悉交易各环节的基本理论知识，学会各环节的操作及单据填制，提高学生对知识的理解效果和动手能力。

岗位导向：本书以外贸业务员、外贸跟单员和外贸单证员等岗位为出发点，将各岗位主要的知识点和技能点涵盖在内，使学生通过外贸业务流程主线条的学习，学会各岗位所需要的基本知识和技能，为提高学生的学习能力，实现教学过程中的“教、学、做”一体化打下基础。

能力为本：本书在编写的过程中，遵循“以中职学生理论知识够用为度，注重提高学生操作能力”的原则，在教学目标的制定、课程内容的安排、操作知识的融入等方面都充分重视对学生能力的培养，引导学生在紧跟业务流程，用国际商务理论及实践知识来解决国际商务活动中实际问题的同时，提高他们的商务综合素养。

题材丰富：本书以大量业务案例和单据来演绎教学内容，通过添加图片和流程图来提高学生学习的积极性和主动性，由此激发学生的学习兴趣，激发和满足学生的学习动机。

本书由彭月嫦担任主编，陈向华担任副主编。彭月嫦负责编写模块一和模块二，朱蔚兰负责编写模块三和模块四，石智丰负责编写模块五和模块六，陈向华负责编写模块七和模块八。全书由彭月嫦进行总纂和修改，最后定稿。

本书在编写的过程中，查阅及参考了大量的材料，并大量引用了外贸企业提供的素材，在此谨向编者及提供素材的外贸企业表示衷心的感谢！由于水平有限，错误之处敬请批评指正！

编　者

2015 年 5 月

# 目 录

模块一

# 国际贸易实务与单证概述

【知识目标】

1. 了解国际贸易的概念及产生条件
2. 学会分析国际贸易与国内贸易的区别
3. 熟悉国际贸易实务的概念、流程及其所产生的单证

【技能目标】

1. 学会阐述国际贸易实务的业务流程
2. 学会分析国际贸易业务流程单证的来源

## 项目 1　国际贸易概述

### 一、国际贸易的概念

从一国的角度看，国际贸易可称为对外贸易，是指一国（地区）同其他国家（地区）所进行的商品、技术和服务的交换活动。因此，提到对外贸易时要指明特定的国家，如中国的对外贸易等；某些岛国如英国、日本等的对外贸易则称为海外贸易。从国际的角度看，国际贸易可称为世界贸易，是指世界各个国家（地区）在商品和劳务等方面进行的交换活动。它是各国（地区）在国际分工的基础上相互联系的主要形式，反映了世界各国（地区）在经济上的相互依赖关系，是由各国对外贸易的总和构成的。国际贸易一般由进口贸易和出口贸易所组成，因此也可称为进出口贸易。

### 二、国际贸易产生的条件

国际贸易的产生必须具备两个基本条件：一是有剩余的产品可以作为商品进行交换；二是商品交换要在各自为政的经济实体之间进行。因此，没有剩余产品、没有阶级和国家或独立的经济体，也就没有对外贸易。

## 三、国际贸易与国内贸易的异同

### （一）国际贸易与国内贸易的共同点

1. 国际贸易是国内贸易发展到一定程度、市场范围超越国家边界的结果

国际贸易和国内贸易的基本内容都是商品和劳务的交换，国际贸易从事着国家间的商品和劳务的交换，国内贸易是国内进行的商品和劳务的交换。

2. 货物都是从生产者向消费者转移

国际贸易和国内贸易虽然活动范围有所不同，但商品流通运动的方式完全一样。国际贸易和国内贸易都是类似的商业活动，处于社会再生产过程中的中介地位。

3. 进行交易的技术过程大同小异

国际贸易与国内贸易的基本职能一样，都是进行商品买卖。国际贸易与国内贸易都包括交易准备、交易磋商、合同签订、合同履行等环节，只是在具体程序和细节上国际贸易比国内贸易更为复杂。

4. 国际贸易与国内贸易的经营目标均是通过交换取得更多的经营利润或经济利益

贸易或者流通具有资源配置的功能，但在正常情形下，通过贸易配置资源必须以利润或利益为基础。

### （二）国际贸易与国内贸易的区别

1. 所处的条件不同

国际贸易是在经济结构、生产条件、生产力水平、经济政策、产业政策、贸易政策不同的国家间进行的商品交换。①语言不同。国际贸易是与外国商人做生意，故必须克服语言障碍。②风俗习惯不同。世界各国的生活风俗习惯不同，宗教和信仰也有差别，这些都会导致消费习惯的差异。③资讯收集困难。从事国际贸易必须随时掌握世界市场动态，了解贸易对象的资信状况，熟悉目标市场的法律制度和相关规则，收集和分析这些资料困难较多。

国内贸易则是在同一经济法律制度下一国内部的商品交换，其语言、风俗习惯的差异较小，在同一市场上获取各方面的资讯都容易得多。

2. 交易的复杂程度不同

各国各地市场商业习惯不同，对国际贸易中的规则与条例的理解也可能不一致，这些都需要交易双方进行沟通，求得一致，避免产生贸易纠纷；世界各国都设有海关，对于货物进出口都有许多规定，货物的进出口要履行报关手续；出口货物的种类、品质、规格、包装和商标也要符合相关国家的各种相关规定；跨国货物运输和保险、国际结算与汇兑也增加了国际贸易的复杂性。

3. 受经济政策影响的程度不同

各个国家的经济政策主要是对本国经济发展起作用的，但又会在一定程度上影响到国际贸易的开展，且很多政策也会因不同的经济形势、不同的执政者而变化。经济政策包括

金融政策、产业政策、进出口管理政策、关税政策等，从事国际商品交换活动必须研究这些政策。国际贸易主要受到本国和外国的经济政策的影响，而国内贸易主要受本国经济政策影响。

4. 货币制度的影响不同

各国货币制度的差异增加了交易的复杂性。在国际贸易中，贷款的清偿多以外汇支付。由于汇率波动大，计价货币的选择会影响交易者的利益，给交易定价带来复杂性。国际贸易的交易结算涉及多国的银行，还与各国外汇管理制度、汇率制度有关，这增加了国际汇兑的复杂性。国际贸易比国内贸易的交易结算复杂得多。

5. 商品和生产要素的流动性存在差异

商品和生产要素国际间流动相对不自由，国际间竞争不完全性相对大，国内的流动则相对自由，竞争的不完全性相对小。同时，国际间贸易受到的管制较多，各国往往采取关税壁垒与非关税壁垒来限制外国商品的进口，这对国际贸易造成了许多障碍，国内贸易障碍则相对少。

6. 风险不同

国际贸易比国内贸易风险大。国际贸易的主要风险包括：①信用风险。买卖双方分处不同国家，不容易了解对方的经营和资信状况，同时，交易期间买卖双方的财务状况可能发生变化，因此，对双方来说都存在信用风险。②商业风险。国际贸易中，因货样不符、交货期晚、单证不符等，进口商往往拒收货物，从而给出口商造成了商业风险。另外，国际市场的价格波动，也会造成其中一方的商业损失。③汇兑风险。国际贸易中，交易双方至少有一方要以外币计价。从签约到结算时间较长，期间如果外汇汇率出现较大的变化，就会出现汇兑风险。④运输风险。国际贸易货物运输里程一般比国内贸易的长，有时需要经过两种以上的运输方式，货物在运输过程中遭受损失的可能性比较大。⑤政治风险。一些国家由于政治变动，贸易政策法令会不断修改，这常常使从事贸易的厂商承担很多由政治变动带来的风险。

# 项目2　国际贸易实务的基本概念、主要流程及其单证

## 一、国际贸易实务的基本概念

国际贸易实务又称为进出口贸易实务，是国际经济与贸易等专业必修的一门专业基础课程，也是一门专门研究国际间商品交换中商品的品质、数量、包装、运输、保险、价格、支付等具体过程的学科。其涉及国际贸易的理论、实务、法律、法规和国际惯例，以及国际货物运输和保险等各个领域的原理和基本概念，因而又是一门具有涉外活动特点、实践性很强的综合性应用学科。国际贸易实务的知识是外贸单证从业人员必不可少的基础知识。

## 二、国际贸易实务的主要流程及其所产生的单证

国际贸易实务流程主要分为交易磋商、备货、通关、投保、运输和结汇等几个环节，所有实务流程源自交易磋商。只有经过磋商，双方意愿达成一致，合同成立，才有履行合同可言。在履行合同的过程中，各环节虽有先后，但有些环节并没有严格的时间限制，有些环节的内容可能穿插进行，如租船订舱、投保、报关等。为保证编写内容的归整，在叙述国际贸易实务流程时，对个别内容的先后顺序将作相应的调整。国际贸易实务流程的各环节如下：

### （一）交易磋商

签署买卖合同是交易双方交易意愿达成一致的最终结果。交易磋商是国际贸易的重要环节之一，是一项交易的开始。它是交易双方通过口头或书面的形式，就交易标的的品质、数量、价格等条件进行磋商的过程。当发盘人和受盘人经过询盘、发盘、还盘和接受四个环节（其中发盘和接受是必不可少的，是达成交易所必需的法律步骤）时，交易即告达成。买卖双方可以根据双方磋商的内容草拟销售合同，合同经双方签字生效。双方确认合同之后，卖方要组织货源，买方要根据双方意愿确认结汇方式（有关交易磋商环节及合同签订的内容详见模块二）。

### （二）备货

1. 申领出口许可证

为了合理配置资源，规范出口经营秩序，营造公平透明的贸易环境，履行我国加入的国际公约和条约，维护国家经济利益和安全，根据我国《货物出口许可证管理办法》的规定，国家实行统一的货物出口许可证制度。国家对限制出口的货物实行出口许可证管理。商务部是全国出口许可证的归口管理部门，负责制定出口许可证管理办法及规章制度，监督、检查出口许可证管理办法的执行情况，处罚违规行为。经营者申请出口许可证时，应提交以下文件：①出口合同和出口许可证申请表；②出口配额证明文件；③出口企业具有出口经营权的证明文件。另外，发证机构在审查出口合同时应重点审核出口商品价格，签发的出口许可证上的商品价格应与出口合同中的价格相一致；当出口合同中的价格低于有关进出口商会制定的出口协调价格时，发证机构应拒发出口许可证。

2. 组织货源（备货）

在和买方签好销售合同之后，就需要向工厂下订单尽快组织货源，以和买方确定好的价格在国内寻找质量稳定、价格合理的供货方。要在合同规定的时间内把货物按照合同规定的规格生产出来，在加工生产货物的同时，需要及时和工厂进行沟通，以确保货物的质量。要按照合同的规定包装，合同规定用什么样的包装，在生产加工过程中就要严格要求用什么样的包装，以确保包装和合同规定的相一致。备货环节产生商业发票、装箱单和原产地证明书（有关备货及商业发票、装箱单和原产地证明书的填制方法详见模块三）。

### （三）通关

1. 出口商品的检验检疫

在货物生产加工完成之后，我们需要按合同上的要求对货物进行检验检疫。目前我国进出口商品检验检疫工作主要有四个环节：接受报验、抽样、检验和签发证书。如果合同要求 CIQ 商检，我们就需要和商检局进行沟通，及时安排对货物进行检验检疫，尽快取得商检局核发的出境货物通关单；如果合同规定进行 SGS 商检，我们就要安排货代及时和 SGS 商检机构取得联系，由 SGS 商检工作人员进行检验，并出具 SGS 商检证书。

2. 报关

货物商检完毕后，须由专业持有报关证人员，持箱单、发票、报关委托书、出口结汇核销单、出口货物合同副本、出口商品检验证书等文本去海关办理通关手续。检验检疫和报关环节将产生报检单和报关单（报检和报关的具体内容及其单证的填制方法详见模块四）。

### （四）投保

在履行 CIF/CIP 出口合同时，卖方在装船之前（一般在办妥租船订舱手续后），应按照买卖合同或信用证的规定及时办理投保手续。通常买卖双方在签订销售合同时已事先约定运输保险的相关事项。常见的国际货物运输保险有海洋货物运输保险、陆空邮货运输保险等。其中，海洋货物运输保险条款所承保的险别，分为基本险别和附加险别两类。出口商品的投保一般都是逐笔办理的，在投保时，应将货物名称、保额、运输路线、投保险别等一一列明。保险公司接受投保后，即签发保险单或保险凭证（有关国际货物运输保险的内容及保险单的填制方法详见模块五）。

### （五）运输

1. 货物交运装船

在货物到达装运港口后，可直接交给货代公司，由货代公司按照事先确定的时间装船。在海关放行后，发货单位凭海关加盖放行章的装箱单与港务部门和理货人员联系，查看现场货物并做好装船准备。在装船过程中，应有出口方委托的货运代理在现场监装，以随时掌握装船进度并处理临时发生的问题。

2. 发装运通知

对合同规定须在装船时发出装船通知的，应及时发出，特别是由买方自办保险的。如因卖方延迟或没有发出装船通知，致使买方不能及时或没有投保而造成损失的，卖方应承担责任。货物装船后，出口方应及时向国外方发出装运通知及相关证明，以便对方准备付款、赎单、办理进口报关和接货手续。

装运通知一般是指要求在开船后几天之内，通知客户发货的细节，装船通知的内容一般有订单号或合同号、信用证号、数量、总值、唛头、包装件数、目的港代理人、船名、航次、预计开航日和预计到达日等。

3. 支付运费

支付海运费有运费预付和运费到付两种方式。凡须预付运费的出口货物，船公司或其代理人必须在收取运费后发给托运人运费预付的提单。如属到付运费货物，则在提单上注明运费到付，由船公司卸港代理在收货人提货前向收货人收取。

4. 收取海运提单

装船完毕，由船长或大副根据装货的实际情况签发大副收据，将大副签发的收货单交发货单位，发货单位可以凭此单据向船公司或其代理人换取海运提单（有关国际货物运输的内容及海运提单等单据的填制方法详见模块六）。

### （六）结汇

国际上比较常用的结汇方式有三种，即汇付、托收和信用证。

1. 汇付

汇付也称汇款，是付款方通过银行将应付款项汇交收款方的结算方式，属于商业信用，按其结汇的流程常称为顺汇法。汇付的优点在于手续简便、费用低廉。汇付可分为电汇（Telegraphic Transfer，T/T）、信汇（Mail Transfer，M/T）和票汇（Demand Draft，D/D），T/T 又可分为前 T/T 和后 T/T 两种。

2. 托收

托收（Collection）是出口人在货物装运后，开具以进口方为付款人的汇票（随附或不随附货运单据），委托出口地银行通过它在进口地的分行或代理行代出口人收取货款一种结算方式，属于商业信用，按其结汇的流程常称为逆汇法。托收可分为跟单托收和光票托收，跟单托收又可分为付款交单（Documents Against Payment，D/P）和承兑交单（Documents Against Accep tance，D/A）。

3. 信用证

信用证（Letter of Credit，L/C）是指由银行（开证行）依照申请人的要求和指示或自己主动，在符合信用证条款的条件下，凭规定单据向第三者（受益人）或其指定方进行付款的书面文件。信用证是一种由银行开立的有条件承诺付款的书面文件，属于银行信用。信用证可从多个角度进行分类。

在信用证结汇方式下，货物装运后，进出口公司即应按照信用证的规定缮制和备妥各种单据，包括汇票、出口发票、运输单据和保险单以及合同或信用证规定的其他所需结汇单证单据。在信用证规定的交单有效期内，将各种单据和必要的凭证送交指定的银行办理要求付款、承兑或议付手续，并在收到货款后向银行进行结汇。出口货物装运之后，进出口公司即应按照信用证的规定，正确缮制装箱单、发票、提单、出口产地证明、出口结汇等单据。在信用证规定的交单有效期内，递交银行办理议付结汇手续（有关结汇的内容及单据的填制方法详见模块七）。

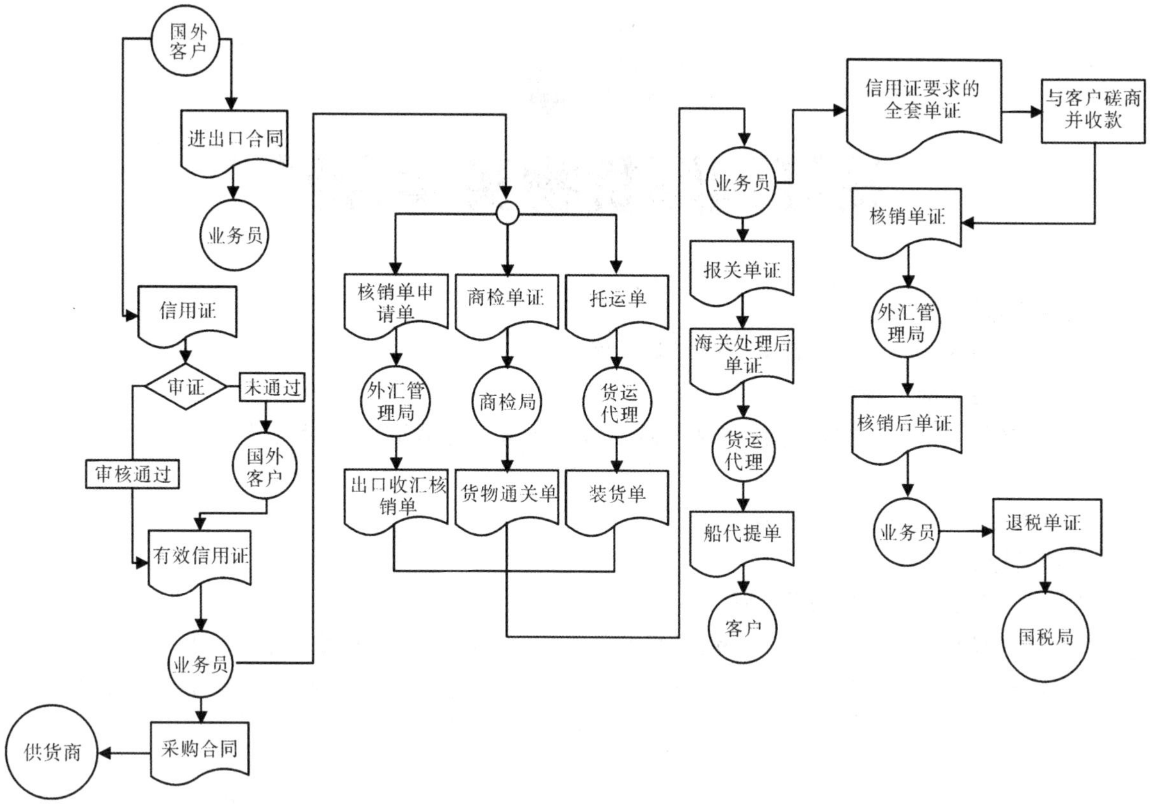


信用证结汇方式下的国际贸易实务流程图

**【任务互动】**

成立有进出口权的公司是自主经营进出口贸易的首要条件，请同学们以小组为单位，在网上查找资料，学会搜集注册进出口贸易公司所需要提交的资料和注册流程。

模块二

# 签订国际货物买卖合同

【知识目标】

1. 了解建立贸易关系前应做的准备工作

2. 熟悉国际货物买卖中交易磋商的程序

3. 了解《联合国国际货物销售合同公约》《国际贸易惯例》对交易磋商环节的相关规定

4. 熟悉合同的基本形式和内容

【技能目标】

1. 学会撰写建立贸易关系函

2. 掌握交易磋商的程序，并能根据实际业务用简单的英语书写交易磋商函

3. 能解读进出口贸易合同的内容，并根据买卖双方的函电往来，草拟简单的进出口贸易合同

寻找合适的交易对象，与之建立长期友好业务关系，是企业开展国际贸易至关重要的环节。良好的贸易关系可以使双方的贸易通畅顺利，从而形成双赢的局面。企业进出口商品离不开国际市场，须把国际市场作为其广阔的活动空间。要使自己的产品打入国际市场且畅销不衰，或以较低的价格购进所需的商品，企业就必须了解国际市场，对国际市场进行调研，制定有效的市场营销决策，通过有效的交易磋商，使买卖双方意愿达成一致，最终实现企业经营目标。

## 项目1　如何与外商建立贸易关系

### 一、建立贸易关系前的准备

#### （一）公司及其产品介绍

为了提升企业形象，方便与客户建立贸易关系，加强与客户的联系，外贸公司可以通过建立网站等多种途径介绍公司及其产品。

1. 公司介绍

公司介绍是对公司进行简明扼要的解说，主要内容包括公司基本信息（公司名称、地址、联系方式）、服务领域、经营产品、发展经历、经营规模、公司理念、发展目标等。

公司介绍是一个自我展示、自我宣传的过程，参与国际贸易的公司应尽可能让国外客户了解自己、在对方心目中树立良好的形象，为建立良好的贸易关系打下基础。

2. 产品介绍

产品介绍主要包括产品名称、产品功能、产品使用说明、售后服务等方面的内容，可以将系列产品制作成商品目录。出口商应定期在网上发布有关公司产品和服务的信息，方便客户获取交易信息。

### （二）国际市场调研

市场机会来自市场环境的变化，进出口企业要想在国际市场立于不败之地，就要对影响其经营活动的外部环境进行调研，为企业经营决策提供科学依据，达到发现商机、规避风险的目的。企业为进出口交易而进行的市场调研主要包括对国际市场环境、营销策略及客户等方面的调研。

1. 国际市场环境调研

国际市场环境调研主要是对国际市场的经济、政治、文化、法律等宏观环境进行调研，是进出口企业确定目标市场、制定营销策略应考虑的重要因素。

经济环境是企业在进出口业务活动中，确定目标市场和营销策略首要考虑的因素。调研分析一国的经济环境，一般可以从经济发展水平、经济结构和经济特征等方面入手。经济发展水平、发展所处的阶段、经济结构及经济特征直接决定了需求结构，因而会直接或间接影响进出口公司的经营情况。

政治环境是企业在开展进出口业务活动中面临的一个重要而复杂的因素，任何经济活动都不可能独立于政治因素之外。调研分析一国的政治环境，一般可以从国际政治关系、政府的有关经济政策等方面入手。一般来说，进出口公司无论在世界上哪个国家从事贸易活动，都会有政治风险，政治风险产生的直接根源在于一国政体的改变、社会动荡与混乱、国际政治关系的形成、外汇管制、贸易壁垒、价格控制等方面。因此，进出口公司必须保持高度的政治敏锐性，对政治环境中的各种因素给予足够的重视。

文化作为一种观念影响着消费者的行为、结构、方式，进而影响着企业在本文化地区市场的经营活动。调研分析一国的文化环境，一般是从教育水平、风俗习惯、宗教信仰、语言、价值观念等方面入手。

法律环境主要是由法律意识形态及与之相适应的法律规范、法律制度、法律组织机构、法律设施所形成的有机整体。国际经济法律主要有影响企业进出口活动的国际条约、公约，国际惯例等，而目标市场国的法律对进出口贸易有最为直接的影响。

2. 营销策略调研

营销策略调研可按传统的4P策略进行，包括产品策略（Product Strategy）、定价策略（Pricing Strategy）、分销策略（Placing Strategy）和促销策略（Promotion Strategy）等方面的内容。

影响企业市场营销活动的各种因素（变数）可以分为两大类：一是企业不可控因素，即营销者本身不可控制的市场（营销环境，包括微观环境和宏观环境）；二是企业可控因素，即营销者自己可以控制的产品、商标、品牌、价格、广告、渠道等，而4P策略就是对各种可控因素的归纳。

3. 客户调研

客户是我们交易的对象，广泛地同客户建立贸易关系，有选择、有目的地建点和铺面，组织销售网络，是企业做好进出口工作的关键。建立和发展客户关系，必须对客户的情况进行调研。客户调研包括对现有或潜在客户的发展历史、资金规模、经营范围、组织情况、信誉等级等其自身总体状况的调研。只有对国外客商有了一定的了解，才可能与之建立贸易关系。

调研信息的主要来源有：①一般性统计资料，如一国官方或行业在网络、报纸或期刊等公布的统计调查资料等；②国内外综合刊物；③委托国外咨询公司进行行情调查；④委托中国银行及其驻外分支机构对客户进行调查；⑤通过我国外贸公司驻外分支公司和商务参赞处，在国外进行资料收集；⑥利用交易会、各种洽谈会和客户来华做生意的机会了解有关信息；⑦派遣专门的出口代表团、推销小组等进行直接的国际市场调研，获得第一手资料。

### （三）确定目标市场并寻找交易对象

在市场调研的基础上，确定目标市场并寻找交易对象，是企业开展交易活动的基础，是一个重要环节。

1. 确定目标市场

目标市场就是在市场调研的基础上，对市场进行细分，然后选择为之服务的最佳细分市场。选择和确定目标市场，明确企业的具体服务对象，关系到企业任务、企业目标的落实，是企业制定营销战略的首要内容。因此，企业应根据自身的经营条件，选择那些最有吸引力且能提供有效服务的细分市场。

2. 寻找交易对象

确定了目标市场，外贸业务员就要通过各种途径寻找交易对象。客户是我们交易的对象，寻找客户的途径一般有：网络、展览会和交易会、专业咨询公司、驻外使馆、国外银行和贸促会、媒体机构等，外贸业务员可以通过以上各种途径，以各种方式进行自我介绍或他人介绍，广泛建立客户网络群。

### （四）制订方案

制订方案是指有关进出口公司根据国家的政策、法令，对其所经营的出口商品作出的一种业务计划安排。它是使交易有计划、有目的地顺利进行的前提。进出口公司一般只在经营大宗或重点进出口商品时才逐个制订商品进出口方案，而对其他商品可只按商品大类制订方案。出口商品经营方案一般包括以下内容：

1. 商品的国内货源情况

如生产地、主要消费地；商品的特点、品质、规格、包装、价格、产量、库存情况等。

2. 国外市场情况

如市场容量、生产、消费、贸易的基本情况，主要进出口国家的交易情况，今后可能变化发展的趋势，对商品品质、规格、包装、性能、价格等各方面的要求，国外市场经营该商品的基本做法和销售渠道等。

3. 确定出口地区和客户

在第一步行情研究、信息分析的基础上，选择最有利的出口地区和合作伙伴。

4. 经营历史情况

如我国出口商品目前在国际市场上所占地位、主要销售地区及销售情况、主要竞争对手、经营该种商品的主要经验和教训等。

5. 经营计划的安排和措施的落实

如销售数量和金额，增长速度，采用的贸易方式、支付手段、结算办法、销售渠道、运输方式等。

## 二、与外商建立贸易关系相关信函的写作要求

### （一）与外商建立贸易关系的基本步骤

与客户建立贸易关系重在引导客户需求，通过探寻客户的深层次需求，去激发客户解决需求的欲望，最后推荐合适的商品满足客户需求。一般引导客户需求的步骤如下：

第一步，探寻客户的基本需求；第二步，通过纵深提问，挖掘分析需求背后的原因；第三步，激发客户需求；第四步，引导客户解决问题；第五步，抛出解决方案；第六步，成交之后与客户建立客情关系。

### （二）与外商建立贸易关系相关信函的写作要求

客户是对企业产品和服务有特定需求的群体，是企业经营活动得以维持的根本保证。外贸业务员通过各种途径寻找到客户资料后，就可以通过直接面谈或信函方式与外商建立贸易关系。国际贸易中多数通过函电方式建立贸易关系。外贸业务员必须掌握建立贸易关系相关信函的写作要求。在撰写建立贸易关系的信函时，要说明信息的来源、去函的目的、公司和产品介绍、激励性结尾等。

另外，如外贸业务员收到类似的外国信函，就应迅速按对方的要求完整答复，即使不能满足对方要求，也要及时答复，婉言说明原因，为以后可能会有的交易留下余地，切记不可置之不理。

### （三）与外商建立贸易关系相关信函中的常用语举例

（1）我们从……得知您对……有兴趣。We learned from...that you are interested in...

（2）我们从……得知贵公司的名称和地址。We have obtained your name and address from...

（3）我们写信给你是希望与贵公司建立贸易关系。We are writing to you to establish trade relations with you.

（4）我们希望与贵公司建立业务关系。We wish to express our desire to enter into business relationship with you.

（5）我们是一个在……出口方面有多年经营经验的龙头企业。We are a leading company with many years' experience in...export business.

（6）我们在……方面享有良好的国际声誉。We enjoy a good reputation internationally in the circle of...

（7）我们的产品在亚洲市场很流行。Our products are enjoying popularity in Asian markets.

（8）我们有各种各样的颜色和尺寸来满足不同的需求。We have a good variety of colors and sizes to meet with different needs.

（9）我们期待着你们的具体询价。We are looking forward to your specific inquiries.

（10）我们将非常感激你方的早日询价。Your early inquiries will be really appreciated.

### （四）建立贸易关系范例

广州美菱电器贸易有限公司（以下简称美菱公司）的陈明，于2014年4月25日委托中国银行加拿大分行，对加拿大长盛进出口贸易有限公司（以下简称长盛公司）作了资信调研后，并于5月6日给长盛公司的George发出了一份希望建立贸易关系的邮件。

1. 客户调查

为对长盛公司进行调查，陈明填写的客户资信调查申请书如下：

**资信调查申请书**

致：中国银行加拿大分行　　　　　　　　　　日期：20140425

兹委托贵行对下述对象作资信调查：　　　　　编号：66101010

| | | | | |
|---|---|---|---|---|
| 调查对象 | 国外客户全称（中英文） | CANADA SWATOW IMPORT & EXPORT TRADING CO. LTD. | | |
| | 地址（中英文） | NO. 22，AVENUE CLAREMONT，MONTREAL，CANADA | | |
| | 传真 | 001－417－39056333 | 电话 | 001－417－39056322 |
| | 往来银行名称及账号 | 中国银行加拿大分行<br>BANK OF CHINA，CANADA BRANCH<br>887600931912 | 传真 | 001－417－39056111 |
| 调查内容及目的 | | 调研客商的资信及经营作风等情况 | | |
| 调查方式 | | 银行　Y　电询　　函询 | 代理行　Y　电复　　函复 | |
| 委托须知 | | （1）银行对调查结果的真实性不负任何责任<br>（2）银行对调查过程中邮电、通信造成的延误、丢失以及代理行的延误不回复概不负责<br>（3）委托人同意支付银行有关费用（包括你行费用和国外行可能收取的外币费用）<br>（4）委托人保证对调查内容保密，并保证对由此引起银行蒙受的一切损失负全部责任 | | |

（续上表）

<table>
<tr><td rowspan="3">委托单位</td><td>全称及地址</td><td colspan="3">广州美菱电器贸易有限公司<br>GUANGZHOU MEILING ELECTRIC TRADING CO. LTD.<br>广州市小北路551号<br>NO. 551，XIAOBEI ROAD，GUANGZHOU，CHINA</td></tr>
<tr><td>开户行及账号</td><td colspan="3">中国银行广州市分行 10203045678900</td></tr>
<tr><td>联系人</td><td>陈明</td><td>电话</td><td>86－020－67438900</td></tr>
<tr><td colspan="2">银行审核意见</td><td>经办 日期</td><td colspan="2">委托单位签章<br>负责人：陈明 日期：20140425</td></tr>
</table>

2. 建立贸易关系函

我们从阿里巴巴网站上获悉贵公司的名称和地址，并且很高兴地得知贵公司所需要的产品正是我公司经营范围内的产品。我们很荣幸有这个机会向您介绍我们的公司。

我公司是一家中国的出口企业，主营电热干手器。我们非常希望能在双赢的基础上尽早同贵公司建立业务关系。我们给您发出了产品目录和价格表以供参考。如果能够收到您具体的询盘，我们将为您提供最优惠的价格。

期待您的尽早回复。

Dear Sirs,

We know your name and address from the website of alibaba. com and note with pleasure the items of your demand just fall within the scope of our business line. First of all, we avail ourselves of this opportunity to introduce our company in order to be acquainted with you.

Our firm is a Chinese exporter of electric hand dryer. We highly hope to establish business relationship with your esteemed company on the basis of mutual benefits in an earlier date. We are sending a catalogue and a pricelist under separate cover for your reference. We will submit our best price to you upon receipt of your concrete inquiry.

We are looking forward to receiving your earlier reply.

**【任务互动】**

张晓是广州威达贸易有限公司（公司英文名称：GUANGZHOU WEIDA TRADING CO. LTD.，英文地址：NO. 165，DONGFENG ROAD，GUANGZHOU，CHINA，联系电话：86－25－22255661，传真：86－25－22255618）（以下简称威达公司）业务部的部门经理。金允浩是韩国ABC贸易有限公司（公司英文名称：ABC TRADING COMPANY LTD.，公司英文地址：ROOM 502，BUILDING 22，GAUSS ROAD，PUSAN，KOREA，联系电话：82－10－29052824，传真：82－10－29052828）的业务主管。

2014 年 5 月 20 日，双方欲就威达公司生产的台灯（DESK LAMP 07001）达成交易。为降低业务风险，在建立贸易关系前，张晓填写资信调查申请书通过中国银行对釜山银行（BANK OF PUSAN）的客户 ABC 贸易有限公司的资信进行调查。请根据以上的信息草拟客户资信调查函及建立客户关系函各一份。

# 项目 2　如何与外商磋商交易

## 一、交易磋商的概念及内容

### （一）交易磋商的概念

交易磋商（Business Negotiation）是指买卖双方通过直接洽谈或函电的形式，就某项交易的达成进行协商，以求完成交易的过程。交易磋商是国际贸易的重要环节之一，是签订合同的基础。商品的国际交易能否顺利签订合同，主要取决于交易双方对交易双方所提条件磋商的结果，只有在双方就合同的各项交易条件进行磋商并取得一致意见后，合同方可成立。交易磋商工作的好坏，直接影响到合同签订后的履行结果。因此，双方应在平等互利的基础上，通过友好协商尽量争取实现"双赢"；同时还要保证所达成的协议符合各自的国家法律以及国际贸易惯例的规定。

### （二）交易磋商的内容

交易磋商的内容涉及买卖合同的各项条款，包括品名、品质、数量、包装、价格、装运、支付、保险和商品检验、索赔、仲裁以及不可抗力等。根据《联合国国际货物销售合同公约》第 9 条第 1 款的规定：双方当事人业已同意的任何惯例和他们之间确立的任何习惯做法，对双方当事人均有约束力。由此可见，交易双方在交易中业已形成的习惯做法，其内容在交易磋商中可以不谈。

**【案例】**

买卖双方建立业务关系初期曾口头约定"卖方必须在收到买方订单后一周内答复，若未答复则视为已接受订单"，多年来，此约定已成为双方的习惯做法。某年的 8 月 5 日卖方收到买方订购 2 000 打服装的订单，但由于布料的市场行情不稳定，卖方直到 8 月 25 日才通知买方不能供应 2 000 打服装。买方则认为合同已经成立，要求供货。请问：双方的合同是否成立，为什么？

分析要点：双方的合同已经成立。买卖双方的口头约定经过长期的交易已形成了习惯做法。根据《联合国国际货物销售合同公约》第 9 条第 1 款的规定：双方当事人业已同意的任何惯例和他们之间确立的任何习惯做法，对双方当事人均有约束力。本案中，买方于某年的8月5日向卖方下了订购2 000打服装的订单，卖方直到8月25日才通知买方不能供应货物，此时间已远远超过了一周，因此，双方的合同已经成立，卖方应按合同要求向买方提交货物。

另外，交易磋商还涉及一般交易条件（General Terms and Conditions）的问题。一般交易条件是指由出口商为出售或进口商为购买货物而拟定的、对每笔交易都适用的一套共性的交易条件。我国出口企业所拟定的一般交易条件内容有：①有关预防和处理争议的条件；②有关主要交易条件的补充说明；③个别的主要交易条件。一般交易条件大多印在进口商或出口商自行设计和印刷的销售合同或购货合同的背面或正面的下部。只要在实际交易前，事先得到对方对一般交易条件的确认，一旦合同成立，经确认的一般交易条件就对双方具有约束力。

**【知识链接】**

**《联合国国际货物销售合同公约》**

《联合国国际货物销售合同公约》（United Nations Convention on Contracts for the International Sale of Goods，简称《CISG公约》，以下简称《公约》）由联合国国际贸易法委员会主持制定，1980年在维也纳举行的外交会议上获得通过，于1988年1月1日正式生效。至2011年7月29日，共77个国家核准参加了该《公约》。《公约》是在国际货物买卖领域中达成的最重要的公约，也是国际社会经过长期不懈努力取得的丰硕成果。《公约》虽然不能解决与国际货物买卖合同有关的所有问题，却较好地协调了两大法系在合同制度方面的差异，克服了《国际货物买卖统一法公约》和《国际货物买卖合同成立统一法公约》本身存在的缺陷（尤其是对发展中国家欠缺考虑的问题），符合国际贸易对买卖合同制度的基本要求和当代国际贸易法统一化进程发展的趋势，成为国际货物买卖法的重要代表，因而具有里程碑意义。

《公约》是与我国进出口贸易关系最紧密、对我国进出口贸易最重要的一项国际条约。我国在1986年12月11日核准该公约时提出两项保留，即：①不同意扩大《公约》的适用范围，只同意《公约》适用于缔约国的当事人之间签订的合同；②不同意用书面以外的其他形式订立、修改和终止合同。

## 二、交易磋商的步骤

交易磋商的具体步骤，一般由询盘、发盘、还盘和接受四个环节构成，其中发盘和接受是达成交易、合同成立不可缺少的两个基本环节和必经的法律步骤。

### （一）询盘（Enquiry）

询盘的含义及其法律地位如下：

询盘，也称邀请发盘，是准备购买或出售商品的人向潜在的供货人或买主探询该商品的成交条件或交易可能性的业务行为。询盘不是每笔交易必经的程序，不具备法律上的约束力。询盘通常用下列常用词句：①对……有兴趣请发盘（interested in…please offer…）；②请告……（please advise …）；③请报价……（please quote…）；④请电传告……（please advise by telex…）。

示例 2－1：

对男式 T 恤衫感兴趣，请报你方 FOB 深圳最低价。

Interested in men's shirts，please quote us your lowest price FOB Shenzhen.

示例 2－2：

可供各种男式 T 恤衫，请递盘。

Can supply various kinds of men's shirts，please bid .

### （二）发盘（Offer）

1. 发盘的含义

发盘又称发价或报价，在法律上称为要约，是一方当事人（发盘人）向另一方当事人（受盘人）提出各项交易条件并且愿意按这些条件与受盘人达成交易、订立合同的意思表示。根据《联合国国际货物销售合同公约》第 14 条第 1 款的规定，凡向一个或一个以上特定的人提出订立合同的建议，如果其内容十分明确并且表明发盘人在其发盘一旦得到接受就受其约束的意思，即构成发盘。实际业务中，发盘通常由交易一方在收到另一方的询盘后提出，也可在没有对方询盘的情况下主动提出。发盘可由卖方提出，也可由买方提出。因此有卖方发盘和买方发盘之分，后者习惯上称为递盘（Bid）。

2. 构成一项有效的发盘应具备的条件

构成一项有效的发盘，必须具备下列条件：

（1）发盘应向一个或一个以上特定的人提出，即向注册公司或有名有姓的个人提出。

（2）发盘的内容必须十分确定，至少应包括三个基本要素：①标明货物的名称；②明示或默示货物的数量或规定确定数量的方法；③明示或默示货物的价格或规定确定价格的方法。

（3）必须表明发盘人在其发盘一旦被受盘人接受即受约束的意思。

示例 2－3：

根据示例 2－1 的询盘，发盘人可发盘如下：

报 500 箱货号 02002 男式 T 恤衫，每箱 20 件，颜色：深蓝，面料成分：全棉，价格为每件 7.50 美元 FOB 深圳 9 月份装运，即期信用证支付，限本月 14 日复至有效。

Offer 500 cartons men's shirts 02002，20pcs per carton，color：navy blue，fabric content：100% cotton，USD7.50/pc FOB Shenzhen shipment Sept.，Sight L/C，Subject to your reply reaching here by the 14th.

3. 对商业广告是否构成发盘的有关规定

《公约》第14条第2款规定：非向一个或一个以上特定的人提出的建议，仅应视为邀请提出发盘，除非提出建议的人明确地表示相反的意向。根据此规定，商业广告本身并不是一项发盘，通常只能视为邀请对方提出发盘。但是，若商业广告的内容符合发盘的条件，而且登此广告的人明确表示它是作为一项发盘提出来的，如在广告中注明“本广告构成发盘”或“广告项下的商品将售给最先支付货款或最先开来信用证的人”等，则此类广告也可作为一项发盘。

在实际业务中，我方对外做广告宣传和寄发商品价目单时，不要使对方理解成我方有“一经接受，即受约束”的意思。在寄发商品价目单时，最好在其中注明“价格可随时调整，恕不通知”或“价格须经我方最后确认”等字样。

**【案例】**

**商业广告具有发盘性质引发索赔案**

某公司专门生产可供出口的止咳润肺药，为了招揽顾客，该公司投入大量广告费，宣传该产品具有奇效，药到病除，并在广告中声称已在银行存入一笔资金，若购买者服用无效，该公司将按10元/支赔偿当事人。有位老太太服用了该药一段时间，但无效果，于是要求公司按广告上10元/支的约定赔偿，该公司却以该约定只是为吸引消费者购买为由拒绝赔偿。请问：该公司的拒赔是否有理？

分析要点：该公司的拒赔是无理的。因为该公司发布的广告满足了发盘的构成条件，即：①服用无效的购买者为特定的人；②该公司将按10元/支赔偿当事人是内容十分确定且表明该公司对其药品一旦被购买者接受即受约束的意思，因此该商业广告可以被判定为发盘。故本案中老太太购买止咳润肺药服用一段时间无效，该公司应按广告中的规定赔偿老太太的损失。

4. 发盘有效期

发盘的有效期是指可供受盘人对发盘作出接受的期限。采用往来函电成交时，发盘人一般都明确规定发盘的有效期。常见的规定方法有：①规定最迟接受的期限。如限5月12日复，或限5月12日复到此地。②规定一段接受的期限。如发盘有效期为5天，或发盘限8天内复。在发盘中明确规定有效期，既可以约束发盘人，也可以约束受盘人，有效避免双方的争议。

5. 发盘生效的时间

根据《公约》第15条第1款的规定，发盘于送达受盘人时生效。明确发盘生效的时间，具有重要的法律和实践意义，主要表现在下列两个方面：

（1）关系到受盘人能否表示接受。一项发盘只有送达受盘人时，才能发生法律效力。

（2）关系到发盘人何时可以撤回发盘或修改内容。

6. 发盘撤回与撤销

《公约》第15条第2款规定：一项发盘，即使是不可撤销的，发盘人也可以撤回，只要撤回通知于发盘送达受盘人之前或同时送达受盘人。《公约》第16条第1款规定：在未订立合同之前，发盘可以撤销，只要撤销通知于受盘人发出接受通知之前送达受盘人。也就是说，一旦受盘人发出了接受通知，发盘人就丧失了撤销发盘的权利。

此外，《公约》第16条第2款还规定，在下列情况下，发盘不得撤销：①发盘写明接受发盘的期限或以其他方式表示发盘是不可撤销的；②被发盘人有理由信赖该项发盘是不可撤销的，而且被发盘人已本着对该项发盘的信赖行事。

7. 发盘效力的终止

任何一项发盘，其效力均可在一定条件下终止。发盘效力终止的原因，一般有以下几个方面：①发盘有效期届满；②发盘被发盘人依法撤销；③发盘被受盘人拒绝或还盘；④发盘人发盘之后，发生了不可抗力事件；⑤发盘人或受盘人在发盘被接受前丧失行为能力。

【任务互动】

（1）加拿大的JNS公司的业务员A给我国佳杰贸易公司业务员B发盘，业务员B的贸易伙伴C正好来B的办公室送资料，在B的办公桌上看到了A的发盘，C回到公司后抢先根据A发出的条件向A发出了接受通知，请问：C发出的接受通知能使合同成立吗？

（2）我国某公司10月6日向美商发盘：兹报全棉男衬衫500打，每打84.50美元CIF纽约价，10月15日复到有效，发盘于10月7日抵达美商，10月8日我方发现商品库存短缺，问我方应如何处理？

### （三）还盘（Counter Offer）

还盘又称还价，在法律上称为反要约。还盘是指受盘人不同意或不完全同意发盘提出的各项条件，并就发盘内容提出添加、限制或其他更改的答复。受盘人的答复如果在实质上变更了发盘条件，就构成对发盘的拒绝，其法律后果是否定了原发盘，原发盘即告失效，原发盘人不再受其约束。如还盘的内容具备发盘条件，就构成一项新的发盘。

示例2-4：

根据示例2-3的发盘，买方可还盘如下：

发盘500箱货号02002男式T恤衫，每箱20件，颜色：深蓝，面料成分：全棉，FOB深圳每件7.50美元的价格太高，建议将价格降至每件6.80美元，18日复到有效。

Offer 500 cartons men's shirts 02002, 20pcs per carton, color: navy blue, fabric content: 100% cotton, USD 7.50/PC FOB Shenzhen. Price is too high, suggest cut down a little bit. Counter offer USD 6.80/PC FOB Shenzhen. Reply by the 18th.

### （四）接受（Acceptance）

1. 接受的含义及其表示方法

接受在法律上称为承诺，它是指受盘人在发盘规定的有效期内，以声明或行为表示同意发盘提出的各项条件。可见，接受的实质是对发盘表示同意。

发盘人可以通过口头或书面的方式表示接受，也可以通过其他实际行动来表示接受。对于口头发盘，受盘人必须立即接受，但情况有别者不在此限。沉默或不行为本身并不等于接受，但是，如果沉默或不行为与其他因素结合在一起，足以使对方确信沉默或不行为是同意的一种表示，也可构成接受。例如以发运货物或支付价款的行为来表示同意，而无须向发盘人发出通知，则接受于该项行为作出时生效，但该项行为必须在发盘所规定的期间内作出。

示例2－5：

根据示例2－4的还盘，买方可接受如下：

你方20号电接受500箱货号02002男式T恤衫，每箱20件，颜色：深蓝，面料成分：全棉，每件6.80美元FOB深圳9月份装运，即期信用证支付。

Yours 20th Accepted 500 cartons men's shirts 02002 , 20pcs per carton, color: navy blue, fabric content: 100% cotton, USD 6.80/pc FOB Shenzhen shipment Sept. , Sight L/C.

2. 构成一项有效的接受应具备的条件

（1）接受必须由受盘人作出。发盘是向特定的人提出的，因此，只有特定的人对发盘作出接受方为有效。

（2）接受必须是同意发盘所提出的全部交易条件。若只接受部分条件，或对发盘条件提出实质性修改，或提出有条件的接受，均不能构成有效接受，而只能视作还盘。

（3）接受必须在发盘规定的时间内作出。如发盘中未规定有效期，则受盘人必须在合理的时间内作出接受。

（4）接受的传递方式应符合发盘的要求。如发盘中未规定传递方式，则受盘人可按发盘所采用的方式，或采用比其更快的传递方式将接受通知送达发盘人。

**【知识链接】**

### 有条件的接受

有条件的接受（Conditional Acceptance）是指受盘人在表示接受的同时，对发盘内容提出了添加或修改的意见，这就构成有条件的接受。原则上讲，接受应是无条件的，有条件的接受不能视为有效的接受，而是一项还盘，法律上称为反要约。

《联合国国际货物销售合同公约》第19条规定：①对发盘表示接受但载有添加、限制或其他更改的答复，即为拒绝该项发盘，并构成还盘。②但是，对发盘表示接受但载有添加或不同条件的答复，如所载的添加或不同条件在实质上并不变更该项发盘的条件，除发盘人在不过分迟延的期间内以口头或书面通知反对其差异外，仍构成接受。如果发盘人不作出这种反对，合同的条件就以该项发盘的条件以及接受通知内所载的更改为准。③对有关货物价格、付款、货物质量和数量、交货地点和时间、一方当事人对另一方当事人的赔偿责任范围或解决争端等的添加或不同条件，均视为在实质上变更发盘的条件。由此可见，《公约》有条件的接受可分为以下两种情况：

①实质性变更：如对有关货物价格、付款、货物质量和数量、交货地点和时间、

赔偿责任范围或解决争端等的添加或更改。实质性变更是对发盘的拒绝，构成还盘。

②非实质性变更：如要求重量单、装箱单、商检证和原产地证、包装等。对于非实质性变更，除非发盘人在不过分迟延的期间内以口头或书面通知反对其差异，否则仍构成接受。

**【案例】**

**非实质性变更发盘条件案**

我国某公司6月15日向美国A公司发盘出售一批大宗商品，限6月18日复到有效。美方在6月17日复电表示接受，同时提出"卖方装船后，请提交装运通知一式三份，另加装箱单一式两份"，我方未作表态。6月20日，我方收到美方通过当地银行开来的信用证。因获知该商品的国际市场价格已大幅度上涨的消息，我公司以合同尚未成立为由将信用证退回，但A公司认为其接受有效，合同成立。双方意见不一，于是提交仲裁解决。请问：你认为仲裁庭会如何处理此案？

分析要点：仲裁员应裁定我方向美方提交双方约定的大宗商品。根据《公约》第19条规定：对有关货物价格、付款、货物质量和数量、交货地点和时间、一方当事人对另一方当事人的赔偿责任范围或解决争端等的添加或不同条件，均视为在实质上变更发盘的条件。本案中，对单据份数的修改不属于《公约》规定的实际性变更发盘条件的内容，且我方对美方表示接受时提出的变更条件未作表态，因此，美方的接受有效，合同成立。故仲裁员应裁定我方向美方提交双方约定的大宗商品。

3. 接受生效的时间

接受是一种法律行为，这种法律行为何时生效，各国法律有不同的规定。《公约》第18条第2款规定：接受通知于送达发盘人时生效。如接受通知未在发盘规定的时限内送达发盘人，或者发盘没有规定时限，且在合理时间内未曾送达发盘人，则该项接受被视为逾期接受。虽然各国的法律一般认为，逾期接受不是有效的接受，它只能视为一个新的发盘，但《公约》对这个问题作了灵活的处理。根据《公约》第21条第1款规定：只要发盘人毫不迟疑地用口头或书面通知受盘人，认为该项逾期的接受可以有效，愿意承受逾期接受的约束，合同仍可于接受通知送达发盘人时成立。如果发盘人对逾期的接受表示拒绝或不立即向发盘人发出上述通知，则该项逾期的接受无效，合同不能成立。

根据《公约》第21条第2款规定：如果载有逾期接受的信件或其他书面文件显示，依照当时寄发情况，只要传递正常，它本来是能够及时送达发盘人的，则此项逾期的接受应当有效，合同于接受通知送达发盘人时成立，除非发盘人毫不迟疑地用口头或书面通知受盘人，认为其发盘因逾期接受而失效。以上表明，逾期接受是否有效，关键要看发盘人如何表态。

【案例】

**逾期接受是否使合同成立案**

我国某进出口公司向国外某客商询售某商品，不久我方接到外商发盘，有效期至4月20日。由于广交会期间工作较多，我方于4月24日用电传表示接受该发盘，对方一直没有音讯。因该商品供求关系发生变化，市价上涨，4月26日对方突然来电，要求我方必须在5月28日前将货发出，否则，我方将要承担违约的法律责任。请问：我方是否需要承担不发货的法律责任，为什么？

分析要点：我方无须承担不发货的法律责任。本案中，我方的接受是逾期的接受，而国外客商对我方的逾期接受未作表态，因此该逾期接受不具有接受的效力，合同不能成立，故我方无须承担不发货的法律责任。

4. 接受的撤回或修改

在接受的撤回或修改问题上，《公约》第22条规定：如果撤回通知于原接受生效之前或同时送达发盘人，接受得予撤回。由于接受在送达发盘人时才产生法律效力，故只要撤回或修改接受的通知先于接受通知或与接受通知同时送达发盘人，则接受可以撤回或修改。如接受已送达发盘人，即接受一旦生效，合同即告成立，就不得撤回接受或修改其内容，因为这样做无异于撤销或修改合同。

# 项目3　签订国际货物买卖合同

【任务互动】

谈一谈你是如何理解接受的撤回或修改的？

## 一、国际货物买卖合同的概念

国际货物买卖合同是指两个或两个以上的当事人就指定货物的所有权由卖方有偿地转让给买方而达成的协议。合同的主体即当事人为卖方和买方，合同的客体即标的物为货物，合同的主要内容即买卖双方的权利与义务。《公约》第30条规定，卖方必须按照合同和本《公约》的规定，交付货物，移交一切与货物有关的单据并转移货物所有权；《公约》第53条规定，买方必须按照合同和本《公约》规定支付货物价款和收取货物。

## 二、国际货物买卖合同的形式

关于国际货物买卖合同的形式各国法律有不同的要求。绝大多数国家的法律对货物买卖合同的形式基本上都采取了所谓的"不要式原则"，即不规定任何特定的形式要求。当事人不论是采用口头方式还是书面方式或是以某种行为来订立合同都被认为是合法和有效的。

## 三、国际货物买卖合同的内容

### （一）签订书面合同的意义

在国际贸易中，买卖双方签订的书面合同具有以下三方面的意义：

①书面合同是合同成立的依据；②书面合同是履行合同的依据；③书面合同是合同生效的条件。

### （二）书面合同的形式

国际货物买卖合同的书面形式主要包括合同（Contract）、确认书（Confirmation）、协议（Agreement）和备忘录（Memorandum），在我国进出口业务中主要采用合同和确认书两种形式。

### （三）书面合同的内容

在实际业务中，当事人总是依据具体情况来订立合同条款，因此，合同的具体内容不尽相同，但基本内容通常包括约首、正文、约尾三个部分。

**【任务互动】**

请根据本书的销售合同，学会概括约首、正文、约尾三个部分各包含哪些内容。

## 四、国际货物买卖合同有效成立的条件

根据《公约》的规定：接受于送达发盘人时生效，合同即告成立。但一份合同的有效成立还应满足以下条件：

（1）买卖双方当事人应具备订立合同的行为能力。订约人必须是具有完全民事行为能力的人，不具有民事行为能力的人，如未成年人、精神病患者所订立的合同无效。

（2）双方当事人应在自愿的基础上达成一致意见。在欺诈、胁迫、重大误解等情况下订立的合同无效。

（3）合同中买卖的标的必须合法。

（4）合同必须互为有偿。国际货物买卖合同是双务合同，要有约因或对价。

（5）双方当事人所订立合同的形式必须合法。我国法律规定涉外合同必须是书面的，书面形式包括电报、电传、电子邮件等数据电文。

**【任务互动】**

如何理解合同成立与合同有效成立之间的区别？

## 五、国际货物买卖合同成立的时间

国际货物买卖合同成立的时间主要有下列三种情况：

### （一）合同于接受生效时成立

根据《公约》的规定，接受于送达发盘人时生效。接受生效的时间实际上就是合同成立的时间，合同一经成立，买卖双方即存在合同关系，彼此就应受到合同内容的约束。

### （二）合同在约定的时间生效

在实际业务中，有时双方当事人在洽谈交易时约定，合同成立的时间以订约时合同上写明的日期为准，或以收到对方确认合同的日期为准，此时，合同在约定的时间生效。

### （三）合同在获得有关部门批准时生效

根据我国法律和行政法规规定，应当由国家批准的合同，如中外合作开采煤矿合同、中外合营开采海洋石油合同等，在获得批准时方生效。

## 六、陈明与 George 交易磋商的函电往来及签署的合同

### （一）函电往来

1. 询盘

陈明先生：

我方有意向你方购买 4 560 件货号 AGY509 箭牌电热干手器。若你方能向我方提供货样并报每件 CIF 蒙特利尔最低价，我方将不胜感激！我方此前曾从其他供货商处购买此商品，现我方向你方订购，是因为我方认为你方可以更优惠的价格向我方提供优质的商品。

期待你的回函。

加拿大长盛进出口贸易有限公司

George

Dear Mr. Chen Ming,

We are interested in buying 4 560pcs arrow electric hand dryer code AGY509 from you.

We would be appreciated if you could forward samples and quote your lowest price per PC CIF Montreal, Canada to us.

We used to purchase these products from other sources. We may now prefer to buy from your company because we understand that you are able to supply larger quantities at more attractive price. In addition, we have confidence in the quality of your products.

We look forward to hearing from you by returning E – mail.

Yours sincerely,

CANADA SWATOW IMPORT & EXPORT TRADING CO. LTD.

George

2. 发盘

George 先生：

你方 5 月 12 日要求我方报货号 AGY509 箭牌电热干手器海运至蒙特利尔的来函已收悉。现依你方要求，以最优惠价向你方发盘如下：

1. 商品名称：箭牌干手器，货号 AGY509
2. 数量：4 560 件
3. 单价：116 美元/件 CIF 蒙特利尔
4. 包装：出口纸箱装 30 件/箱，0. 164 立方米/箱，总箱数：152 箱
5. 装运：不迟于 2014 年 8 月 15 日
6. 装运港：广州；目的港：蒙特利尔
7. 支付条件：买方应在本合同签字之日起，15 天内将本合同总金额 30% 的预付款，以电汇方式汇交卖方，并在收到本合同所列单据后 7 天之内电汇其余货款。
8. 保险：由卖方负责按发票金额的 110% 投保一切险和战争险，以中国人民保险公司 1981 年 1 月 1 日的有关海洋货物运输保险条款为准。

样品已经通过 DHL 快递给你方，快递号为：N12345678。

请注意：发盘有效期至 2014 年 5 月 20 日。

广州美菱电器贸易有限公司

陈明

Dear Mr. George,

We have received your E－mail of May 12, asking us to offer arrow electric hand dryer code AGY509 for shipment to Montreal, Canada and highly appreciate that you are interested in our products.

To comply with your kindly request, we are pleased to offer you our best price as follows:

1. Commodity: arrow electric hand dryer code AGY509
2. Quantity: 4 560PCS
3. Unit Price: USD116. 00/pc CIF Montreal
4. Packing: 30PCS/CTN, 0. 164CBMS/CTN, Total: 152CTNS.
5. Latest Date of Shipment: AUG. 15, 2014
6. Loading Port: Guangzhou; Destination Port: Montreal
7. Terms of Payment: 30% of the total contract value as advance payment shall be remitted to the seller thought T/T within 15 days after signing this contract by the buyer. Payment to be effected by the buyer shall not be later than 7 days after receipt of the documents listed in the contract by T/T.
8. Insurance: To be covered by the seller for 110% of total invoice value against all risks and war risk, as per and subject to the relevant ocean marine cargo clauses of the People's Insurance Company of China dated 1/1/1981.

The samples have been sent by DHL, relation number is: N12345678.

Noted: Our quotation remains effectively until May 20, 2014.

Yours faithfully,

GUANGZHOU MEILING ELECTRIC TRADING CO. LTD.

Chen Ming

3. 还盘

陈明先生：

你方2014年5月16日来函已收悉。在此，我方很抱歉地通知，你方所报价格太高，有关资料显示，同类商品的其他供应商以低于你方15%的价格在我方市场上销售。为达成交易，我方还盘如下：152箱箭牌电热干手器，货号AGY509，106美元/件CIF蒙特利尔，其他条件根据你方2014年5月16日的发盘内容确定。以你方答复于2014年5月23日或之前到达我方有效。

期待你的回复。

加拿大长盛进出口贸易有限公司

George

Dear Mr. Chen Ming,

We have well received your E－mail dated May 16, 2014. All the contents were duly noted.

In reply, we regret to inform you that we find your price much too high. Information indicates that some suppliers have been sold here at a level about 15% lower than yours.

To step up the trade, we counter-offer as follows, subject to your reply received by us on or before May 23, 2014.

152 cartons of arrow electric hand dryer code AGY509 at USD106. 00/pc CIF Montreal, other terms as per your E-mail of May 16, 2014.

We are looking forward to your early reply.

Yours sincerely,

CANADA SWATOW IMPORT & EXPORT TRADING CO. LTD.

George

4. 接受

George 先生：

感谢你方2014年5月19日的来函，为使我方的交易有一个良好的开端，我方接受你方将价格降至106美元/件的建议，其他条件详见我们双方之间的往来电文。祝贺我们之间建立了贸易关系，并期待我们双方进一步的互利共赢。

广州美菱电器贸易有限公司

陈明

Dear Mr. George,

We thank you for your E－mail of May 19, 2014. To start the ball rolling, we accept your suggestion and reduce the price down to USD106. 00/pc, other terms as per E-mail exchanged between us.

We send you our warmest congratulations on your increasing business with us and look forward to further increases to our mutual benefits.

Yours faithfully,

GUANGZHOU MEILING ELECTRIC TRADING CO. LTD.

Chen Ming

## （二）合同签署

经过双方协商，陈明与George就交易的各项条件达成了一致意见，并根据双方的函电往来所确定的内容签署了以下销售合同：

**销售合同**

SALES CONTRACT

S/C NO.：BS20140621

DATE：JUNE 21，2014

THE SELLERS（卖方）：

GUANGZHOU MEILING ELECTRIC TRADING CO. LTD.

NO. 551，XIAOBEI ROAD，GUANGZHOU，CHINA

TEL：86－020－67438900　　FAX：86－020－67438999

THE BUYERS（买方）：

CANADA SWATOW IMPORT & EXPORT TRADING CO. LTD.

NO. 22，AVENUE CLAREMONT，MONTREAL，CANADA

TEL：001－417－39056322　　FAX：001－417－39056111

买卖双方经协商同意按下列条款成交：

THE UNDERSIGNED SELLER AND BUYER HAVE AGREED TO CLOSE THE FOLLOWING TRANSACTIONS ACCORDING TO THE TERMS AND CONDITIONS STIPULATED BELOW：

| （1）品名与规格 COMMODITY & SPECIFICATIONS | （2）数量 QUANTITY | （3）单价 UNIT PRICE | （4）金额 AMOUNT |
|---|---|---|---|
| ARROW ELECTRIC HAND DRYER AGY509 | 4 560PCS | CIF MONTREAL USD106. 00/PC | USD 483 360. 00 |
| 总值<br>TOTAL VALUE：SAY U. S. DOLLARS FOUR HUNDRED EIGHTY THREE THOUSAND THREE HUNDRED AND SIXTY ONLY. | | | |

（5）溢短装：数量和总值均有5%的增减，凭卖方决定。

MORE OR LESS：WITH 5% MORE OR LESS BOTH IN AMOUNT AND QUANTITY ALLOWED AT THE SELLER'S OPTION.

（6）包装：出口纸箱装30件/箱，0.164立方米/箱，共152箱。

PACKING：30PCS/CTN，0.164CBMS/CTN，TOTAL 152CTNS.

（7）唛头：

SHIPPING MARKS：

CSIE<br>BC20140621<br>MONTREAL<br>C/NOS. 1－152

（8）装运条件：最迟装运日期：2014年8月15日。在收到的信用证45天之后。装运港：广州；目的港：蒙特利尔。

TERMS OF SHIPMENT：LATEST DATE OF SHIPMENT：AUG. 15，2014. WITHIN 45 DAYS AFTER RE-

CEIPT OF L/C. LOADING PORT: GUANGZHOU. DESTINATION PORT: MONTREAL.

（9）保险：由卖方负责按发票金额的 110 % 投保一切险和战争险，以中国人民保险公司 1981 年 1 月 1 日的有关海洋货物运输保险条款为准。

INSURANCE: TO BE COVERED BY THE SELLER FOR 110% OF TOTAL INVOICE VALUE AGAINST ALL RISKS AND WAR RISK, AS PER AND SUBJECT TO THE RELEVANT OCEAN MARINE CARGO CLAU - SES OF THE PEOPLE'S INSURANCE COMPANY OF CHINA DATED 1/1/1981.

（10）支付条件：买方应在本合同签字之日起，15 天内将本合同总金额 30% 的预付款，以电汇方式汇交卖方，并在收到本合同所列单据后 7 天之内电汇其余货款。

TERMS OF PAYMENT: 30% OF THE TOTAL CONTRACT VALUE AS ADVANCE PAYMENT SHALL BE REMITTED TO THE SELLER THOUGHT T/T WITHIN 15 DAYS AFTER SIGNING THIS CONTRACT BY THE BUYER. PAYMENT TO BE EFFECTED BY THE BUYER SHALL NOT BE LATER THAN 7 DAYS AFTER RECEIPT OF THE DOCUMENTS LISTED IN THE CONTRACT BY T/T.

（11）异议与索赔：双方同意以中华人民共和国国家出入境检验检疫局签发的品质和数量（重量）检验证书作为信用证项下议付单据的一部分。买方有权对货物的品质、数量（重量）进行复验。如发现品质或数量（重量）与合同规定不符，买方有权向卖方索赔，并提交经卖方同意的公证机构出具的检验报告。索赔期限为货到目的港后 30 天内。属于保险公司、船公司或其他有关运输机构/邮递机构责任范围的，卖方概不负责。

DISCREPANCY AND CLAIM: IT IS MUTUALLY AGREED THAT THE CERTIFICATE OF QUALITY AND QUANTITY (WEIGHT) ISSUED BY STATE ADMINISTRATION FOR ENTRY-EXIT INSPECTION AND QUARANTINE OF PEOPLE'S REPUBLIC OF CHINA SHALL BE PART OF THE DOCUMENTS TO BE PRESENTED FOR NEGOTIATION UNDER THE RELEVANT L/C. THE BUYERS SHALL HAVE THE RIGHT TO REVIEW THE QUALITY AND QUANTITY (WEIGHT) OF THE CARGO. SHOULD THE QUALITY AND QUANTITY (WEIGHT) BE FOUND NOT IN CONFORMITY WITH THE CONTRACT, THE BUYER ARE ENTITLED TO LODGE WITH THE SELLER A CLAIM WHICH SHOULD BE SUPPORTED BY SURVEY REPORTS ISSUED BY A RECOGNIZED SURVEYOR APPROVED BY THE SELLER. THE CLAIM, IF ANY, SHALL BE LODGED WITHIN 30 DAYS AFTER ARRIVAL OF THE CARGO AT THE PORT OF DESTINATION. IT IS UNDERSTOOD THAT THE SELLER SHALL NOT BE LIABLE FOR ANY DISCREPANCY OF THE GOODS THAT ARE CAUSED FOR WHICH THE INSURANCE COMPANY, SHIPPING COMPANY, OTHER TRANSPORTATION ORGANIZATION / POST OFFICE ARE LIABLE.

（12）不可抗力：任何一方由自然灾害、战争或其他不可抗力事件导致的不能履约或延迟履约，该方不负责任。但是，受不可抗力事件影响的一方须尽快通知另一方，并在事发后 15 天内将有关机构出具的证明寄交对方。

FORCE MAJEURE: EITHER PARTY SHALL NOT BE RESPONSIBLE FOR FAILURE OR DELAY TO PERFORM ALL OR ANY PART OF THIS AGREEMENT DUE TO NATURAL DISASTERS, WAR OR ANY OTHER EVENTS OF FORCE MAJEURE. HOWEVER, THE PARTY AFFECTED BY THE EVENTS OF FORCE MAJEURE SHALL INFORM THE OTHER PARTY OF ITS OCCURRENCE AS SOON AS POSSIBLE AND THEREAFTER SENDS A CERTIFICATE OF THE EVENT ISSUED BY THE RELEVANT AUTHORITIES TO THE OTHER PARTY WITHIN 15 DAYS AFTER ITS OCCURRENCE.

（13）仲裁：履约过程中如产生争议应通过友好协商解决。协商不成，则应提交广州中国国际经济贸易仲裁委员会，根据该会仲裁规则和程序进行仲裁。该会的裁决是终局的，对双方均有约束力。仲裁费用由败诉方负担，合同另有规定的除外。

ARBITRATION: ALL DISPUTES ARISING FROM THE EXECUTION OF THIS AGREEMENT SHALL BE SETTLED THROUGH FRIENDLY NEGOTIATION. IN CASE NO SETTLEMENT CAN BE REACHED, THE CASE

SHALL THEN BE SUBMITTED TO CHINA INTERNATIONAL ECONOMIC AND TRADE ARBITRATION COMMISSION OF GUANGZHOU FOR ARBITRATION IN ACCORDANCE WITH ITS RULES AND PROCEDURE. THE DECISION MADE BY THIS COMMISSION SHALL BE REGARDED AS FINAL AND BINDING UPON BOTH PARTIES. ARBITRATION FEES SHALL BE BORNE BY THE LOSING PARTY, UNLESS OTHERWISE AWARDED.

（14）买方收到该合同后应立即回签一份，如有异议应于收到该合同后 5 个工作日内提出，否则即被认为已同意接受本合同所规定的各项条款。

THE BUYER IS REQUESTED TO SIGN AND RETURN ONE COPY OF THIS CONTRACT IMMEDIATELY AFTER RECEIPT OF THE SAME. OBJECTION, IF ANY, SHOULD BE RAISED BY THE BUYER WITHIN 5 WORKING DAYS. OTHERWISE, IT IS UNDERSTOOD THAT THE BUYER HAS ACCEPTED THE TERMS AND CONDITIONS OF THIS CONTRACT.

（15）本合同为中英文两种文本，两种文本具有同等效力。本合同一式两份。自双方签字（盖章）之日起生效。

THIS CONTRACT IS EXECUTED IN TWO COUNTERPARTS EACH IN CHINESE AND ENGLISH. EACH OF WHICH SHALL BE DEEMED EQUALLY AUTHENTIC. THIS CONTRACT IS IN DOUBLE COPIES EFFECTIVE SINCE BEING SIGNED/ SEALED BY BOTH PARTIES.

CONFIRMED BY:

卖方 THE SELLER：CHEN MING
GUANGZHOU MEILING ELECTRIC TRADING CO. LTD.

买方 THE BUYER：George
CANADA SWATOW IMPORT & EXPORT TRADING CO. LTD.

**【任务互动】**

以下是张晓与金允浩交易商品——台灯的信息和他们通过交易磋商达成的合同。请根据所给出的合同，解读合同的主要交易信息，并根据合同的内容模拟他们双方交易磋商的函电往来。

1. 商品信息

<table>
<tr><th colspan="6">商品基本信息</th></tr>
<tr><td>商品编号</td><td colspan="2">07001</td><td colspan="2">海关代码</td><td>94505200000</td></tr>
<tr><td>中文名称</td><td colspan="2">台灯</td><td colspan="2">英文名称</td><td>DESK LAMP</td></tr>
<tr><td>产地</td><td colspan="2">CHINA</td><td colspan="2">所属类别</td><td>灯具</td></tr>
<tr><td>销售单位</td><td colspan="2">PC</td><td colspan="2">成本（元）</td><td>80. 5</td></tr>
<tr><td>包装单位</td><td colspan="2">CARTON</td><td colspan="2">装箱情况</td><td>20PCS/CARTON</td></tr>
<tr><td>毛重</td><td>22KGS/ CTN</td><td>净重</td><td>19KGS/CTN</td><td>体积</td><td>0. 112 5CBM/CTN</td></tr>
<tr><td>商品图片</td><td rowspan="2">中文描述</td><td colspan="4" rowspan="2">包装：1 个/纸盒，20 个/箱</td></tr>
<tr><td rowspan="2"></td></tr>
<tr><td>英文描述</td><td colspan="4">PACKING：1PC/BOX，20PCS/CARTON</td></tr>
</table>

2. 张晓与金允浩签署的合同

销售合同

SALES CONTRACT

S/C NO.：WD20140520

DATE：May 20, 2014

THE SELLERS：GUANGZHOU WEIDA TRADING CO. LTD.

NO. 165, DONGFENG ROAD, GUANGZHOU, CHINA

THE BUYERS：ABC TRADING COMPANY LTD.

ROOM 502, BUILDING 22, GAUSS ROAD, PUSAN, KOREA

The undersigned seller and buyer have agreed to close the following transactions according to the terms and conditions stipulated below：

| (1) COMMODITY&SPECIFICATIONS | (2) QUANTITY | (3) UNIT | (4) UNIT PRICE | (5) AMOUNT |
|---|---|---|---|---|
| DESK LAMP 07001 | 2 000 | PC | CIF PUSAN<br>USD12. 50 | USD25 000. 00 |
| TOTAL VALUE：USD25 000. 00<br>SAY U. S. DOLLARS TWENTY-FIVE THOUSAND ONLY. | | | | |

(6) MORE OR LESS：With 5% more or less both in amount and quantity allowed at the seller's option.

(7) PACKING：1PC/BOX, 20PCS/CARTON, TOTAL 100 CARTONS.

(8) SHIPPING MARKS：

ABC

WD20140520

PUSAN

C/NOS. 1－100

(9) TERMS OF SHIPMENT：Within 20 days after receipt of L/C. The Buyers must open the relative L/C to reach the sellers before shipment. Loading Port：Guangzhou. Destination Port：Pusan.

(10) INSURANCE：To be covered by the seller for 110% of total invoice value against All Risks and War Risk, as per and subject to the relevant ocean marine cargo clauses of the People's Insurance Company of China dated 1/1/1981.

(11) TERMS OF PAYMENT：By irrevocable sight L/C to reach the seller before July 10, 2014, and to remain valid for negotiation in China until 21 days after the time of shipment. The buyer shall establish a letter of credit before the above-stipulated time. Failing which, the seller shall have the right to rescind this contract upon the arrival of the notice at the buyer, or to lodge a claim for the direct losses sustained, if any.

(12) This contract is executed in two counterparts each in Chinese and English. Each of which shall be deemed equally authentic. This contract is in double copies effective since being signed/sealed by both parties.

Confirmed by：

The seller：张晓

GUANGZHOU WEIDA TRADING CO. LTD.

The Buyer：金允浩

ABC TRADING COMPANY LTD.

成交确认书样单

# 成交确认书
# SALES CONFIRMATION

确认书号：　28SY001-PU
签约地点 Signed at:佛山
签约日期 Date:2008-4-6

卖方：佛山市禅城区上元欧联建筑陶瓷有限公司

买方：KUKJE

兹经买卖双方协商一致，同意成交下列商品并订立条款如下：
The undersigned Sellers and Buyers have agreed to close the following transactions according terms and conditions stipulatated below:

| 1.商品品名及规格(MM) Name of Commodity | 2.数量 SQY Quantity | 3. 单价 Unit price | 4.总价 USD Amount | 5.包装 Packing |
|---|---|---|---|---|
| 釉面砖 300X600MM | 979.20 | 7.6043 | 7446.15 | 纸箱 |
| 合计 | | | 7446.15 | |

6.装运期 Time of Shipment:　2008-4
7.装运口岸和到货口岸 Port of Loading & Destination:　佛山新港--韩国
8.保险 Insurance: 由买方自理
9.付款条件 Terms of Payment: T/T
10.装运唛头:Shipping Mark N/M
11.品质、数量、重量，以中国出入境检验检疫局验证或卖方所出具的证明书为依据。
Quality, quantity and weight certified by the Entry-Exit Inspection and Quarantine of P.R. China or the Sellers, asper the former's Inspection Certificate or the latter's certificate, are to be taken as final.

SELLERS:

BUYERS:

模块二

# 出口贸易流程及其单证之一——备货

【知识目标】

1. 熟悉国际贸易出口业务备货环节中，商品的品质、数量、包装和价格确定的基本知识

2. 熟悉国际贸易出口业务备货环节中所产生的单据

【技能目标】

1. 学会 T/T 项下商业发票的填制

2. 学会 T/T 项下装箱单的填制

3. 学会 T/T 项下原产地证明书的填制

## 项目 1 运用商品的品质、数量和包装的基本知识

在出口贸易中，备货就是根据出口合同的规定，按时、按质、按量准备好应交货物，以保证按时出运。备货通常是履行合同的第一个环节，也是履行合同的基础。备货环节既涉及商品的品质、数量、包装及价格方面的知识，又涉及商业发票、装箱单、原产地证明书等单据填制的技能。

### 一、商品品质的概念

商品品质（Quality of Goods），也称为商品质量，是指商品内在素质（如化学成分、物理和机械性能、生物特征等，借助仪器、设备进行分析测试获得）和外观形态（如商品的形态、造型、结构、色泽、味觉等，通过感觉器官直接获得）的综合体现，是决定商品使用性能和价格高低的基本因素，也是买卖双方签订和履行合同的重要依据。

《联合国国际货物销售合同公约》规定：卖方交付货物，必须符合约定的质量。如卖方交货不符合约定的品质条件，买方有权要求损害赔偿，也可要求维修或交付替代货物，甚至拒收货物和撤销合同。根据该规定，如果卖方交货品质低于合同要求显然是违约行为，而如果交货品质高于合同要求也有可能构成违约。所以商品买卖双方，尤其是卖方在起草、签订、履行合同时一定要重视商品品质条款的内容。

【案例】

我国出口“完全手工制造书写纸”案

我国某公司出口至日本某客商“完全手工制造书写纸（handmade writing paper）”一批，日方收到货物后经检验发现货物部分制造工序为机械操作，而我方提供的单据均表示该货物为手工制造，按照该国法律应属“不正当表示”和“过大宣传”，以致遭进口国用户退货，蒙受巨大损失，因而要求我方赔偿，我方拒绝，主要理由有：

(1) 该商品的生产工序基本上是手工操作，在关键工序上完全采用手工制作；按本国行业习惯均表示为手工制作。

(2) 该笔交易是经买方当面先看样品成交的，虽未在合同中明确规定是凭样品买卖成交，但实际货物质量与样品一致，因此应认为该货物与双方约定的品质相符。

请问：你认为责任在于谁？为什么？

分析要点：本案采用既凭样品买卖又凭文字说明两种表示商品品质的方法进行买卖。合同中约定采用手工制作商品的方法来表示商品品质，是属于凭文字说明的一种表示品质的方法。从各国法律和公约来看，当采用凭文字说明约定商品品质，卖方所交商品的品质与合同说明不符的，则买方有权撤销合同并要求损害赔偿。首先，本案我方从根本上违反了买卖双方在合同中约定的品质说明，从而构成卖方的违约行为，应承担所交货物与合同说明不符的责任。其次，贸易中如果凭样品买卖表示商品品质，需要在合同中明示或默示地做出具体规定，而本案合同中没有明确表示双方是采用样品成交，所以我方所说的实际所交货物与样品一致不能称为拒付理由。本案中的交易产品在实际业务中不可能采用全部手工制作，应该在合同中标明“基本手工制造书写纸”，以免双方产生争议，并能与实际所提交产品品质完全吻合。

## 二、根据具体商品选用表示商品品质的方法

在国际商品买卖中，由于交易的商品种类繁多，性质、特点差别很大，表示商品品质的方法也不相同。一般常用的方法有凭样品买卖和用文字说明两大类。

### （一）凭样品买卖表示商品品质

样品（Sample）通常是指从一批货物中抽取出来的，或由生产部门、使用部门加工、设计出来的，足以反映和代表整批货物质量的少量实物，一般包括参考样品和标准样品。凡是以实物样品表示商品品质并以此作为交货依据的，称为凭样品买卖（Sale by Sample）。凭样品买卖一般用于一些难以用文字来描述品质的商品交易，如工艺品、服装、玩具等。

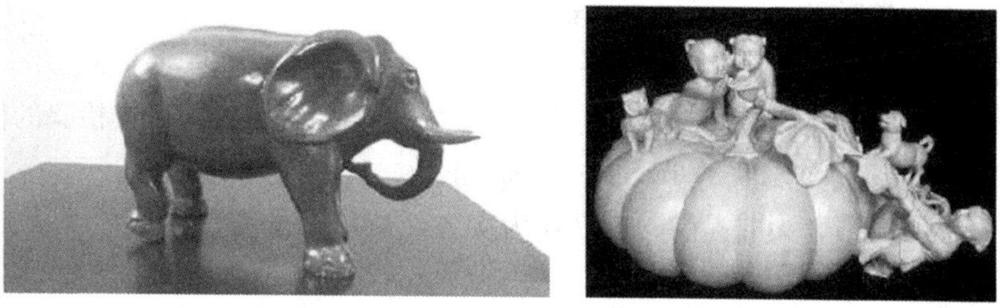

(a)　　(b)

图 3－1　工艺品

(a)　　(b)　　(c)

图 3－2　服　装

(a)　　(b)

图 3－3　玩　具

按样品提供者的不同，凭样品买卖可分为：

1. 凭卖方样品买卖（Sale by Seller's Sample）

凭卖方样品买卖是指以卖方提供的样品作为卖方交货依据的交易形式。凭卖方样品买卖，卖方要注意以下几个事项：

（1）卖方提供的样品要具有代表性，交货品质应与样品的品质完全一致。

（2）在订立合同条款时，卖方应尽量争取订立品质弹性条款，如可在合同中规定“交货品质和样品大体相符”，以防止被动，招致对方索赔。

（3）卖方应保留“复样”（Duplicate Sample），并编号留存（通常应备三份），买卖双方各保存一份，第三份放在商检机构，作为卖方交货、买方验收、仲裁机构检验的依据。

2. 凭买方样品买卖（Sale by Buyer's Sample）

凭买方样品买卖指以买方提供的样品作为卖方交货依据的交易形式。凭买方样品买卖，卖方要注意以下几个事项：

（1）应复制来样交买方确认后再生产大货。为避免交货时发生争议，或客户故意挑剔，凭买方样品买卖时，卖方可按买方来样复制或选择品质相近的卖方样品作为“回样”，寄交买方确认后，再生产大货。这样可避免贸易纠纷，对买卖双方（尤其是卖方）均有利。

（2）凭买方样品成交时应注意知识产权问题。凭买方样品买卖时，卖方要落实好知识产权归属等情况，并在合同条款里补充“采用买方样品成交涉及第三方知识产权时，卖方概不负责”等类似条款来免除自己的责任。

**【小贴士】**

**原样、复样与回样的区别**

原样是指卖方所提供的、能充分代表日后整批交货品质的少量实物；复样是指向买方送交样品时，卖方应留存的一份或数份样品，也称留样；回样，也称为对等样品，是指卖方根据买方来样仿制一份或数份类似的样品提供给买方确认，这种经买方确认的样品称为回样。

**【任务互动】**

（1）为什么在对外寄送样品时要留有复样？该如何保存复样？

（2）如果某客户寄来一种商品式样，要求某公司按样生产，某公司经过研究，认为可以生产，应注意哪些问题？

### （二）用文字说明表示商品品质

在国际贸易中，大部分商品都可用文字说明来表示商品品质。凡以文字、图表、照片等形式来说明商品品质的，均属于用文字说明表示商品品质的范畴，具体可以分为以下几种情况：

1. 凭规格买卖（Sale by Specification）

凭规格买卖是指采用可以反映货物质量的一些主要指标，如用成分、含量、纯度、大小、长短、粗细等来表示商品质量的买卖。这种方法具体、准确、简单易行，主要适用于一些品质相对稳定的商品交易。

示例3-1：

（1）彩色灯泡，烛形，120伏，25瓦。

Colour Lamps，Candle Type，120V，25W.

（2）大豆，含油量最低30%；含水分最高11%；杂质最高1%；不完善粒最高7%。

Soybean, Oil Content Min. 30%; Moisture Max. 11%; Admixture Max. 1%; Imperfect Grains Max. 7%.

2. 凭等级买卖（Sale by Grade）

商品的等级是指同类商品，按规格上的差异，分为品质优劣各不相同的若干等级。凭等级买卖时，买卖双方按不同的等级确定商品的价格。为了便于履行合同和避免争议，在列明等级的同时，最好也列明每一等级的具体规格参数。

示例3－2：

绿剑茶质量标准分级：

| 级别 | 外形 | 汤色 | 香色 | 滋味 | 叶底 |
| --- | --- | --- | --- | --- | --- |
| 特级（Special Grade） | 挺秀微扁，匀齐绿润 | 嫩绿明亮 | 嫩香 | 鲜爽 | 全芽肥厚匀齐，嫩绿明亮 |
| 一级（First Grade） | 紧直微扁，绿润 | 绿明亮 | 清香 | 清爽 | 全芽尚匀，绿明亮 |
| 二级（Second Grade） | 紧直微扁，尚绿润 | 绿尚亮 | 尚清香 | 尚清爽 | 嫩尚均显芽，绿尚亮 |

3. 凭标准买卖（Sale by Standard）

凭标准买卖是指以国际组织、国家政府机构、地方政府机构、行业协会统一制定的产品标准，或者某一企业指定的标准作为交货品质依据的买卖。在国际贸易中，应尽量争取采用国际通用标准或我国标准，并注明标准版本的年份，以免产生争议。

示例3－3：

（1）食品添加剂叶酸 GB 15570—2010。

Folic acid food additives GB 15570—2010.

（2）利福平 B. P 1993。

Rifampicin B. P 1993.

（3）海尔冰箱，型号31－78，符合国家标准 GB4706. 13—2008。

Haier Fridge, model: 31－78, GB4706. 13—2008.

**【小贴士】**

企业标准——指一个企业范围内所制定的标准。

团体标准——指由团体或学会等所制定的标准，如美国材料与试验协会（ASTM）标准、美国保险商实验室（UL）安全标准。

国家标准——指由国家制定的标准，如日本工业标准（JIS）。

区域标准——指由区域标准化组织制定的标准，如欧洲标准化委员会（CEN）制定的标准。

国际标准——指由国际性机构制定的标准，如国际标准化组织（ISO）所制定的标准等。

4. 凭说明书和图样买卖（Sale by Description Illustration）

凭说明书和图样买卖是指另附说明书、图样、照片、设计图纸、表格及数据来说明产品的具体性能和结构特点，并以此作为交货依据的买卖。针对机电、电气仪表等技术密集型产品，往往采用凭说明书和图样买卖。

示例3－4：

（1）电压表，型号JYX－48，品质和技术数据必须与卖方所提供的产品说明书严格相符。

Voltmeter，JYX－48，quality and technical data to be strictly in conformity with the description submitted by the seller.

（2）联想电脑1515A，详细规格见所附文字说明与图样。

Lenovo computer 1515A，detail specifications as per attached illustrations.

5. 凭商标或品牌买卖（Sale by Trade Mark or Brand）

凭商标或品牌买卖是指凭商品的商标或品牌作为买卖双方交货依据的买卖。对于在国际市场上有一定知名度和可信度，其产品品质较稳定的商品，可以凭商标或品牌进行买卖，如“张小泉”剪刀、“海尔”家用电器、“Software”软件等。

示例3－5：

（1）格力空调72 000w，型号KF－72（60. 50. 46）LW/EA－N2。

Gree air conditioner 72 000w，KF－72（60. 50. 46）LW/EA－N2.

（2）梅林牌辣酱油。

Maling Brand Worcestershire Sauce.

（3）佛手牌味精，90度或以上。

Finger Citron Brand Ve Tsin（Gourmet Powder），90% or up.

6. 凭产地名称买卖（Sale by Name of Origin ）

某些产品尤其是农副产品，受产区特有的自然条件、独有传统加工工艺等因素影响，其品质方面具有区别于其他产区产品的独特风味和特色，针对这一类产品，可以用产地名称来体现商品品质，比如四川榨菜、汕头牛肉丸、长沙臭豆腐、景德镇陶瓷、北京烤鸭等。

### （三）正确规定合同中品质条款对备货的重要意义

品质条款是国际货物买卖合同中不可缺少的一项主要交易条件，是确定卖方品质的重要依据。对于那些品质规格难以做到完全一致的商品，可以适当采用“品质弹性条款”，如可在合同品质条款中注明“交货品质与样品大体相同”（quality to be considered as being equal to the sample）或规定品质机动幅度，即在合同中规定允许卖方所交货物的质量在一定的范围内波动，只要卖方所交货物的品质没有超出机动幅度的范围，卖方交货品质就算符合合同要求，买方就无权拒收货物。

【案例】

广州某公司向日本出口一批土豆。合同上写的是三级品，但到发货时发现三级品库存不够，于是该出口公司改以二级品交货（二级品比三级品质量好），并在发票上加注“二级土豆仍按三级计价”。请问：这种以好顶次的做法是否可行？

分析要点：按照《联合国国际货物销售合同公约》规定：卖方交付货物，必须符合约定的质量。如卖方交货不符合约定的品质条件，买方有权要求损害赔偿，也可要求维修或交付替代货物，甚至拒收货物和撤销合同。该公司以好顶次的做法是一种违约行为，买方有权要求损害赔偿，也可要求维修或交付替代货物，甚至拒收货物和撤销合同。

【案例】

广东省MX县盛产柚子，并种植出了一种品质优良的柚子，称为“沙田柚”。沙田柚品质上乘，一直享誉欧美地区。MX县某出口公司曾与某美商订立了一项向美国出口大宗柚皮的合同。合同中的品质条款仅规定“MX种柚皮”。货物交收后，美商提出异议，称这些柚皮不是MX县当地产的，因为他已派人调查了全县所有产地，即使集中全县生产的柚子也无法剥出这么多皮。我方出口公司解释，合同仅规定“MX种柚皮”，只要是MX品种的柚皮就符合合同规定。对方认为，合同规定“MX种柚皮”，必须是在MX县当地种植的柚皮才是符合合同要求的，双方各持己见。请问：在该案例中，卖方的失误在哪儿？

分析要点：卖方的失误在于订立品质条款时，未与客户确认清楚“MX种柚皮”的具体含义是“MX品种的柚皮”还是“在MX县当地种植的柚皮”。由此得出，签订品质条款时一定要明确具体，以免由于双方不同的理解而造成不必要的损失。

## 三、按合同规定的数量备货

品质数量条款是买卖合同中的一项重要条件。根据《联合国国际货物销售合同公约》第52条第2款规定：按照约定的数量交付货物是卖方的一项基本义务。若卖方交货的数量大于约定的数量，买方可以拒收多交的部分，也可以收取多交部分中的一部分或全部，但应按合同价格付款。如果卖方交货的数量少于约定的数量，则卖方需要在规定交货期届满之前补齐，但不得使买方遭受不合理的不便或承担不合理的开支，即使如此，买方也可保留要求损害赔偿的权利。

【案例】

中国某公司从国外进口小麦，合同规定：数量200公吨，每公吨320美元。而外商装船时共装运了203公吨，对多装的3公吨，我方应如何处理？请问：如果外商只装运了198公吨，我方是否有权拒收全部小麦？

分析要点：对多装的3公吨，我方可以拒收多交的部分，也可以收取多交部分中的一部分或全部，但应按合同价格付款。如果外商只装运了198公吨，我方可以要求外商在规定交货期届满之前补齐或要求损害赔偿，但不能拒收全部小麦。

### （一）正确选用商品的计量方法及计量单位

1. 计量方法和计量单位

由于商品的种类、特点和各国采用度量衡制度的不同，故不同的商品可以采用不同的计量方法和计量单位来计量，常见商品的计量方法与计量单位如下：

**表3-1 常见的计量方法和计量单位**

| 计量方法 | 计量单位 | 单位换算 | 适用范围 |
|---|---|---|---|
| 按重量计量（weight） | 公吨（metric ton，MT）、长吨（long ton，LT）、短吨（short ton，ST）、千克（kilogram，kg）、克（gram，g）、公担（quintal，q）、磅（pound）、盎司（ounce）、克拉（carat，ct）等 | 1公吨 =1 000千克<br>=2 205磅<br>=1.102短吨<br>=0.984长吨<br>1盎司 =28.350克<br>1磅 =0.454千克<br>1克拉 =0.2克<br>备注：“公吨”即中国普遍采用的“吨” | 大部分农副产品、矿产品和部分工业制成品等 |
| 按长度计量（length） | 米（meter，m）、厘米（centimeter，cm）、码（yard，yd）、英尺（foot，ft）、英寸（inch）等 | 1米 =3.281英尺 =1.094码<br>1英寸 =2.54厘米<br>1英尺 =0.304 8米 | 大部分布匹、绳索、胶管、电缆、电线、纺织品等 |
| 按面积计量（area） | 平方米（square meter，$m^2$）、平方码（square yard）、平方英尺（square foot）、平方英寸（square inch）等 | 1平方米 =10.764平方英尺<br>1平方英尺 =0.093平方米<br>1平方英寸 =6.452平方厘米 | 大部分土地、房屋、瓷砖、墙纸、地毯、玻璃板、皮革等 |
| 按体积计量（volume） | 立方米（cubic meter，$m^3$）、立方码（cubic yard）、立方英尺（cubic foot）、立方英寸（cubic inch）等 | 1立方英尺 =0.028 3立方米<br>=28.317升<br>1立方英寸 =16.387 1立方厘米 | 木材、天然气、化学气体等 |
| 按容积计量（capacity） | 公升（liter，l）、加仑（gallon，gal）、蒲式耳（bushel，bu）等 | 1英加仑 =4.546升<br>1美加仑 =3.785升 | 汽油、食用油、酒等流体货物 |

（续上表）

| 计量方法 | 计量单位 | 单位换算 | 适用范围 |
| --- | --- | --- | --- |
| 按个数计量（number） | 只（piece，pc）、件（package，pkg）、打（dozen，doz）、套（set）、双（pair）、箱（case）、包（bale）、桶（drum）、袋（bag）、辆（unit）、卷（roll）、捆（bale）等 | 1 打 = 12 个 | 轻工业制成品、土特产、杂货等 |

**【知识链接】**

**度量衡制度**

由于各国使用的度量衡制度不同，故同一计量单位所代表的数量也不尽相同。目前国际上常用的度量衡制度，有公制、美制、英制和国际单位制等，运用时须进行必要的换算。

—公制 The Metric System，为欧洲大陆及世界大多数国家所采用。

—美制 The U. S. System，基本单位和英制相同，为磅和码，但有个别派生单位不一致。

— 英制 The British System，为英联邦国家所采用。

— 国际单位制 The International System of Units，SI，国际单位制是在公制基础上发展起来的单位制，于 1960 年第十一届国际计量大会通过，并推荐各国采用，也是我国的法定计量单位。

**【案例】**

某出口公司在广交会上与英国客商当面谈妥出口大米 10 000 公吨，每公吨 USD 310.00 FOB 大连。但在签约时只是笼统地写了 10 000 吨，当事人主观上认为合同上的吨就是指公吨。后来，英国客商来证要求按长吨（long ton）供货，以至于出口商少交了大米 160 多公吨，折合美元为 44 137.5 美元。请问：从该案例中，你得到了什么启示？

分析要点：（1）吨分为公吨、长吨和短吨。1 公吨 = 1.102 短吨 = 0.984 长吨，买卖双方在签约时，为避免争议，应明确规定计量单位。

（2）遇到合同签订有容易引起争议的条款，应及时主动与对方沟通。

2. 计算重量的方法

在国际贸易中，很多商品可以采用按重量计算商品数量的方法。商品特性不同，就会有不同的计算重量的方法，一般有以下几种。

（1）毛重（Gross Weight）。

毛重是商品本身的重量加上包装物的重量。对于价值较低的交易，比如粮食、化肥、水泥，其包装物重量可以忽略，通常以毛重作为计价的基础，商业上习惯称为“以毛作净”（Gross for Net）。

（2）净重（Net Weight）。

净重是指商品本身的实际重量，不包括包装物的重量。在国际贸易中，对于以重量计量的商品，大部分都以净重作为计价基础。净重的计算是用商品毛重减去包装物的重量（即皮重）。

（3）公量（Conditioned Weight）。

有些商品，如棉花、羊毛、生丝等有比较强的吸湿性，所含的水分受客观环境的影响较大，其重量也就很不稳定。为了准确计算这类商品的重量，国际上通常采用按公量计算的方法。公量指用科学方法抽去商品中的水分，再加上标准含水量所得的重量，适用于价值较高而水分含量不稳定的商品。

（4）理论重量（Theoretical Weight）。

针对那些形状、规格和尺寸固定，材质均匀，每件商品的重量基本相同的商品，可以根据理论重量和件数来计算出总重量。理论重量常用于马口铁、钢板等重量的计算。

### （二）正确规定合同中数量条款对备货的重要意义

1. 数量条款的规定（举例说明数量条款包含的内容）

国际贸易合同中的数量条款，主要包括所成交货物的数量和计量单位。针对按重量成交的商品，还要约定好重量的计算方法，例如，是采用公吨、长吨，还是短吨。

示例3－6：

800公吨大豆，可溢短装2%，溢短装由卖方选择，按合同价格作价。

Chines soybean 800MT, 2% more or less at seller's option and at contract price .

2. 采用溢短装条款规避数量风险

溢短装条款（More or Less Clause）是指在合同中规定卖方交货的数量允许有一定范围的机动幅度。在某些农副产品和矿产品的大宗交易中，由于商品的特性、生产、船舶结构、装载技术等方面的影响，往往难以准确按合同规定的数量交货，为了避免因卖方实际交货不足或超过合同规定而引起的法律责任，方便合同的履行，可以在合同中规定一定的数量机动幅度。对属于机动幅度内的溢短装部分的价格，可按合同价格计算，也可按装船时的价格计算。

**【案例】**

广州某公司出口一批6 000公吨大米，合同规定“6 000MT, 5% more or less at seller's option”。我方准备交货时，大米的国际市场价格下跌。请问：若你是合同中的卖方，你如何利用合同中的溢短装条款来确定实际的交货数量？

分析要点：准备交付6 300公吨。该案例中，“5% more or less at seller's option”是溢短装条款，溢短装比例是5%，由卖方选择，也就是说卖方可以根据合同规定多交或少交合同数量的5%。本案中，6 000公吨大米的价格下跌，若多交300公吨，可少亏一点。

思考：若在上一案例当中，大米的国际市场价格上涨，作为卖方，你又会如何处理？

3. 采用国际贸易惯例的规定规避数量风险

为规避国际贸易当中的数量风险，《跟单信用证统一惯例》——2007 年修订本，国际商会第 600 号出版物（以下简称《UCP600》）中的第 30 条 a、b、c 款对“信用证金额、数量与单价的伸缩度”作了明确规定：

（1）《UCP600》第 30 条 a 款规定：凡“约”“近似”“大约”或类似意义的词语用于信用证金额或信用证规定的数量或单价时，应解释为允许对有关金额、数量或单价有不超过 10% 的增减幅度。本规定既适用于散装货，也适用于包装货。

《UCP600》第 30 条 a 款：The words “about” or “approximately” used in connection with the amount of the credit or the quantity or the unit price stated in the credit are to be construed as allowing a tolerance not to exceed 10% more or 10% less than the amount, the quantity or the unit price to which they refer.

**【案例】**

我某公司向国外客商出口冻鸡爪，买方银行开来信用证规定：合同规定：数量为约 1 000 公吨。则我某公司如何掌握装运数量？

分析要点：根据《UCP600》第 30 条 a 款规定：，凡“约”“近似”“大约”或类似意义的词语用于信用证金额或信用证规定的数量或单价时，应解释为允许对有关金额、数量或单价有不超过 10% 的增减幅度。因此本案中卖方实际交货可在 900 公吨至 1 100 公吨之间，均符合规定。

（2）《UCP600》第 30 条 b 款规定：除非信用证规定所列的货物数量不得增减，在支取金额不超过信用证金额的条件下，货物数量也允许有 5% 的伸缩，但货物以包装单位或个数计数时不适用。

《UCP600》第 30 条 b 款：A tolerance not to exceed 5% more or 5% less than the quantity of the goods is allowed, provided the credit does not state the quantity in terms of a stipulated number of packing units or individual items and the total amount of the drawings does not exceed the amount of the credit. This tolerance does not apply when the credit stipulates the quantity in terms of a stated number of packing units or individual items.

**【案例】**

广东某贸易公司与美国某公司成交一笔黄豆出口交易。合同的数量条款规定：每袋黄豆净重 120 公斤，共 1 000 袋，合计约 120 公吨，但货物运抵美国后，经俄罗斯海关检查，每袋黄豆净重只有 115 公斤，1 000 袋共 115 公吨，当时正遇市场黄豆价格下跌，美国公司以单货不符为由，提出降价5%的要求，否则拒收。请问：美方的要求是否合理？

分析要点：美方要求合理。因为根据《UCP600》第30条b款规定：除非信用证规定所列的货物数量不得增减，在支取金额不超过信用证金额的条件下，货物数量也允许有5%的伸缩，但以包装单位或个数计数时不适用。案例中的黄豆是采用袋装，不是散装。如果是散装，交货数量则允许有5%的伸缩。

**【案例】**

2013年6月，广东某粮油进出口公司向美国C公司出口大米（散装），合同规定：数量为1 000公吨，每公吨350美元，以信用证方式支付。合同签订后，俄罗斯进口商开来信用证，金额为350 000美元。请问：广东某粮油进出口公司最多、最少可交多少公吨小麦？为什么？

分析要点：广东某粮油进出口方最多可装1 050公吨，最少可交950公吨。因为根据《UCP600》第30条b款规定：除非信用证规定所列的货物数量不得增减，在支取金额不超过信用证金额的条件下，货物数量也允许有5%的伸缩。

（3）《UCP600》第30条c款规定：如果信用证规定了货物数量，而该数量已全部发运，及如果信用证规定了单价，而该单价又未降低，或当第30条b款不适用时，则即使不允许部分装运，也允许支取的金额有5%的减幅。若信用证规定有特定的增减幅度或使用第30条a款提到的用语限定数量，则该减幅不适用。

《UCP600》第30条c款：Even when partial shipments are not allowed, a tolerance not to exceed 5% less than the amount of the credit is allowed, provided that the quantity of the goods, if stated in the credit, is shipped in full and a unit price, if stated in the credit, is not reduced or that sub－article 30（b）is not applicable. This tolerance does not apply when the credit stipulates a specific tolerance or uses the expressions referred to in sub－article 30（a）.

## 四、按合同规定的包装备货

在国际货物买卖中，包装是货物的重要组成部分，包装条款是商品买卖合同中的一项主要条款，提供约定的包装是卖方的一项基本义务。《联合国国际货物销售合同公约》第35条规定：卖方交付的货物如果未按合同规定的方法装箱或者包装，均构成违约。但并非所有的货物都必须包装才能进出口。

**【案例】**

杭州服装进出口有限公司出口一批女士衬衫到美国，价值人民币156万元。合同规定每件衬衫用塑料袋包装，每件要使用英、德两种文字贴头。但出口公司考虑到用塑料袋包装不太美观，实际交货时便私自帮客户改换了一下包装。国外商人为了适应当地市场的销售要求，不得不雇人重新更换包装。后向出口方提出索赔，出口方却认为自己是好心帮客户，不愿赔偿。请问：该案例的责任应由谁来承担？

分析要点：责任应由卖方承担，因为《联合国国际货物销售合同公约》第35条规定：卖方交付的货物如果未按合同规定的方法装箱或者包装，均构成违约。卖方没有严格按照合同要求来进行包装，属违约，理应赔偿。

### （一）货物包装的分类及方法

商品的包装，按其在流通领域中所起作用的不同，可以分为销售包装、运输包装和中性包装等。

1. 销售包装（Selling Packing）

销售包装又称小包装或内包装，是指在零售市场直接接触商品、直接和消费者见面的包装。这类包装除了具备保护商品的作用外，在美化商品、宣传商品、促进销售方面有更突出的表现，便于消费者识别、选购、携带和使用。

为适应市场需要，一般还须在包装上印刷条形码。

**【小贴士】**

**关于条形码**

条形码是由一组带有字的黑白色粗细间隔不等的垂直平行条纹所组成的印在销售包装上的标志。它的作用在于通过光电扫描对其阅读，并运用计算机判别和记录由条形码提供的商品生产国别、生产厂家、商品类别和销售价格等信息，以利于辨认真假商品，提高货款结算和销售统计的效率和准确性。

国际通用包装上的条形码有两种，一种是由美国、加拿大组织的统一编码委员会编制的UPC码；另一种是由欧共体12国成立的欧洲物品编码协会编制的EAN码。我国使用的是EAN码，编码前缀为“690－699”的，表明该产品由中国出产。

2. 运输包装（Shipping Packing）

运输包装又称大包装或外包装，它是将货物装入特定容器，或以特定方式成件或成箱地包装，其主要作用在于保护商品、方便储运、防止在储运过程中发生货损货差。

为了适应商品在运输、装卸过程中的不同要求，运输包装又分为单件运输包装和集合运输包装两种。

单件运输包装是指在运输过程中作为一个计件单位的包装，比如箱、包、桶、袋等。

(a)　　(b)　　(c)

**图 3-4　单件运输包装**

集合运输包装是指将若干单件运输包装组合在一起，构成一个大的运输单位。常见的集合运输包装有集装箱、集装袋、托盘等，其中集装箱的常用规格有 20 英尺和 40 英尺两种。常见通用的 20 英尺集装箱载重 17.5 公吨，有效容积约为 25 立方米；40 英尺集装箱载重 22 公吨，有效容积约为 54 立方米。一个 20 英尺集装箱又称为一个“标准箱”。

(a)　　(b)　　(c)

**图 3-5　集合运输包装**

3. 中性包装（Neutral Packing）

中性包装是指在商品内外既不标明生产国别、地名和厂商的名称，也不标明商标或牌号的包装。主要是为了符合国外市场转口销售等特殊要求，或是为了打破某些进口国家的关税和非关税壁垒。常用的中性包装有两种：一是无牌中性包装，这种包装既无生产国别、地名、厂名，也无商标或牌号；二是定牌中性包装，这种包装不注明商品生产国别、地名、厂名，但要注明买方指定商标或牌号。

(a)　　　　(b)

**图 3-6　中性包装**

### （二）根据备货商品运输的需要印刷运输包装的标志

在国际货物运输过程中，常常需要在运输包装的明显部位印刷各种有关的文字、图案，以便货物装卸、运输、仓储、检验和交接工作的顺利进行，同时防止发生错发、错运和损坏货物、伤害人身的事故，以保证货物安全、迅速、准确地运交收货人。这些具有一定功能的文字、图案称为运输包装上的标志。按其用途，运输包装上的标志一般可以分为运输标志、指示性标志、警告性标志。

1. 运输标志（Shipping Mark）

运输标志又称唛头，它通常是由一个简单的几何图形和一些英文字母、数字及简单的文字组成，其作用在于使货物在装卸、运输、保管过程中容易被有关人员识别，以防错发、错运。运输标志的主要内容包括：①收货人或买方名称的英文缩写或简称；②参考号，如运单号、订单号或发票号；③目的地；④件号。至于根据某种需要而须在运输包装上刷写的其他内容，如许可证号等，则不作为运输标志必要的组成部分。

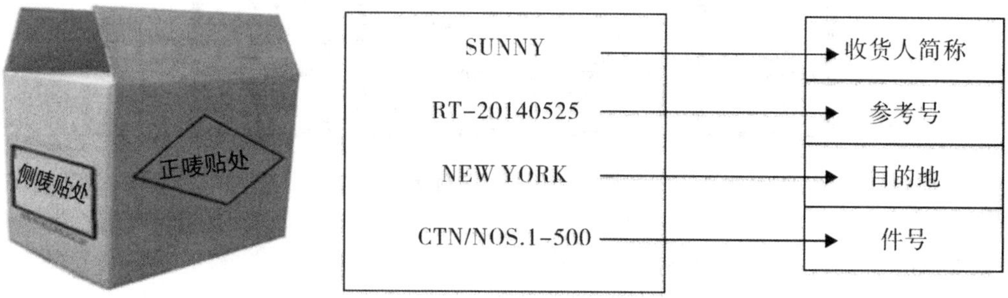


(a)　　　　(b)

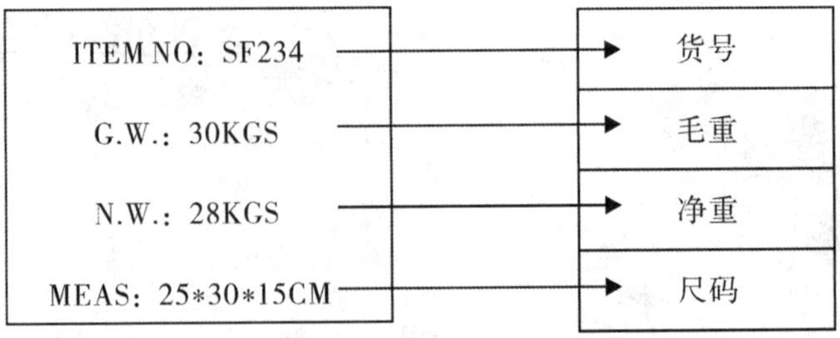


(c)

图 3－7　运输标志

2. 指示性标志（Indicative Mark）

指示性标志是根据商品的特性提出应注意的事项，在商品的外包装上用醒目的图形或文字表示的标志。其作用是提示相关操作人员在装卸、运输和存储过程中需要注意的事项。

图 3－8　指示性标志

3. 警告性标志（Warning Mark）

警告性标志又称危险品标志，是指在易燃品、爆炸品、有毒品、腐蚀性物品、放射性物品的运输包装上表明其危险性质的文字或图形说明。其作用是便于装卸、运输和保管人员按货物特性采取相应的防护措施，以保护货物和人身安全。

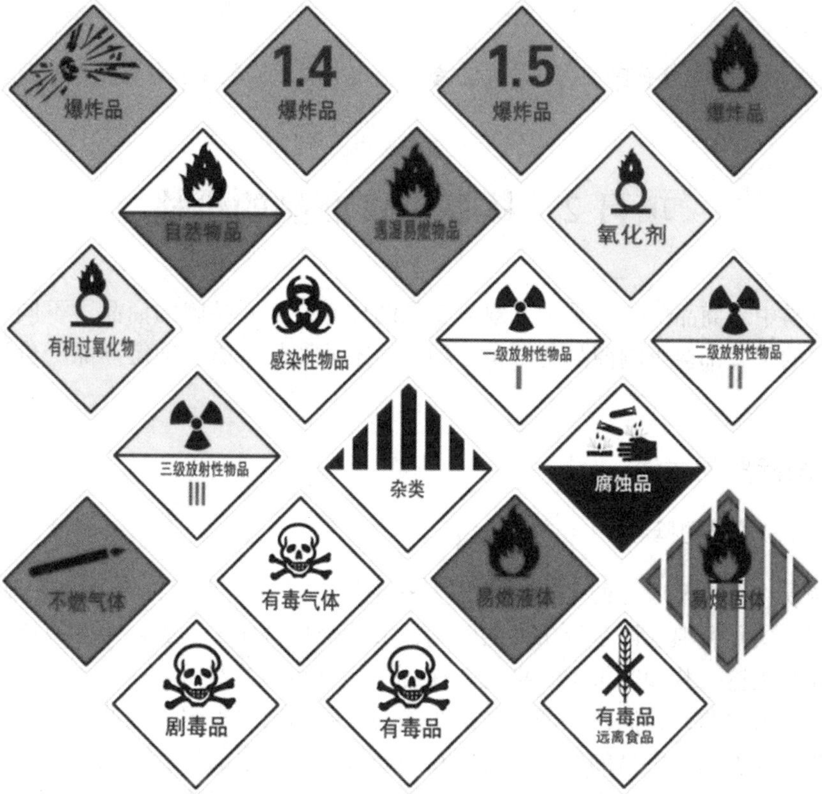


图 3－9　警告性标志

### （三）正确规定合同中的包装条款

1. 包装条款的规定

合同中的包装条款主要包括包装材料、包装方法、包装规格、包装标志，有时也包括包装费用等内容。

示例 3－7：

每件装一塑料袋，半打为一盒，十打装一木箱。

Packing: Each piece in a polybag, half dozen in a box and 10 dozens in a wooden case.

2. 包装条款时应注意的问题

规定包装条款时应注意以下问题：

（1）商品的包装要适合商品特性和不同运输方式的要求。

（2）包装条款主要是明确包装材料、包装方法和包装规格。

（3）不得违反相关国家的规定和民俗。

（4）谨慎使用中性包装。

【任务互动】

请参看前面的销售合同，进一步学习合同中商品品质、数量和包装条款的规定方法。

# 项目2 核算出口商品的价格

国际贸易中，商品的价格是买卖双方交易的核心，不同品牌的商品、不同的成交数量和选用不同的包装都会影响商品的价格，同时，不同贸易术语对确定商品的价格也会产生直接的影响。

## 一、运用国际贸易术语

### （一）贸易术语的概念

国际贸易中，买卖双方处于不同的国家和地区，运输距离远，涉及的环节多，自然、政治、风俗、文化习惯、语言等条件的限制，又给交易增加了不少困难和风险。国际贸易环节主要涉及运输、装卸、报关、报检、保险等环节和相关费用。在有关的交易规律和惯例未被归类出来之前，人们往往需要花费很多的时间和精力去解决这些责任和费用由谁来承担的问题。随着国际贸易的发展和各国在交易过程中积累的经验，人们探索出一套以简单字母组合就可以说明不同交易条件的专门语言，也就是我们现在在国际贸易中经常用到的贸易术语。

贸易术语（Trade Terms）是在长期的国际贸易实践中产生的，用来表明商品的价格构成，说明买卖双方在货物交接过程中有关的风险、责任和费用划分问题的专门用语，它可以简化交易磋商过程。

【任务互动】

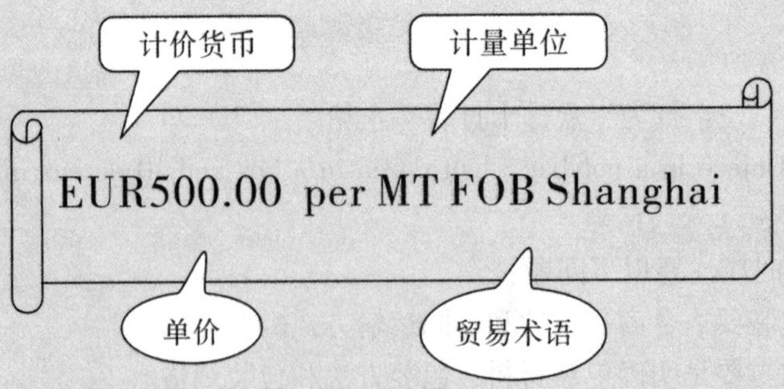


思考：贸易术语 FOB Shanghai 代表什么意思呢？它有什么作用？

分析：贸易术语明确了以下内容：(1) 哪些手续（Formalities）应由卖方负责办理，哪些手续应由买方负责办理。(2) 哪些费用（Costs）包括在售价中由卖方负担，哪些费用应由买方负担。也就是合同所使用的价格的构成。(3) 卖方应负担货物的风险（Risk）到何时为止，也就是从何时起，货物发生损失应由买方负责。因此买卖双方不必在每次交易过程中耗费大量的时间和费用就以上交易条件进行磋商。贸易术语不仅有利于缩短交易时间，节省交易费用，而且可以区分交易双方的责任、风险和费用的承担，便于双方履行合同和解决争议。

### （二）有关贸易术语的国际贸易惯例

在国际贸易业务实践中，因各国法律制度、贸易惯例和交易习惯不同，国际上对各种贸易术语的解释与应用也存有差异，从而容易引起贸易纠纷。为了避免各国在对贸易术语的解释上出现分歧和争议，有些国际组织和商业团体便分别就某些贸易术语作出统一的解释与规定，其中影响较大的主要有三种，其一是《1932 年华沙—牛津规则》；其二是《1990 年美国对外贸易定义修订本》；其三是《2010 年国际贸易术语解释通则》。上述各项解释贸易术语的规则，在国际贸易中运用范围较广，从而形成一般国际贸易惯例。

国际贸易惯例本身不是法律，对贸易双方不具有强制性。但是，国际贸易惯例是国际贸易法律的渊源之一，它对贸易实践仍具有重要的指导作用。

1.《1932 年华沙—牛津规则》

国际法协会于 1928 年在波兰华沙制定了 CIF 买卖合同的统一规则，共有 22 条，称为《1928 年华沙规则》。此后，在 1930 年纽约会议、1931 年巴黎会议和 1932 年牛津会议上，又相继将此规则修订为 21 条，称为《1932 年华沙—牛津规则》(*Warsaw—Oxford Rules* 1932)。该规则对 CIF 合同的性质、特点及买卖双方的权利和义务都作了具体的规定和说明，供买卖双方自愿采用。

《1932 年华沙—牛津规则》自 1932 年公布后，一直沿用至今，并成为国际贸易中颇有影响力的国际贸易惯例。《1932 年华沙—牛津规则》的制定和公布，不仅有利于买卖双方订立 CIF 合同，而且有利于解决 CIF 合同履行过程中出现的争议。当合同当事人发生争议时，一般都参照或采用此项规则的规定与解释来处理。

2.《1990 年美国对外贸易定义修订本》

1919 年美国九个大商业团体制定了《美国出口报价及其缩写条例》，1941 年美国第 27 届全国对外贸易会议对该条例作了修订，改称《 1941 年美国对外贸易定义修订本》(*Revised American Foreign Trade Definition* 1941)。这一修订本于 1941 年 7 月 30 日经由美国商会、美国进口协会和全国对外贸易协会所组成的联合委员会正式通过，并由全国对外贸易协会予以公布。1990 年该修订本再次被修订，称为《1990 年美国对外贸易定义修订本》。这一修订本主要对工厂交货（EXW），装运港船上交货（FOB），装运港船边交货（FAS），成本加运费（CFR），成本加保险费、运费（CIF），目的港码头交货（DEQ）六种贸易术语作了解释，在北美洲国家有较大影响，现在还在延续使用。该修订本将 FOB

细分为六种情况，其中只有五种"FOB Vessel"与目前广泛使用的《2010年国际贸易术语解释通则》的解释相近，因此，与北美国家的客户交易时，要谨慎使用，注意区别。

3.《2010年国际贸易术语解释通则》

《2010年国际贸易术语解释通则》(*International Rules for the Interpretation of Trade Terms*，缩写 *INCOTERMS* 2010，以下简称《2010年通则》）是1936年国际商会为统一各种贸易术语的不同解释而制定的，随后，为适应国际贸易实践发展的需要，国际商会先后于1953年、1967年、1976年、1980年、1990年、2000年和2010年进行过多次修订和补充。最近一次修订在2010年9月完成，并于2011年1月1日生效。目前《2010年通则》已被逐步推广使用。

《2010年通则》将11种贸易术语按照使用范围分为两大类：一类称为全能贸易术语，适用于任何单一运输方式或多种运输方式，包括EXW、FCA、CPT、CIP、DAT、DAP和DDP；另一类称为水运贸易术语，只适用于海运和内河运输，包括FAS、FOB、CFR和CIF。

**表3－2 《2010年通则》贸易术语分类**

| 组别 | 国际代码和英文全称 | 中文含义 |
|---|---|---|
| 全能贸易术语 | EXW（Ex Works） | 工厂交货 |
| | FCA（Free Carrier） | 货交承运人 |
| | CPT（Carriage Paid to） | 运费付至 |
| | CIP（Carriage and Insurance Paid to） | 运费、保险费付至 |
| | DAT（Delivered at Terminal） | 运输终端交货 |
| | DAP（Delivered at Place） | 目的地交货 |
| | DDP（Delivered Duty Paid） | 完税后交货 |
| 水运贸易术语 | FAS（Free Alongside Ship） | 装运港船边交货 |
| | FOB（Free on Board） | 装运港船上交货 |
| | CFR（Cost and Freight） | 成本加运费 |
| | CIF（Cost, Insurance and Freight） | 成本加保险费、运费 |

### （三）《2010年通则》中的贸易术语

1. FOB

FOB的全称是Free on Board（...named port of shipment），即船上交货（……指定装运港），即装运港船上交货，是指卖方应在合同规定的装运港和规定的期限内，将货物交到买方指定的船上，完成交货义务。

（1）卖方的基本义务：

①取得出口许可证并办理出口报关手续。

②在指定的时间和地点，将合同规定的货物装在买方指定的船只上，并及时发出装船通知。

③承担货物置于装运港船上之前的一切风险和费用。

④ 提交商业发票和货运单据或相应的电子信息。

(2) 买方的基本义务:

①取得进口许可证并办理进口报关手续。

②在合同规定的装运时间开始之前，办理好租船订舱手续，并将船名、装船地点和交货的时间及时通知卖方。

③承担货物置于装运港船上之后的一切风险和费用。

④ 接受卖方提交的单据，领受货物和支付货款。

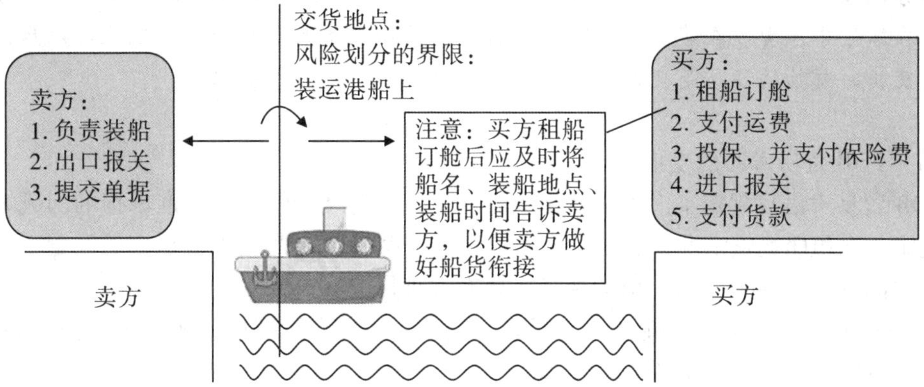


**图 3-10 FOB 图例**

(3) 采用 FOB 贸易术语成交的注意事项。

①采用 FOB 贸易术语成交的注意事项一:

FOB 条件下，由买方租船订舱，卖方负责装船。如果买方未能按时派船，或未经对方同意提前或延迟派船至装运港，卖方有权拒绝交货，而且由此产生的诸如空舱费、滞期费以及卖方由此增加的仓储费等各项损失，均由买方负担。反之，如果买方指派的船只按时到达装运港，而卖方未能备妥货物，那么由此产生的上述费用由卖方承担。

**【案例】**

某宗交易双方以 FOB 贸易术语达成，合同中规定：……装运时间为 6 月份，买方指派的船只必须在 6 月 5 日之前抵达卖方港口……。因为恰逢运输旺季，为保证船舶按时到达，买方提前办好租船订舱手续，载货船只于 5 月 30 日到达卖方港口，因而产生了 150 美元的空舱费，请问：此费用由谁承担?

分析要点：此费用由买方承担。FOB 条件下，由买方租船订舱，卖方负责装船。如果买方未经对方同意提前派船至装运港，由此产生的空舱费由买方负担。

②采用 FOB 贸易术语成交的注意事项二:

FOB 条件下，买卖双方风险划分以装运港船上为界，装船以前的风险由卖方承担，装船以后的风险由买方承担。

**【案例】**

有一份出售一级大米300吨的合同，按FOB条件成交，装船时经公证人检验，符合合同规定的品质条件，卖方在装船后已及时发出装船通知，但在航行途中，由于海浪过大，大米被海水浸泡，品质受到影响，当货物到达目的港时，只能按三级大米的价格出售，因而买方要求卖方赔偿损失。请问：在上述情况下卖方对该项损失应否负责？

分析要点：在上述情况下卖方对该项损失无须负责。根据FOB术语，买卖双方风险划分以装运港船上为界，装船以前的风险由卖方承担，装船以后的风险由买方承担。在本案中，卖方在装船后已及时发出装船通知，大米发生损失是在装船以后，且卖方交货时货物的品质是良好的，所以本案的损失应由买方承担。

（4）FOB贸易术语的变形。

FOB贸易术语只规定了海上运费由买方承担，而对装船的费用由谁承担的问题未作具体的规定，在租船运输情况下容易引起争议。为了明确装船费用由谁承担的问题，产生了贸易术语的变形。FOB贸易术语的变形主要有五种情况：

① FOB Liner Terms（班轮条件）是指装船费用包含在运费中，卖方不承担装船费用，由承担运费的一方也就是由买方来承担。

② FOB Under Tackle（吊钩下交货）是指卖方承担的费用到货物运至买方指定船只的吊钩所及之处为止，涉及驳船费时也由卖方承担，而有关的装船费用由买方承担。

③ FOB Stowed（理舱费在内）是指卖方负责将货物装入船舱，并承担包括理舱费在内的装船费用，一般适用于包装货物。

④ FOB Trimmed（平舱费在内）是指卖方负责将货物装入船舱，并承担包括平舱费在内的装船费用，一般适用于散装货。

⑤ FOBST（包括理舱费和平舱费在内）是指卖方负责将货物装入船舱，并承担包括理舱费和平舱费在内的装船费用。

需要指出的是，贸易术语的变形是为了解决装船费用具体由谁承担的问题而产生的，不改变买卖双方交货的地点和划分风险的界限。

**表3-3　FOB贸易术语的变形情况**

| 贸易术语的变形 | 风险划分界限 | 装船费用 | 理舱费 | 平舱费 |
|---|---|---|---|---|
| FOB Liner Terms（班轮条件） | 装运港船上 | 买方 | 买方 | 买方 |
| FOB Under Tackle（吊钩下交货） | 装运港船上 | 买方 | 买方 | 买方 |
| FOB Stowed（理舱费在内） | 装运港船上 | 卖方 | 卖方 | 买方 |

（续上表）

| 贸易术语的变形 | 风险划分界限 | 装船费用 | 理舱费 | 平舱费 |
|---|---|---|---|---|
| FOB Trimmed（平舱费在内） | 装运港船上 | 卖方 | 买方 | 卖方 |
| FOBST（包括理舱费和平舱费在内） | 装运港船上 | 卖方 | 卖方 | 卖方 |

**【案例】**

我出口大米一批，价格条件是 FOBS 广州，当货物装到买方指定的船上后，发现相当部分货物因船舱不清洁而发生严重污损，为此，客户向我方提出索赔。请问：客户要求是否合理，为什么？

分析要点：客户的要求不合理，因为我出口大米的价格条件是 FOBS 广州，即 FOB 船上交货并理舱，买方承担租船订舱的义务，卖方租的船应该适航、适货，我方的责任就是将大米装船并理舱，并无清洁船舱的责任，所以因船舱不洁所致的货物污损，责任不在我方，在买方。

**【案例】**

我出口食糖一批，价格条件是 FOBST 广州，当货物装到买方指定的船上后，船舶起航，突发船舱漏水，以致部分食糖被浸泡融化，无法售卖。客户认为在 FOBST 交易条件下，货物还在装运港船上，风险应当由卖方承担，故向我方提出索赔。请问：客户要求是否合理，为什么？

分析要点：客户的要求不合理。虽然双方交易采用的是 FOBST，但风险划分的界限与 FOB 相同，仍在装运港船上。卖方只须在指定的时间和地点，将合同规定的货物装在买方指派船只的船上，便完成了交货义务，自此装船以后的风险由买方承担。本案中的风险是发生在卖方交货以后，所以损失应当由买方承担。

2. CFR

CFR 的全称是 Cost and Freight（...named port of destination），即成本加运费（……指定目的港）。此术语是指卖方自付费用按通常条件办理租船订舱手续，并在合同规定的装运港和装运期内将货物装上船，便完成交货义务。CFR 术语属象征性交货的贸易术语。

（1）卖方的基本义务：

①取得出口许可证并办理出口报关手续。

②按通常的条件租船订舱，在规定的时间和地点，将合同规定的货物装到船上，并及时发出装船通知。

③承担货物置于装运港船上之前的一切风险和费用。

④提交商业发票和货运单据或相应的电子信息。

（2）买方的基本义务：

①取得进口许可证并办理进口报关手续。

②承担货物置于装运港船上之后的一切风险和费用。

③接受卖方提交的单据，领受货物和支付货款。

与 FOB 比较，CFR 条件下，买卖双方各自的责任义务在货物装船、风险划分、办理进出口手续、交单付款等方面基本是相同的，不同之处在于，FOB 术语下由买方自付运费办理运输手续，而在 CFR 术语下，该项工作由卖方办理。

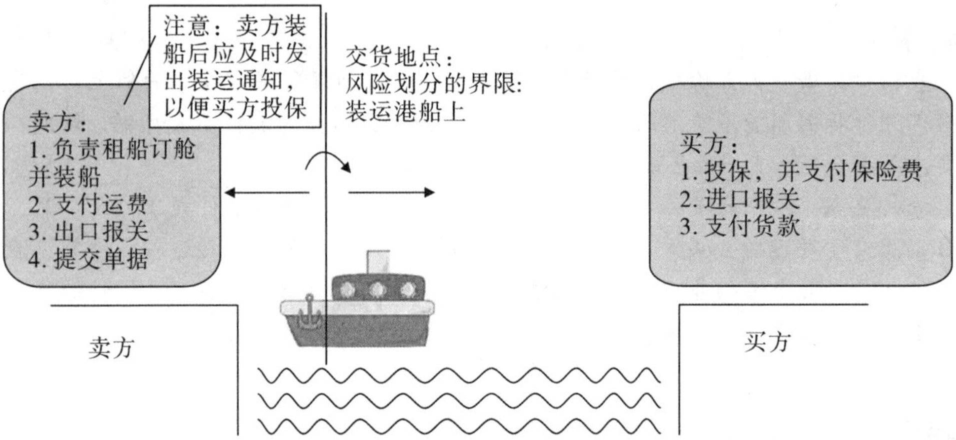


**图 3－11　CFR 图例**

（3）采用 CFR 贸易术语成交的注意事项。

①采用 CFR 贸易术语成交的注意事项一：

在 CFR 条件下，卖方装船后应及时发出装运通知，以方便买方投保，否则由此产生的一切费用将由卖方承担。

**【案例】**

我某公司以 CFR 术语出口一批瓷器，我方按期在装运港装船后，即将有关交易单据寄交买方，要求买方支付货款。过后，业务人员才发现忘记向买方发出装船通知。此时，买方已来函向我方提出索赔，因为货物在运输途中因海上风险而损毁。请问：我方能否以货物运输风险是由买方承担为由拒绝买方的索赔？

分析要点：不能。在 CFR 术语下，货物装船后的风险虽由买方承担，但卖方交货（装船）后未及时发出装船通知，以致买方未能及时办理货物保险手续，由此产生的风险应由卖方承担。

②采用 CFR 贸易术语成交的注意事项二：

在 CFR 条件下，买卖双方风险划分以装运港船上为界。装船以前的风险由卖方承担，装船以后的风险由买方承担。

**【案例】**

美国出口商与韩国进口商签订了一份CFR合同。合同规定，由卖方出售2 000公吨小麦给买方。小麦在装运港装船时是混装的，共装运了5 000公吨，准备在目的地由船公司负责分拨2 000公吨给买方。但载货船只在途中遇高温天气，小麦发生变质，共损失2 500公吨。卖方声称其出售给买方的2 000公吨小麦在运输途中全部损失，并认为根据CFR合同，风险在装运港船上已经转移给买方，故卖方对损失不负责任。买方则要求卖方履行合同。双方发生争议，后将争议提交仲裁解决。请问：仲裁机构将如何裁决？

分析要点：本案例是涉及国际货物买卖风险转移的典型案例。双方签订的是CFR合同。按照《国际贸易术语解释通则》的规定，CFR合同下当事人的风险转移界线是装运港船上。本案中的货物是在运输途中遭受的风险，表面上似乎应由买方承担，但本案的特殊性在于，卖方在装船时是将5 000公吨小麦混装的，在货物海运途中，买方的2 000公吨货物并未从买方的其他货物中划拨出来（即货物未特定化），因此不具备风险转移的前提条件，即使货物已在装运港越过了船上，但风险仍不发生转移，在运输途中的风险损失仍由卖方承担。由本案可以看出，国际货物买卖中因货物风险转移发生争议时，当事人一定要综合考虑多方面的因素，具体问题具体分析，不能生搬硬套相关条文规定。本案例中因卖方并没有对合同项下的货物进行特定化（划拨），所以没有形成一般CFR合同风险转移的前提，在这种情况下，卖方引用CFR合同中关于风险转移的规定进行抗辩是没有合法的理论依据的。

（4）CFR贸易术语的变形。

CFR贸易术语规定了由卖方支付从装运港到目的港的运费，但对货到目的港后的卸货费用由谁来承担的问题则没有明确规定。在班轮运输条件下，船方管装管卸，卸货费用包含在运费中，由负责办理运输手续和支付运费的一方负责，不存在卸货费用由谁承担的问题。而在租船运输方式下，卸货费用却是容易引起双方争议的问题。因此，为解决大宗货物租船运输中的卸货费用由谁来承担的问题，产生了CFR贸易术语的变形。CFR贸易术语的变形有四种情况：

① CFR Liner Terms（CFR班轮条件）指卸货费按班轮做法处理，即买方不承担卸货费。

② CFR Landed（CFR卸至码头）指由卖方承担将货物由载货船舶上卸到目的港岸上的卸货费，当货船不能靠岸需要驳船运输时，驳船费用也由卖方承担。

③ CFR Ex Tackle（CFR吊钩下交货）指卖方承担将货物从舱底吊起卸到载货船只的船边吊钩所及之处的费用。载货船只不能靠岸需要驳船时，驳船费用由买方承担。

④ CFR Ex Ship's Hold（CFR舱底交货）是指货到目的港后，自舱底吊起直至卸至码头的费用由买方承担。

需要指出的是，贸易术语的变形是为了解决卸货费用具体由谁承担的问题而产生的，不改变买卖双方交货的地点和划分风险的界限。

表 3－4　CFR 贸易术语的变形情况

| 贸易术语的变形 | 风险划分界限 | 卸货费用 |
|---|---|---|
| CFR Liner Terms（CFR 班轮条件） | 装运港船上 | 卖方 |
| CFR Landed（CFR 卸至码头） | 装运港船上 | 卖方 |
| CFR Ex Tackle（CFR 吊钩下交货） | 装运港船上 | 买方 |
| CFR Ex Ship's Hold（CFR 舱底交货） | 装运港船上 | 买方 |

**【任务互动】**

思考：我方出口农产品，按 CFR 鹿特丹成交，合同规定采用程租船运输，我方不愿承担卸货费。请问：我方该采用贸易术语的何种变形？

分析：可采用 CFR Ex Tackle（CFR 吊钩下交货）或 CFR Ex Ship's Hold（CFR 舱底交货）。

3. CIF

CIF 的全称是 Cost Insurance and Freight（…named port of destination），即成本加保险费、运费（……指定目的港），是指卖方按通常条件自付费用办理租船订舱和货运保险手续，并在合同规定的装运港和装运期限内将货物装上船，完成交货义务。

（1）卖方的基本义务：

①取得出口许可证并办理出口报关手续。

②按通常的条件租船订舱、办理货运保险，在规定的时间和地点，将合同规定的货物装到船上，并及时发出装船通知。

③承担货物置于装运港船上之前的一切风险和费用。

④提交商业发票和货运单据或相应的电子信息。

（2）买方的基本义务：

①取得进口许可证并办理进口报关手续。

②承担货物置于装运港船上之后的一切风险和费用。

③接受卖方提交的单据，领受货物和支付货款。

与 CFR 相比较，CIF 条件下的买卖双方在租船订舱、货物装船、风险转移、办理进出口手续、交单付款等方面的权利和义务是基本相同的，不同之处在于 CFR 术语下，由买方办理货运保险手续、缴纳保险费，而 CIF 术语下该项义务由卖方承担。

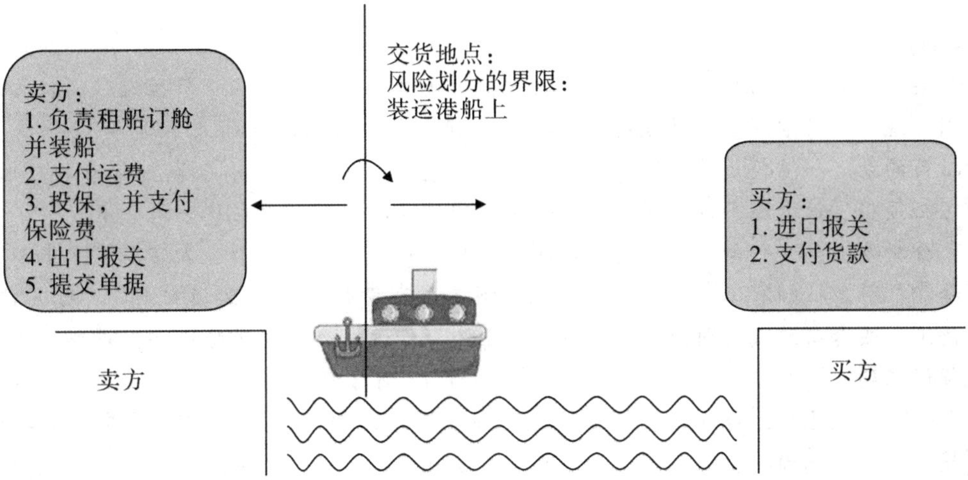


**图 3-12　CIF 图例**

（3）采用 CIF 贸易术语成交的注意事项。

①采用 CIF 贸易术语成交的注意事项一：

在 CIF 条件下，虽由卖方自付费用办理货物运输保险，但运输途中的风险仍由买方承担。该保险属于代办性质。此外，在保险险别的确定问题上，若买卖双方无特别约定，卖方只有投保最低险的义务。

**【案例】**

有一份 CIF 合同，日本公司出售 450 公吨洋葱给澳大利亚公司，由日本公司代办投保。洋葱在日本港口装船时，经公证行验明：完全符合合同规定的品质，并出具了合格证明。但该批货物运抵澳大利亚时，因途中遇风暴，船舱进水，洋葱已全部腐烂变质，不适合人类食用。买方借由日本公司投保，认为途中风险应由日本公司承担，因此拒绝收货，并要求卖方退回已付清的货款。请问：在上述情况下，买方有无拒收货物和要求卖方退回货款的权利？

分析要点：买方无拒收货物和要求卖方退回货款的权利。因为在 CIF 条件下，虽由卖方办理货物运输保险，但运输途中的风险仍由买方承担，保险属于代办性质。

②采用 CIF 贸易术语成交的注意事项二：

CIF 贸易术语属于典型的象征性交货术语。在该术语下，卖方只须在规定的时间和地点，将货物交至买方指定的船舶上，就算是完成了交货义务。卖方凭单交货，买方凭单付款，卖方无须保证到货。

【案例】

某出口公司按CIF伦敦向英商出售一批核桃仁，由于该商品季节性较强，双方在合同中规定：买方须于9月底前将信用证开到，卖方保证运货船只不迟于12月2日驶抵目的港。如货轮迟于12月2日抵达目的港，买方有权取消合同，如货款已收，卖方必须将货款退还买方。请问：这一份合同的性质是否属于CIF合同？

分析要点：这一合同的性质不再属于CIF合同。因为合同条款内容与CIF本身的解释相抵触。抵触有二：其一是合同在CIF条件下竟规定了"到货日期"，而在CIF术语下，买卖双方风险划分是以装运港船上为界，运输途中的风险由买方承担，卖方无须保证到货。其二是合同规定"如货轮迟于12月2日抵达目的港，买方有权取消合同，如货款已收，卖方必须将货款退还买方"。而CIF合同是象征性交货，只要卖方提供齐全、正确的货运单据，买方就不能拒收单据、拒付货款。由此看来，该合同的一些主要条款已与CIF的本意相抵触。尽管名义上是按CIF成交，但实质上并不是CIF性质的合同。

【案例】

有一份CIF合同，货物已在规定的装运港和期限内装船，但受载船只在离港4小时后因触礁沉没。第二天，当卖方凭提单、保险单、发票等单证要求买方付款时，买方以货物已经全部损失为由，拒绝接受单证和付款。请问：在上述情况下，卖方是否有权利凭规定的单证要求买方付款?

分析要点：卖方有权利凭规定的单证要求买方付款。此案例涉及CIF贸易术语，按CIF条件成交时，买卖双方的风险界限在装运港船上，货物在装船以前的风险由卖方承担，装船以后的风险由买方承担。另外CIF合同是典型的象征性交货，即卖方凭单交货，买方凭单付款，只要卖方所提交的单据是齐全、正确的，即使货物在运输途中灭失，买方也仍需付款，不得拒付。

（4）CIF贸易术语的变形。

与CFR贸易术语一样，按CIF贸易术语成交，卖方负责租船订舱，将合同规定的货物运到指定的目的港并支付运费。为解决在采用租船运输情况下卸货费用由谁承担的问题，从而产生了CIF的变形。

① CIF Liner Terms（CIF班轮条件）指卸货费用按班轮的做法处理，即卸货费用已包括在运费之中，买方不予承担。

② CIF Landed（CIF卸至码头）指卖方要承担货物卸至码头为止的卸货费用，包括驳船费与码头费。

③ CIF Ex Tackle（CIF吊钩下交货）指卖方负责将货物从船舱吊起，卸离吊钩。如船舶无法靠岸，那么应由买方自费租用驳船，卖方只负责将货卸到驳船上。

④CIF Ex Ship's Hold（CIF舱底交货）指将货物运达目的港后，由买方自付费用，自舱底卸货。

CIF 贸易术语的变形是为了解决卸货费用具体由谁承担的问题而产生的，不改变买卖双方交货的地点和划分风险的界限。

表 3－5　CIF 术语的变形情况

| 贸易术语的变形 | 风险划分界限 | 卸货费用 |
|---|---|---|
| CIF Liner Terms（CIF 班轮条件） | 装运港船上 | 卖方 |
| CIF landed（CIF 卸至码头） | 装运港船上 | 卖方 |
| CIF Ex Tackle（CIF 吊钩下交货） | 装运港船上 | 买方 |
| CIF Ex Ship's Hold（CIF 舱底交货） | 装运港船上 | 买方 |

**【任务互动】**

思考：装运港船上交货类的三种术语有何异同？

| 贸易术语 | 术语性质 | 交货地点 | 风险划分界限 | 出口报关 | 进口报关 | 运费 | 保费 | 租船订舱 | 装船 |
|---|---|---|---|---|---|---|---|---|---|
| FOB 装运港船上交货 | | | | | | 买方 | 买方 | 买方 | 卖方 |
| CFR 成本加运费 | | | | 卖方 | 买方 | 卖方 | 买方 | 卖方 | 卖方 |
| CIF 成本加保险费、运费 | 象征性交货、装运合同 | | | | | 卖方 | 卖方 | 卖方 | 卖方 |

4. 货交承运人的贸易术语——FCA/CPT/CIP

货交承运人的贸易术语主要包括 FCA、CPT 和 CIP 三种。“货交承运人”是指卖方只要将货物在指定的地点交给承运人，并办理了出口清关手续，即完成交货。该术语可用于各种运输方式，包括多式联运。

货交承运人的贸易术语与装运港船上交货的贸易术语的区别在于：在货交承运人的贸易术语下，卖方交货的时间提前了，卖方只要将货物在指定的地点交给买方指定的承运人就算是完成了交货义务，买卖双方风险划分以货交承运人为界，移交给货交承运人以前的风险和费用由卖方承担，移交给货交承运人以后的风险和费用由买方承担。因此当买卖双方无意或无法以装运港船上为界交货，或该批货物是在滚装、滚卸和集装箱运输条件下交货时（使用集装箱运输货物时，卖方的义务不是将货物装到船上，而通常是在集装箱堆场或码头将货物移交给承运人），便可采用货交承运人的贸易术语成交。

FCA/CPT/CIP 三种贸易术语成交时，买卖双方的责任、风险和费用的划分如下图和下表所示。

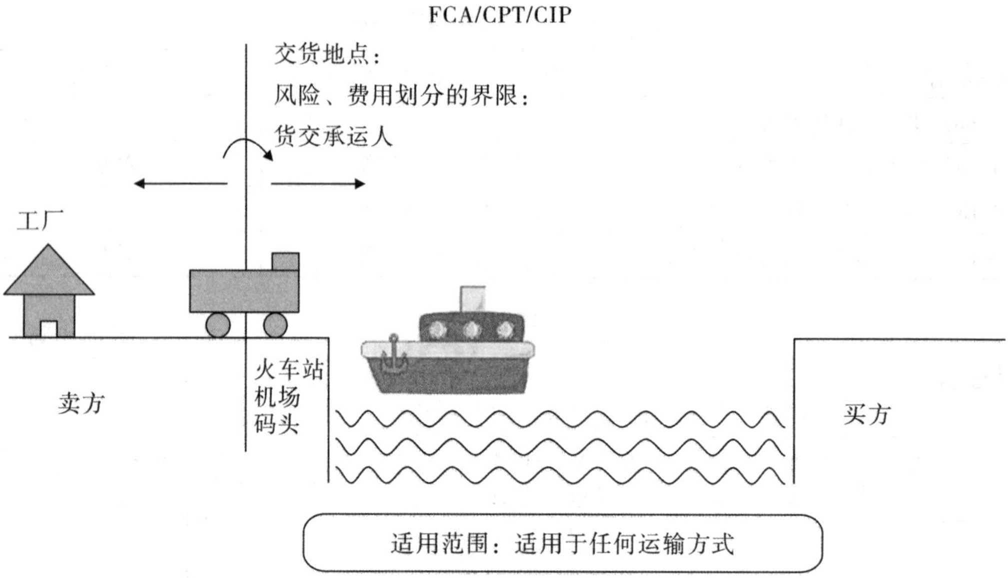


**图 3－13　货交承运人的贸易术语图例**

**表 3－6　FCA/CPT/CIP 三种贸易术语的异同**

<table>
<tr><th>贸易<br>术语</th><th>术语<br>性质</th><th>交货<br>地点</th><th>风险划<br>分界限</th><th>出口<br>报关</th><th>进口<br>报关</th><th>运费</th><th>保险费</th></tr>
<tr><td>FCA<br>货交承运人</td><td rowspan="3">象征性<br>交货、<br>装运<br>合同</td><td rowspan="3">承运人<br>指定<br>地点</td><td rowspan="3">货交<br>承运人</td><td rowspan="3">卖方</td><td rowspan="3">买方</td><td>买方</td><td>买方</td></tr>
<tr><td>CPT<br>运费付至</td><td>卖方</td><td>买方</td></tr>
<tr><td>CIP<br>运费、保险费<br>付至</td><td>卖方</td><td>卖方</td></tr>
</table>

**【任务互动】**

思考：货交承运人的贸易术语（FCA/CPT/CIP）与装运港船上交货的贸易术语（FOB/CFR/CIF）有什么异同？

分析：二者共同点：

（1）都是象征性交货。

（2）均由出口方负责出口报关，进口方负责进口报关。

（3）买卖双方所承担的运输、保险责任互相对应：

① FCA 和 FOB 一样，由买方办理运输和保险手续；

② CPT 和 CFR 一样，由卖方办理运输手续，买方办理保险手续；

③ CIP 和 CIF 一样，由卖方办理运输和保险手续。

二者不同点：

(1) 适合的运输方式不同：

① FCA、CPT、CIP 适合各种运输方式；

② FOB、CFR、CIF 只适合海运和内河运输。

(2) 交货地点和风险转移点不同：

① FCA、CPT、CIP 的风险和费用的责任划分以“货交承运人”为界；

② FOB、CFR、CIF 以“装运港船上”为界。

(3) 运输单据性质不同：

① FOB、CFR、CIF 条件下的海运提单具有物权凭证的性质；

② FCA、CPT 、CIP 条件下的航空运单和铁路运单等，不具有物权凭证的性质。

**【案例】**

新疆某公司和日本客商洽谈一项出口合同，计划将货物由乌鲁木齐运至天津新港，再由天津新港运往横滨，我方不愿承担从乌鲁木齐至出口港天津新港的货物风险，日本客商坚持由自己办理运输手续。请问：采用何种贸易术语可使双方都满意？试说明理由。

分析要点：此种情况下，可采用 FCA 术语。因为在 FCA 术语下，卖方无须将货物装到船上，只须将货物在指定的地点（出口国所在地）交给买方指定的承运人就算是完成了交货义务。移交给货交承运人以后的运费和风险均由买方承担。

**表 3 - 7　其他贸易术语表格汇总**

| 贸易术语 | 术语性质 | 交货地点 | 风险划分界限 | 出口报关 | 进口报关 | 运费 | 保险费 | 适用运输方式 | 备注 |
|---|---|---|---|---|---|---|---|---|---|
| EXW 工厂交货 | 启运地合同 | 卖方所在工厂 | 卖方所在工厂 | 买方 | 买方 | 买方 | 买方 | 各种运输方式 | 卖方承担责任和义务最小 |
| FAS 装运港船边交货 | 装运合同 | 装运港船边 | 装运港船边 | 卖方 | 买方 | 买方 | 买方 | 水上运输 | |
| DAT 运输终端交货 | 到达合同 | 进口国目的地运输终端 | 目的地（卸下）交买方处置时 | 卖方 | 买方 | 卖方 | 卖方 | 各种运输方式 | |

（续上表）

| 贸易术语 | 术语性质 | 交货地点 | 风险划分界限 | 出口报关 | 进口报关 | 运费 | 保险费 | 适用运输方式 | 备注 |
|---|---|---|---|---|---|---|---|---|---|
| DAP 目的地交货 | 到达合同 | 进口国内指定目的地 | 目的地（不卸）交买方处置时 | 卖方 | 买方 | 卖方 | 卖方 | 各种运输方式 | |
| DDP 完税后交货 | 到达合同 | 进口国内指定目的地 | 目的地（不卸）交买方处置时 | 卖方 | 卖方 | 卖方 | 卖方 | 各种运输方式 | 卖方承担责任和义务最大 |

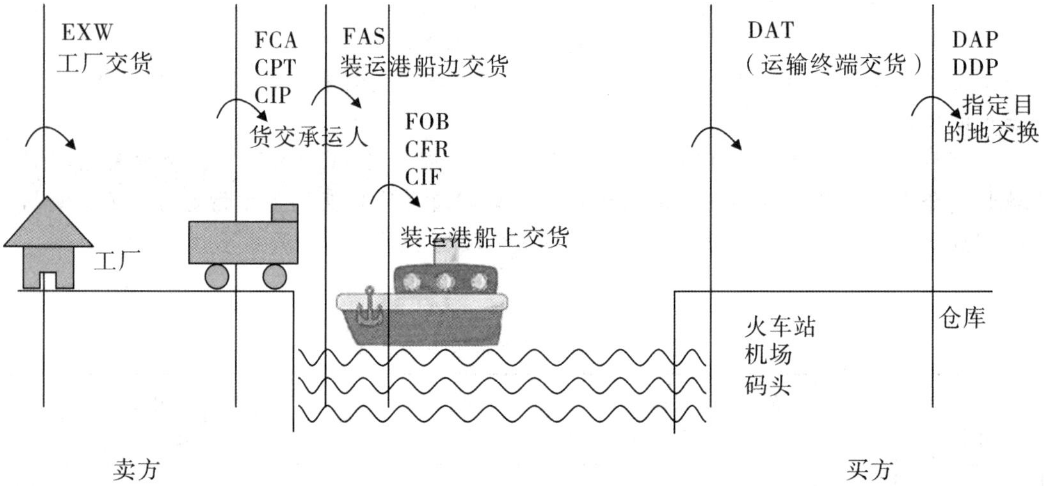


**图3－14　11种贸易术语汇总图**

**【任务互动】**

在使用集装箱海运的出口贸易中，应采用哪种贸易术语成交对卖方较有利？

## 二、出口商品的定价方法

备货时，应在掌握了商品的计价原则和计价方法、熟悉商品的价格构成的基础上，学会出口商品的成本核算。

## （一）按进出口商品计价原则定价

1. 计价原则

确定商品价格时需要考虑以下几个原则：

（1）参照国际市场价格情况来确定价格。

（2）参照国际市场供求状况来确定价格。

（3）结合战略意图来确定价格。

2. 计价方法

国际市场上，常见的计价方法有固定价格、非固定价格和价格调整条款等。

（1）固定价格。

它是指买卖双方在协商一致的基础上，在合同中明确规定成交价格，履行合同时按此价格结算货款。这种方法具体明确，便于买卖双方核算，比如“每箱 50 美元 FOB 上海”。

（2）非固定价格。

非固定价格也称为暂不固定价格，是指在价格条款中不规定具体的价格，而只规定定价时间和方法。比如“由双方在 × 年 × 月 × 日协商确定具体价格”“以 2011 年 7 月 15 日伦敦金属交易所（LME）某金属的收盘价为准”“单价暂定，FOB 上海每公吨 200 美元”等。不管是哪一种形式的非固定价格，都会给双方带来一定的不确定性。

（3）价格调整条款。

价格调整条款是指在签约时只规定了交易的初步价格。例如“当卖方对其他客户的成交价高于或低于合同价格 10% 时，对本合同未执行的数量，双方协商调整价格”。这种做法可以把价格变动的风险限制在一定范围内。

3. 出口商品价格构成和价格核算

（1）出口商品的价格构成。

出口商品的价格构成一般有三部分：成本、费用和预期利润。商品价格的计算公式：

商品价格 = 成本 + 费用 + 预期利润

①成本。

成本是构成商品价格的核心因素。出口商品的成本可以分为生产成本、加工成本、采购成本三种类型，我们这里所讲到的成本仅指采购成本，其他两种情况不考虑。当存在出口退税时，我们的实际采购成本会降低。成本的计算公式为：

实际采购成本 = 采购成本 − 出口退税额

= 采购成本 ×（1 + 增值税率 − 出口退税率）/（1 + 增值税率）

②费用。

一笔外贸出口业务的国内费用主要有包装费、仓储费、国内运输费、认证费、港区港杂费、商检费、捐税、垫款利息、业务费用、银行费用等。

出口货物涉及的各种国内费用在报价时大部分还没有发生，因此该费用的核算实际是一种估算。其方法有两种：

第一种方法是将货物装运前的各项费用根据以往的经验进行估算并叠加，然后除以出口商品数量获得单位商品装运前的费用。国内费用计算公式一：

单位出口商品国内总费用 = 国内总费用 ÷ 出口商品数量

第二种方法是因为该类费用在货价中所占比重较低，而且项目繁杂而琐碎，贸易公司根据以往经营各种商品的经验，采用定额费率的做法。所谓定额费率，是指贸易公司在业务操作中对货物装运前发生的费用按公司年度支出规定一个百分比，一般为公司购货成本的3%～10%。实际业务中，该费率由贸易公司按不同的商品、交易额大小、竞争的激烈程度自行确定。国内费用的计算公式二：

国内费用＝成交额（实际采购成本）×定额费率

国外费用主要包括国际运费、出口保险费、佣金等。其计算公式如下：

出口保险费 = 保险金额×保险费率

保险金额＝CIF×（1＋投保加成率）

出口运费计算公式［以件杂货（散货）为例］：

每单位运费 = 计费标准×基本运费×（1＋各种附加费率之和）

**【小贴士】**

**件杂货（散货）海洋运费的计收标准**

（1）重量法。按货物毛重来计算，以每公吨为运费计算单位，又称重量吨（Weight Ton），吨以下取三位小数。费率表上用“W”表示。

（2）体积法。按货物的体积来计算，以每立方米为运费计算单位，又称尺码吨（Measurement Ton），立方米以下取三位小数。费率表上以“M”表示。

以重量吨或尺码吨计算运费的，统称为运费吨（Freight Ton）。

（3）从价法。将货物FOB总值的一定百分比作为运费计算标准，费率表上以“AD VAL”表示。

（4）选择法。有以下四种选择方法：

W/M为最常见的选择方法，即在重量法与体积法之间选择；

W or AD VAL，在重量法与从价法之间选择；

M or AD VAL，在体积法与从价法之间选择；

W/M or AD VAL，在重量法、体积法和从价法之间由承运人根据不同的货物，选择具体的方法，择高收取运费。

（5）综合法。除按重量吨或尺码吨计收运费外，再加收从价运费，即：

W&AD VAL；M&AD VAL。

（6）按件法。以每件为一单位计收。

（7）议价法。临时议定运费。

③预期利润。

预期利润是出口商所期望获得的劳动报酬，也是商品价格的主要组成部分。预期利润没有固定标准，出口商会根据市场情况、产品情况、公司目标来确定预期利润的高低。一般情况下，出口商会将成交额（实际采购成本）的一定百分比（预期利润率）作为预期利润。预期利润计算公式：

预期利润 = 成交额（实际采购成本）×预期利润率

（2）出口商品的价格核算。

外贸实践中，FOB、CFR 和 CIF 是最常见的贸易术语，下面我们重点介绍这三个贸易术语的价格核算。三种贸易术语的价格构成：

FOB = 实际采购成本 + 国内费用 + 预期利润（ + 佣金）

CFR = 实际采购成本 + 国内费用 + 出口运费 + 预期利润（ + 佣金）

CIF = 实际采购成本 + 国内费用 + 出口运费 + 出口保险费 + 预期利润（ + 佣金）

示例 3 – 8：

现根据广州美菱电器贸易有限公司与加拿大长盛进出口贸易有限公司签订的合同内容（如下），试报出每件电热干手器出口的 CIF 价格（运算过程保留两位小数，最终报价为总数）。

商品资料：箭牌电热干手器，型号：AGY509，数量 4 560 件，共 152 箱，每箱装 30 件，每箱体积 0. 164 立方米，装进一个 20 尺的集装箱，一个 20 尺的集装箱能装 25 立方米的货物。

供货价格：每件 660 元。

税　　率：供货单价中均包括 17% 的增值税，出口电热干手器的退税率为 15%。

国内费用：内陆运费（每立方米）100 元；报检费 120 元；报关费 150 元；核销费 100 元；公司综合费用 3 000 元。

银行费用：报价的 1%（L/C 银行手续费 1%）。

海 运 费：从广州至加拿大蒙特利尔港口一个 20 英尺集装箱的费用为 2 150 美元。

货运保险：在 CIF 成交金额的基础上加 10% 投保中国人民保险公司海运货物保险条款中的一切险（费率 0. 8%）和战争险（费率 0. 08%）。

报价利润：约占报价的 10%。

报价汇率：6. 24 元人民币兑换 1 美元。

解答（核算过程如下）：

第一步：求出实际采购成本。

实际采购成本 = 购货价格 – 出口退税额

= 采购成本 ×（1 + 增值税率 – 出口退税率）/（1 + 增值税率）

= 660 ×（1 + 17% – 15%）÷（1 + 17%）

≈575. 38（元/件）

第二步：求出费用，包括国内费用和国外费用。

国内费用 = 内陆运费 + 报检费 + 报关费 + 核销费 + 公司综合费用 + 银行费用

= (100 × 25) ÷ 4 560 + 120 ÷ 4 560 + 150 ÷ 4 560 + 100 ÷ 4 560 + 3 000 ÷ 4 560 + CIF × 1%

≈1. 29 + CIF × 1%

国外费用：

出口运费 = 2 150 ÷ 4 560 ≈ 0. 47（美元）= 0. 47 × 6. 24（元）≈2. 93（元）

出口保险费 = CIF ×110% × （0.8% +0.08%） = CIF ×0.009 68

第三步：求出预期利润。

预期利润 = 成交额（实际采购成本） ×预期利润率

= CIF × 10%

第四步：报价。

CIF = 实际购货成本 + 国内费用 + 出口运费 + 出口保险费 + 预期利润

= 575.38 + 1.29 + CIF ×1% +2.93 + CIF ×0.009 68 + CIF ×10%

解得 CIF ≈658.40（元/件）

≈105.51（美元/件）

≈106（美元/件）

示例 3 -9：

某食品进出口公司收到日本商人求购 17 吨冷冻水产（计一个 20 英尺集装箱）的询盘，经了解该级别水产品每吨的进货价格为 5 600 元（含增值税 17%）；出口包装费每吨 500 元；该批货物国内运杂费计 1 200 元；出口报检费 300 元；报关费 100 元；港区港杂费 950 元；其他各种费用共计 1 500 元。出口冷冻水产的退税率为 3%；一个 20 英尺冷冻集装箱的海洋运费从装运港青岛至日本神户是 2 200 美元，用户要求按成交价的 110% 投保，保险费率 0.85%；若该食品进出口公司的预期利润是 10%（以成交金额计），人民币对美元汇率为 8.25：1，试报出每吨水产出口的 FOB、CFR 和 CIF 价格（保留两位小数）。

解答（核算过程如下）：

第一步：求出实际采购成本。

实际采购成本 = 购货价格 - 出口退税额

= 采购成本 ×（1 + 增值税率 - 出口退税率）/（1 + 增值税率）

= 5 600 ×（1 +17% -3%） ÷ （1 +17%）

= 5 600 ×1.14 ÷1.17

≈5 456.41（元/吨）

第二步：求出费用，包括国内费用和国外费用。

国内费用 = 国内总费用 ÷ 出口商品数量

= 500 + （1 200 +300 +100 +950 +1 500） ÷17

≈738.24（元/吨）

国外费用：

出口运费 = 2 200 ÷17 ≈129.41（美元） = 129.41 ×8.25（元）

≈1 067.63（元/吨）

出口保险费 = CIF ×110% ×0.85%

第三步：求出预期利润。

预期利润 = 成交额（实际采购成本） ×预期利润率

= 5 456.41 ×10% ≈545.64（元/吨）

第四步：报价。

（1）FOB 报价。

FOB = 实际采购成本 + 国内费用 + 预期利润

= 5 456.41 + 738.24 + 545.64

= 6 740.29（元/吨）

≈ 817.00（美元/吨）

（2）CFR 报价。

CFR = 实际采购成本 + 国内费用 + 出口运费 + 预期利润

= 5 456.41 + 738.24 + 1 067.63 + 545.64

= 7 807.92（元/吨）

≈ 946.41（美元/吨）

（3）CIF 报价。

CIF = 实际采购成本 + 国内费用 + 出口运费 + 出口保险费 + 预期利润

= 5 456.41 + 738.24 + 1 067.63 + CIF × 110% × 0.85% + 545.64

解得 CIF ≈ 7 881.61（元/吨）

≈ 955.35（美元/吨）

### （二）贸易术语之间的价格换算

在交易磋商阶段，外商往往会视情况要求将某种商品的贸易术语改成另外一种贸易术语，这会涉及不同贸易术语价格的换算。最常遇到的价格换算是围绕 FOB、CFR 和 CIF 展开的。

1. FOB 价换算为其他价

CFR = FOB + 海运费

CIF = FOB + 海运费 + 保险费

= （FOB + 海运费）/（1 − 保险费率 × 投保加成）

2. CFR 价换算为其他价

FOB = CFR − 海运费

CIF = CFR + 保险费

= CFR/（1 − 投保加成 × 保险费率）

3. CIF 价换算为其他价

FOB = CIF − 海运费 − 保险费

= CIF ×（1 − 投保加成 × 保险费率）− 海运费

CFR = CIF − 保险费

= CIF ×（1 − 投保加成 × 保险费率）

### （三）计算含佣价和折扣价

1. 佣金（Commission）

佣金是中间商因介绍生意或代买代卖而向出口商或进口商收取的一定的报酬。佣金有明佣和暗佣之分。明佣指在出口商业发票上明确注明价格条件中规定的佣金；暗佣是指价格条件中没有规定，出口商业发票上只显示货物总额，但在合同中规定的佣金。

包含佣金的价格称为含佣价，其表示方法有两种：一种是用文字描述，比如“USD60 Per MT CIF New York including 5% commission”（每公吨60美元CIF纽约，包括5%的佣金）；另一种是在贸易术语后面加上佣金的缩写字母“C”，如上面的例子也可以表示为“USD60 Per MT CIFC5% New York”。佣金、净价与含佣价的计算公式有：

佣金=含佣价×佣金率

净价=含佣价－佣金

=含佣价－含佣价×佣金率

=含佣价×（1－佣金率）

含佣价=净价/（1－佣金率）

2. 折扣（Discount）

折扣是指卖方按原价给予买方一定比例的价格减让。

包含折扣的价格称为含折扣价或原价。其表示方法有两种：一种是用文字描述，比如“USD50 Per MT FOB Shanghai including 3% discount”（每公吨50美元FOB上海，包括3%的折扣）；另一种是在贸易术语后面加上折扣的缩写字母“D”，比如上面的例子也可以表示为“USD50 Per MT FOBD3% Shanghai”。折扣计算公式如下：

折扣额=含折扣价（原价）×折扣率

净价=含折扣价（原价）－折扣额

示例3－10：

假设CFR为840美元，加成10%投保，保险费率为1.2%，如客户要求改报CIFC5，试求其含佣价格（保留两位小数）。

解：

CIF =CFR/（1－投保加成×保险费率）

=840÷［1 －（1 +10%） ×1.2%］

≈851.24（美元）

CIFC5 =净价÷（1－佣金率）

=CIF÷（1－5%）

=851.24÷（1－5%）

≈896.04（美元）

示例3－11：

某公司向美国客户报货物500箱，每箱250美元CIF纽约，客户要求改报FOB广州含5%佣金价，假定保险费相当于CIF价的2%，海运费相当于CIF价的1%。在保持原报价不变的情况下，问（保留两位小数）：

（1）FOBC5%香港价应报多少？

（2）出口500箱应付给客户多少佣金？

解：

（1）FOB =CIF－海运费－保险费

=250－250×1%－250×2%

$=242.5$（美元）

$FOBC5\% = FOB \div (1-佣金率)$

$=242.5 \div (1-5\%)$

$\approx 255.26$（美元）

（2）总佣金额 = （含佣价 - 净价）× 数量

$= (255.26-242.5) \times 500$

$=6\ 380$（美元）

### （四）合同中价格条款的拟定

合同条款的内容一般包括单价（Unit Price）和总值（Total Value）两个部分。一个完整的商品单价由四部分组成：计量单位、单位价格金额、计价货币和贸易术语，比如“每公吨200美元FOB广州”。单价中可以包含佣金和折扣。总值是商品数量与单价的乘积。

广州美菱电器贸易有限公司与加拿大长盛进出口贸易有限公司签订的价格条款：

| （1）品名与规格<br>COMMODITY & SPECIFICATIONS | （2）数量<br>QUANTITY | （3）单价<br>UNIT PRICE | （4）金额<br>AMOUNT |
|---|---|---|---|
| ARROW ELECTRIC HAND DRYER<br>AGY509 | 4 560PCS | CIF MONTREAL<br>USD 106.00/PC | USD 483 360 |
| 总 值<br>TOTAL VALUE: SAY U. S. DOLLARS FOUR HUNDRED EIGHTY THREE THOUSAND THREE HUNDRED AND SIXTY ONLY. | | | |

解读：从以上合同条款中我们可以看出，该贸易合同的价格条款由计量单位、单位价格金额、计价货币和贸易术语四个部分组成，即CIF Montreal USD106.00/PC，总金额为483 360美元。

## 项目3 申领出口许可证

出口许可证制是一国对外出口货物实行管制的一项措施，是海关查验放行出口货物和银行办理结汇的依据。因此，出口公司应在货物出口前申领出口许可证并在许可证有效期内出运货物。

## 一、出口许可证的概念及适用范围

### （一）出口许可证的概念

出口许可证（Export Licence），是指商务部授权发证机关依法对实行数量限制或其他限制的出口货物签发的准予出口的许可证件。它是由国家对外经贸行政管理部门代表国家统一签发的、批准某项商品出口的具有法律效力的证明文件，也是海关查验放行出口货物和银行办理结汇的依据。

根据国家规定，凡是国家宣布实行出口许可证管理的商品，不管任何单位或个人，也不分任何贸易方式（对外加工装配方式，按有关规定办理），出口前均须申领出口许可证；非外贸经营单位或个人运往国外的货物，不论该商品是否实行出口许可证管理，价值在人民币1 000元以上的，一律须申领出口许可证；属于个人随身携带出境或邮寄出境的商品，除非属于海关规定自用、合理数量范围，否则也都应申领出口许可证。

**【任务互动】**

请于课前在网上查找资料，并在课堂上回答哪些出口货物需要申请出口许可证，是否所有货物出口都必须申领出口许可证。

## 二、申领出口许可证的流程

### （一）出口许可证的申领流程

1. 申请

即由申领单位或个人（以下简称为领证人）向发证机关提出书面申请函件。申请的内容包括出口商品（货物）名称、规格、输往国别地区、数量、单价、总金额、交货期、支付方式（即出口收汇方式）等项目。

2. 审核、填表

发证机关收到上述有关申请材料后进行审核。经同意后，由领证人按规定要求填写中华人民共和国出口许可证申请表。

3. 输入电脑

填好的出口许可证申请表，由申请单位加盖公章后送交发证机关，经审核符合要求的，由发证机关将申请表各项内容输入电脑。

4. 发证

发证机关在申请表送交后的三个工作日内，签发中华人民共和国出口许可证，一式四联，将第一、二、三联交领证人，凭以向海关办理货物出口报关和银行结汇手续。同时，收取一定的办证费用。

### （二）T/T 项下，出口许可证申请表与出口许可证的填制

凡申领出口许可证的单位，应按以下规范填写出口许可证申请表：

1. 出口商

出口配额许可证管理商品，应填写出口配额指标单位的进出口企业全称。

一般许可证管理出口商品，应填写有出口经营权的各类进出口企业的全称。

还贷出口、补偿贸易项目出口，应填写有出口经营权的代理公司全称。

非外贸单位经批准出运货物，此栏填写该单位名称。

企业编码，应按外经贸部授权的发证机关编定的代码填写。

2. 发货人

出口配额招标管理商品（包括有偿和无偿招标）的发货人与出口商必须一致。

其他出口配额招标管理商品的发货人原则上应与出口商一致，但与出口商有隶属关系的可以不一致。

还贷出口、补偿贸易项目出口和外商投资企业委托代理出口时，发货人与出口商可以不一致。

3. 出口许可证号

由发证机关编排。

4. 出口许可证有效截止日期

实行“一批一证”制的商品，其许可证有效期自发证之日起最长为三个月。

供港澳（不包括转口）鲜活冷冻商品的许可证有效期为一个月。

不实行“一批一证”制的商品、外商投资企业和补偿贸易项下的出口商品，其许可证有效期自发证之日起最长为六个月。

许可证正面有效期如需跨年度时，可在当年将许可证日期填到次年，最迟至二月底。

5. 贸易方式

此栏内容有一般贸易、易货贸易、补偿贸易、进料加工、来料加工、外商投资企业出口、边境贸易、出料加工、转口贸易、期货贸易、承包工程、归还贷款出口、国际展销、协定贸易、其他贸易。

进料加工复出口的，此栏填写进料加工。

外商投资企业进料加工复出口时，贸易方式填写外商投资企业出口。

非外贸单位出运展卖品和样品每批价值在 5 000 元以上的，此栏填写“国际展览”。

各类进出口企业出运展卖品，此栏填写“国际展览”，出运样品填写一般贸易。

6. 合同号

指申领许可证、报关及结汇时所用出口合同的编码。

原油、成品油及非贸易项下出口的，可不填写合同号。

展品出运时，此栏应填写外经贸部批准办展的文件号。

7. 报关口岸

指出运口岸，此栏允许填写三个口岸，但仅能在一个口岸报关。

8. 进口国（地区）

指最终目的地，即合同目的地，不允许使用地域名（如欧洲等）。

9. 支付方式

此栏的内容有信用证、托收、汇付、本票、现金、记账和免费等。

10. 运输方式

可填写海上运输、铁路运输、公路运输、航空运输、邮政运输、固定运输。

11. 商品名称和编码

按外经贸部发布的出口许可证管理商品目录的标准名称填写。

12. 规格、等级

规格、等级栏，用于对出口商品作具体说明，包括具体品种、规格（如水泥标号、钢材品种等）、等级（如兔毛等级）。同一编码商品规格型号超过四种时，应另行填写出口许可证申请表。"劳务出口物资 "也应按此填写。

出运货物必须与此栏说明的品种、规格或等级相一致。

13. 单位

指计量单位。非贸易项下的出口商品，此栏以"批"为计量单位，具体单位在备注栏中说明。

14. 数量、单价及总值

数量表示该证允许出口商品的多少。此数值允许保留一位小数，凡位数超出的，一律以四舍五入进位。计量单位为"批"的，此栏均填 1。

单价是指与计量单位相一致的单位价格，计量单位为"批"的，此栏则为总金额。

15. 备注

填写以上各栏未尽事宜。

现根据广州美菱电器贸易有限公司与加拿大长盛进出口贸易有限公司签订的合同，填制出口许可证如下：

**中华人民共和国出口许可证**

EXPORT LICENCE OF THE PEOPLE'S REPUBLIC OF CHINA No.

| | | | | | |
|---|---|---|---|---|---|
| 1. 出口商<br>Exporter<br>广州美菱电器贸易有限公司 | | | 3. 出口许可证号<br>Export licence No.<br>14－02－C357813 | | |
| 2. 发货人<br>Consignor<br>广州美菱电器贸易有限公司 | | | 4. 出口许可证有效截止日期<br>Export licence expiry date<br>2014 年 7 月 31 日 | | |
| 5. 贸易方式<br>Terms of trade<br>一般贸易 | | | 8. 进口国（地区）<br>Country /Region of purchase<br>加拿大 | | |
| 6. 合同号<br>Contract No.<br>20140621 | | | 9. 支付方式<br>Payment<br>汇付 | | |
| 7. 报关口岸<br>Place of clearance<br>广州海关 | | | 10. 运输方式<br>Mode of transport<br>海上运输 | | |
| 11. 商品名称<br>Description of goods<br>箭牌电热干手器 | | | 商品编码<br>Code of goods<br>8516330000 | | |
| 12. 规格、等级<br>Specification | 13. 单位<br>Unit | 14. 数量<br>Quantity | 15. 单价（USD）<br>Unit price | 16. 总值（USD）<br>Amount | 17. 总值折美元<br>Amount in USD |
| AGY509 | 件 | *4 560 | *106.00 | *483 360 | USD483 360 |
| | | | | | |
| | | | | | |
| | | | | | |
| 18. 总计<br>Total | 件 | *4 560 | | *483 360 | USD483 360 |
| 19. 备注<br>Supplementary details<br><br>供货生产企业名称：<br>广东佛山顺德电星电器厂 | | | 20. 发证机关签章<br>Issuing authority's stamp & signature<br><br>21. 发证日期<br>Licence date<br>2014 年 5 月 1 日 | | |

**样单 3－1　中华人民共和国出口许可证**

EXPORT LICENCE OF THE PEOPLE'S REPUBLIC OF THINA　　　　No. 7798151

| | |
|---|---|
| 1.出口商<br>Exporter　　4403789233070<br>深圳市吉鑫盛进出口贸易有限公司 | 3.出口许可证号<br>Export licence No.<br>08-41-101674 |
| 2.发货人<br>Consignor　　4403789233070<br>深圳市吉鑫盛进出口贸易有限公司 | 4.出口许可证有效截止日期<br>Export licence expiry date<br>2008 年 10 月 02 日 |
| 5.贸易方式<br>Terms of trade<br>一般贸易 | 8.进口国（地区）<br>Country/Region of purchase<br>沙特阿拉伯 |
| 6.合同号<br>Contract No.<br>SZ0830724 | 9.支付方式<br>Payment<br>汇付 |
| 7.报关口岸<br>Place of clearance<br>天津海关 | 10.运输方式<br>Mode of transport<br>海上运输 |
| 11.商品名称<br>Description of clearance<br>渡或涂锌的铁或非合金钢丝 | 商品编码<br>Code of goods<br>7217200000 |

| 12.规格、等级<br>Specification | 13.单位<br>Unit | 14.数量<br>Quantity | 15.单价(USD)<br>Unit price | 16.总值（USD）<br>Amount | 17.总值折美元<br>Amount in USD |
|---|---|---|---|---|---|
| BWG22# | 公斤 | *25，000.0 | *0.9420 | *23，550 | *23，550 |
| BWG22# | 公斤 | *25，000.0 | *0.9420 | *23，550 | *23，550 |
| | | | | | |
| | | | | | |
| 18.总计<br>Total | 公斤 | *55，000.0 | | *23，550 | *23，550 |

| | |
|---|---|
| 19.备注<br>Supplementary details | 20 发证机关签章<br>Issuing authority's stamp & signature<br><br>21.发证日期<br>Licence date　　2008 年 0[illegible] 月 03 日 |

样单 3－2　中华人民共和国出口许可证

# 中华人民共和国出口许可证

EXPORT LICENCE OF THE PEOPLE'S REPUBLIC OF CHINA　No. 3015856

| | |
|---|---|
| 1. 出口商：<br>Exporter　4300727952125<br>湖南金旺铋业股份有限公司 | 3. 出口许可证号：<br>Export licence No.<br>15-18-202367 |
| 2. 发货人：<br>Consignor　4300727952125<br>湖南金旺铋业股份有限公司 | 4. 出口许可证有效截止日期：<br>Export licence expiry date<br>2015年12月24日 |
| 5. 贸易方式：<br>Terms of trade<br>进料加工 | 8. 进口国（地区）：印度<br>Country/Region of purchase |
| 6. 合同号：<br>Contract No. JWS140301B | 9. 付款方式：<br>Payment<br>汇付 |
| 7. 报关口岸：<br>Place of clearance　黄埔关区 | 10. 运输方式：<br>Mode of transport<br>海上运输 |
| 11. 商品名称：<br>Description of goods　其他铋及铋制品 | 商品编码：<br>Code of goods 8106009090 |

| 12. 规格、等级<br>Specification | 13. 单位<br>Unit | 14. 数量<br>Quantity | 15. 单价(USD)<br>Unit price | 16. 总值(USD)<br>Amount | 17. 总值折美元<br>Amount in USD |
|---|---|---|---|---|---|
| | 千克 | *3,000.0 | *14.2200 | *42,660 | $42,660 |
| | | | | | |
| | | | | | |
| | | | | | |
| 18. 总　计<br>Total | 千克 | *3,000.0 | | *42,660 | $42,660 |

| | |
|---|---|
| 19. 备　注<br>Supplementary details<br>非一批一证 | 20. 发证机关签章<br>Issuing authority's stamp & signature |
| | 21. 发证日期<br>Licence date　2015年06月25日 |

第一联（正本）发货人办理海关手续　海关验放签注栏在背面

中华人民共和国商务部监制（2007）

# 项目4 填制商业发票

## 一、商业发票的概念及其作用

商业发票（Commercial Invoice）是出口方向进口方开列的发货价目清单，是买卖双方记账的依据，也是进出口报关交税的总说明。它是结汇单证中的核心单据，能让有关当事人了解一笔交易的全貌。

商业发票的作用有以下几方面：

（1）发票是交易的合法证明，是货运单据的中心，也是装运货物的总说明。

（2）发票是买卖双方收付货款和记账的依据。

（3）发票是买卖双方办理报关、纳税的计算依据。

（4）在不用汇票的情况下，发票可以代替汇票作为付款依据。

（5）发票是出口人缮制其他出口单据的依据。

## 二、T/T项下商业发票的填制

1. 出票人名称与地址

一般而言，出票人即为出口公司。发票的出票人有两种表示方法：一是发票的信头直接显示受益人名称；二是由受益人在发票上进行签署。

出票人名称、地址等的描述必须醒目、正确，注意一致性。如采用信用证方式收汇，出票人的名称、地址等必须与信用证上受益人的名称、地址等完全一致。同时要注意与其他单据上显示的出口商的名称、地址的一致性。

2. 发票名称

发票名称，即“商业发票”或“发票”（Invoice）字样。发票名称必须与信用证规定的一致。如果信用证要求是“Certified Invoice”或“Detailed Invoice”，则发票的名称也应这样显示。另外，在发票的名称中不能有“临时发票”（Provisional Invoice）或“形式发票”（Proforma Invoice）等字样出现。

3. 发票抬头人名称与地址

发票上必须明确显示发票抬头人即付款人的名称、地址，通常情况下抬头人写进口商，信用证方式下抬头人为开证申请人。当采用托收方式支付货款时，应填写合同买方的名称与地址。

4. 出票日期及出票的基础信息

此栏包括发票号码、合同号和发票的出票日期等。

发票号码由出口公司根据本公司的实际情况自行编制。

发票日期是发票的签发日期。一般而言，商业发票是全套单据中出具最早的，其日期可以早于开证日期，但不得迟于信用证的议付有效期。

当采用信用证支付方式时，必须标明该笔交易中的信用证号码。当信用证没有要求在发票上标明信用证号码或采用其他支付方式时，信用证号码一栏不填。

当采用信用证支付方式时，合同号码应与信用证上列明的一致。当一笔交易涉及几个合同时，全部合同号码应在发票上表示出来。

5. 运输资料

填写货物实际的起运港（地）、目的港（地）以及运输方式，如果货物须经转运，应把转运港的名称表示出来。运输线路、起运地、目的地必须与其他单据上显示的相一致，并且要打明具体的地名。如：

From Guangzhou to Tokyo WT Hongkong by vessel

6. 唛头及件号

唛头是运输标志，便于货物的装卸、运输等工作。凡是来证有指定唛头的，必须逐字按照规定制唛。如无指定，出口商可自行设计唛头，或用“no mark”或“N/M”来表示无唛头。唛头内容包括进口商名称的缩写、合同号（或发票号）、目的港、件号。如货物运至目的港后还要转运到内陆城市的，可在目的港下面加打 IN TRANSIT To ×××或 IN TRANSIT 字样。

7. 货物描述

货物描述一般包括货物名称、规格、数量、单价、贸易术语、包装等项目。信用证方式项下，商业发票中对货物的描述应与信用证中的描述一致，当使用其他支付方式（如托收）时，货物描述内容应与合同内容一致。在实际缮制时，允许有稍微差异。

（1）信用证只规定了货物的总称，发票除应照样显示外，还可加列详细的货名，但不得与总称矛盾。

（2）信用证未规定货物的总称，但列举的货名很详细，则发票应按照信用证规定列明。

8. 货物的包装、件数和数量

此栏填写实际装运的包装、件数和数量，并与其他单据相一致。凡“约”“大概”“大约”或类似的词语，用于信用证规定的数量时，应理解为允许交货时数量有不超过10%的增减幅度。

如果信用证规定的货物是以重量（吨、磅）、长度（米、码）、面积（平方米）或体积（立方米）等作为数量单位，而不是按包装单位或个数记数的，在信用证对货物数量没有不得增减要求和所支取的金额未超过信用证金额的前提下，允许货物数量有5%的增减幅度。

9. 单价

完整的单价由计价货币、计量单位、单位金额、贸易术语四个部分组成。发票中显示的单价和币种必须与信用证的要求一致。凡“约”“大概”“大约”或类似的词语，用于信用证金额时，应理解为有关金额可有不超过10%的增减幅度。

10. 总值

一般情况下，发票的总值不应超过信用证规定的最高金额，以免开证行拒绝支付。同时《UCP600》规定，开证行可以接受金额大于信用证允许金额的商业发票。其决定对有关各方均有约束力，只要该银行对超过信用证允许金额的部分未作承付或者议付即可。若信用证总值前有“约”“大概”“大约”或类似的词语，则交货时允许总值有10%的增减幅度。

11. 声明文句

信用证要求在发票上特别加注船名、原产地、进口许可证号码等声明文句时，发票上必须一一详列。常用的声明文句有：

（1）证明所到货物与合同或订单所列货物相符。

示例3-12：

兹证明本发票所列货物与123号合同相符。

We certify that the goods named have been supplied in conformity with order No. 123.

（2）证明货物的原产地。

示例3-13：

兹证明所列货物是中国生产。

We here certify that the goods are of Chinese Origin.

12. 发票份数

发票提交的份数应与信用证规定的一致，如果信用证中没有特殊要求，其中一份必须是正本。例如信用证要求“in duplicate”或“in two copies”时，所提供的发票中必须有一张是正本。

13. 出单人签名或盖章

商业发票只能由信用证中规定的受益人出具。如果信用证没有规定，则用于对外收汇的商业发票不需要签署（但用于报关、退税等国内管理环节的发票，必须签署）。当信用证要求“signed invoice”时，发票就需要签署；而要求“manually signed invoice”时，则该发票必须是手签。

根据广州美菱电器贸易有限公司与加拿大长盛进出口贸易有限公司签订的合同，填制商业发票如下：

广州美菱电器贸易有限公司

**GUANGZHOU MEILING ELECTRIC TRADING CO. LTD.**

NO. 551 XIAOBEI ROAD, GUANGZHOU, CHINA

**商 业 发 票**

**COMMERCIAL INVOICE**

ORIGINAL

Messrs:

CANADA SWATOW IMPORT & EXPORT TRADING CO. LTD.
NO. 22, AVENUE CLAREMONT, MONTREAL, CANADA

INVOICE NO. : 1405AGY509
INVOICE DATE : JUN. 5, 2014
L/C NO. :
L/C DATE :
S/C NO. : 20140621

Exporter:

GUANGZHOU MEILING ELECTRIC TRADING CO. LTD.
NO. 551, XIAOBEI ROAD, GUANGZHOU, CHINA

**Transport details:**
FROM GUANGZHOU TO MONTREAL BY SEA

**Terms of payment:**
BY T/T

| Marks & numbers | Description of goods | Quantity | Unit price | Amount |
|---|---|---|---|---|
| SWATOW<br>MONTREAL<br>NOS: 1 - 152 | ARROW ELECTRIC HAND DRYER<br>AGY509 | 4 560PCS | CIF MONTREAL<br>USD106. 00/PC | USD 483 360 |

TOTAL VALUE: SAY U. S. DOLLARS FOUR HUNDRED EIGHTY THREE THOUSAND THREE HUNDRED AND SIXTY ONLY.

GUANGZHOU MEILING ELECTRIC TRADING CO. LTD.
授权人签字盖章

样单 3－3　发票（1）

## 佛山市禅城区上元欧联建筑陶瓷有限公司

## 发票
## INVOICE

TO Messrs：　KUKJE

Contract no：　28SY001－PU　　　　Date：　2008－4－21

| 唛头 Shipping Mark | 品名及规格（MM） Item Specifications | 数量 SQM Quantity | 单价 USD Unit Price | 总价 USD Total Amount |
|---|---|---|---|---|
| N/M | 釉面砖<br>300×600MM | 979.20 | 7.6043 | 7446.15 |
| TOTAL： | | 979.20 | | 7446.15 |

样单3-4 发票（2）

# 深圳市出口商品发票
# Shenzhen City Export Goods Invoice

全国统一发票监制章 广东省深圳市 国家税务局监制

出口专用
For Export

发票代码 144030925150
发票号码 00001088

购货单位：SENEGAL GLOBAL TRADING CO., LTD
Purchaser:
地址： Add:
电话： Tel:
开票日期： Issued date: 2009 年 Year 02 月 Month 11 日 Date

| | | | | | | |
|---|---|---|---|---|---|---|
| 合同号码 Contract No. | YSL0922 | 贸易方式 Trade Method | 一般贸易 | 收汇方式 Foreign Exchange Collection Form | T/T | |
| 信用证号 L/C No. | | 当期汇率 Exchange Rate | | | | |

| 定单号码 P.O.No | 商品名称 Description and Specification of Goods | 单位 Unit | 数量 Quantity | 销售单价 Unit Price | 销售额 Total Sales Amount | 离岸价 FOB |
|---|---|---|---|---|---|---|
| | | | | USD | USD | |
| | 釉面砖 300X300MM | 平方米 | 1089 | 2.40 | 2613.60 | |
| | 釉面砖 200X300MM | 平方米 | 1800 | 2.10 | 3780.00 | |
| | 沙发床 | 个 | 10 | 76.00 | 760.00 | |
| | 玻璃茶几 | 件 | 10 | 45.00 | 450.00 | |
| | 枕头 | 个 | 20 | 3.20 | 64.00 | |
| | 塑胶软管 | 千克 | 160 | 3.00 | 480.00 | |
| | 塑胶袋 | 千克 | 450 | 3.50 | 1575.00 | |
| | | | | TOTAL: | 9722.60 | |

| | | | | |
|---|---|---|---|---|
| 销售额 Total Sales Amount | 外币（美元）Currency 合计大写 Total Amount (In Capitals) | 玖仟柒佰贰拾贰元陆角整 FOB佛山 | （小写） | （小写） |
| | 人民币 RMB 合计大写 Total Amount (In Capitals) | | （小写） | （小写） |
| 备注 Notes | | | | |

深圳市远邦达贸易有限公司 440300797995550 发票专用章

第五联：海关存查联 Fifth Copy as Customs Record

深国税印 2009 01 字 深圳区印刷服务中心印

销货单位： Seller:
电话： Tel:
开票人： Issued by:
地址： Address of Seller:
传真： Fax:

发票查询：①网站：www.szgs.gov.cn；②手机短信：FP#发票代码#发票号码#开票单位税务登记号 发送到0755123661

# 项目5 填制装箱单

## 一、装箱单的概念及其作用

装箱单是商业发票的补充单据，它列明了信用证或合同中买卖双方约定的有关包装事宜的细节，便于买方了解和掌握进口商品的包装和数量，也便于国外买方在货物到达目的港时供海关检查和核对货物。

## 二、T/T项下装箱单的填制

装箱单的填制规范：

（1）出口公司的中文、英文名称和地址。

（2）装箱单名称（Packing List）应按照信用证规定使用。通常用“Packing List”“Packing Specification”“Detailed Packing List ”。

常见的单据名称有：

Packing List（Note）装箱单

Weight List（Note）重量单

Measurement List 尺码单

Packing List and Weight List 装箱单/重量单

Packing Note and Weight Note 装箱单/重量单

Packing List and Weight List and Measurement List 装箱单/重量单/尺码单

Packing Note and Weight Note and Measurement Note 装箱单/重量单/尺码单

Weight and Measurement List 重量单/尺码单

Weight and Measurement Note 重量单/尺码单

Packing and Measurement List 装箱单/尺码单

Packing and Measurement Note 装箱单/尺码单

（3）填写出口公司的名称和地址。

（4）填写发票的开票日期。

（5）填写发票的号码。

（6）填写提单号码。

（7）填写提单号码或销售确认书号码。

（8）填写运输的装运港、目的港、中转港名称以及运输方式、船名。

（9）唛头与发票一致，有时注实际唛头，有时也可以只注“as per invoice No. ×××”。

（10）填写商品的数量。该数量为运输包装单位的数量，而不是计价单位的数量。应注明此箱内每件货物的包装件数，例如“100 PCS/CTN，30 CTNS”。

（11）填写商品的名称。

（12）填写商品的单位净重和总净重。

填制规范如"@4.00KGS（单位净重）
320.00KGS（总净重）"
（13）填写商品的单位毛重和总毛重。
填制规范如"@5.00KGS（单位毛重）
400.00KGS（总毛重）"
（14）填写商品的单位尺码和总尺码。
填制规范如"@（42×23×25）CM（单位尺码）
1.932CBMS（总尺码）"
（15）填写数量的大写。
（16）特别说明。如信用证要求在装箱单中标明信用证号码、合同号码或特殊包装的说明文字等，应在此处标明。
（17）出口公司落款。
现根据广州美菱电器贸易有限公司与加拿大长盛进出口贸易有限公司签订的合同，填制装箱单如下：

**广州美菱电器贸易有限公司**
**GUANGZHOU MEILING ELECTRIC TRADING CO. LTD.**
NO. 551 XIAOBEI ROAD，GUANGZHOU，CHINA

**装 箱 单**
**PACKING LIST**

ORIGINAL

Exporter：
GUANGZHOU MEILING ELECTRIC TRADING CO. LTD.
NO. 551，XIAOBEI ROAD，GUANGZHOU，CHINA

INVOICE NO. ：1405AGY509
INVOICE DATE：JUN. 5，2014
L/C NO. ：
L/C DATE ：
S/C NO. ：20140621

Transport details：
FROM GUANGZHOU TO MONTREAL BY SEA
SHIPPED PER：HAIOU/V. 2556

| 标记 Marks & Numbers | 数量 Quantity | 货名 Description of Goods | 净重 N. W. | 毛重 G. W. | 尺码 Measurement |
|---|---|---|---|---|---|
| SWATOW<br>MONTREAL<br>NOS：1－152 | 30PCS/CTN<br>152CTNS | ARROW ELECTRIC<br>HAND DRYER<br>AGY509 | @126KGS<br>191 52KGS | @150KGS<br>22 800KGS | @0.164$M^3$<br>4.92CBMS |
| TOTAL： | 152CTNS | | 19 152KGS | 22 800KGS | 4.92CBMS |

TOTAL QUANTITY：4 560PCS
TOTAL PACKAGE：ONE HUNDRED AND FIFTY TWO CARTONS ONLY

GUANGZHOU MEILING ELECTRIC TRADING CO. LTD.
授权人签章

## 样单3-5 装箱单（1）

ORIGINAL

SGS

SGS DEL PERU S.A.C.
Certificate N°/764173
File : O/L-HI-260917-2

Lima, May 17, 2006

Page 1/2

### CERTIFICATE OF PACKING

**PARCEL** DESCRIBED AS : 19 x 40' CONTAINERS
503.500 METRIC TONS GROSS FOR NET PERUVIAN STEAM DRIED FISHMEAL
9,984 BAGS

**VESSEL** :MSC CHIARA 680RRR FROM CHIMBOTE, PERU TO HUANGPU, CHINA

**SHIPPER** :PESQUERA HAYDUK S.A.
B/L N° MSCUPO244334 DATED ON MAY 17, 2006

************************************************************************

We have carried out packing inspections of the above mentioned parcel and we hereby certify that:

**PACKING**

Packed in new polypropylene woven bags, each containing approx. 50 kilos, gross for net. The bags are sound and suitable for ocean transportation. The bags are properly marked with the name of commodity, weight, country of origin and date of production (day/month/year) in English.

The fishmeal was stowed in the following containers :

| CONTAINERS N° | BAGS | GROSS FOR NET WEIGHT (METRIC TONS) | SGS SEAL | CUSTOM SEAL (AS PER B/L) |
|---|---|---|---|---|
| MSCU4258129 | 525 | 26.520 | 0071289 | E52959 |
| NTCU4001391 | 528 | 26.690 | 0071290 | E52960 |
| CRXU4929770 | 522 | 26.610 | 0071295 | E52963 |
| MSCU4008156 | 523 | 26.550 | 0071300 | E52964 |
| GLDU0489654 | 528 | 26.570 | 0071296 | E52965 |
| TRLU6151824 | 513 | 26.500 | 0071299 | E52967 |
| CAXU4262759 | 523 | 26.490 | 0071297 | E52966 |
| MSCU4203065 | 531 | 26.430 | 0071298 | E52968 |
| MSCU4108005 | 526 | 26.460 | 0071392 | E52970 |
| INBU5023369 | 509 | 26.550 | 0071398 | E52969 |
| MSCU4169079 | 527 | 26.540 | 0071393 | E52971 |
| TRIU5769639 | 527 | 26.580 | 0071202 | E52973 |
| TRLU6596569 | 522 | 26.560 | 0071201 | E52972 |
| CRXU4078957 | 536 | 26.590 | 0071394 | E52974 |
| MSCU4621698 | 527 | 26.490 | 0071598 | E52975 |
| MSCU4204020 | 524 | 26.540 | 0071395 | E52978 |
| TGHU4895880 | 534 | 26.550 | 0071287 | E52977 |
| MSCU4347798 | 536 | 26.510 | 0071288 | E52976 |
| MSCU4751074 | 523 | 25.770 | 0082780 | E52979 |
| | 9,984 | 503.500 | | |

样单 3－6　装箱单（2）

ORIGINAL

SGS

SGS DEL PERU S.A.C.
Certificate N°/764173
File : O/L-HI-260917-2

Lima, May 17, 2006

Page 2/2

**CERTIFICATE OF PACKING**

**PLACE AND DATE OF INSPECTION**
At ENAPU's warehouse from May 4, 2006 to May 5, 2006

The above certified corresponds to our verification only on the date when this lot was loaded (stuffing into containers). The vessel complete their loading operations May 17, 2006

Issued at Lima, Peru on May 17,2006
/ls.

SGS del Perú S.A.C.

SGS del Perú S.A.C., Av. Elmer Faucett 3348, Callao 1 - Perú t (511) 517-1900 f (511) 575-4089
'his document is issued, on the Client's behalf, by the Company under its General Conditions of Service printed overleaf.
'he Client's attention is drawn to the limitation of liability, indemnification and jurisdiction issues defined therein.

\ny other holder of this document is advised that information contained hereon reflects the Company's findings at the ime of its intervention only and within the limits of Client's instructions, if any. The Company's sole responsibility is to ts Client and this document does not exonerate parties to a transaction from exercising all their rights and obligations inder the transaction documents.

Unless wholly, No part of this Report may be reproduced, without the permission from SGS del Perú S.A.C.
The validity, compliance and interpretation of these General Conditions Services are governed by the Peruvian law. Both parties agree to submit its discrepancies to the arbitration of the Lima Chamber of Commerce. The arbitration will be held in the city of Lima in Spanish

SGSPAPER
05013470

# 项目6 填制原产地证明书

## 一、原产地证明书的概念及其作用

原产地证明书是由出口国政府有关机构签发的一种证明货物原产地或制造地的证明文件。它主要是进口国海关实行差别关税，实施进口税率和进口配额等不同国别政策的依据。

原产地证明书是出口商按进口商的要求提供的，有着多种形式，其中应用最多的是普惠制原产地证明书和一般原产地证明书，通常用于不需要提供海关发票或领事发票的国家或地区。

原产地证明书由商务部统一规定和印制，并由国家质量监督检验检疫总局或中国国际贸易促进委员会签发。如果信用证或合同对签证机构未作具体规定，一般由国家质量监督检验检疫总局出具。

## 二、T/T 项下原产地证明书的填制

### （一）普惠制原产地证明书（FORM A）填制要求

1. 证书号（Reference No.）

普惠制原产地证明书标题栏（右上角），填上检验检疫机构编定的证书号。此栏不得留空，否则证书无效。

例：证书号编定规则 JHGJH121/050001。

2. 出口商名称、地址、国家（Goods consigned from）

此栏出口商公司名称应与注册时相同，必须打上国名、地址。

例：ZHEJIANG NATIVE PRODUCE & ANIMAL BY – PRODUCTS I/E CORP. NO. 368 NORTH ZHONGSHAN ROAD，HANGZHOU，CHINA。

3. 收货人的名称、地址、国家（Goods consigned to）

除欧盟25国、挪威外，此栏须填上给惠国最终收货人名称，不可填中间转口商的名称，此栏须打上国名（欧盟25国、挪威对此栏是非强制性要求）。

4. 运输方式及路线（Means of transport and route）

一般应填上装货、到货地点（始运港、目的港）及运输方式（如海运、陆运、空运）。

例：FROM HANGZHOU TO SHANGHAI BY TRUCK，THENCE TRANSHIPPED TO HAMBURG BY SEA。

转运商品应加上转运港，例：FROM SHANGHAI TO HAMBURG BY SEA VIA

HONGKONG。对输往内陆给惠国的商品，如瑞士、奥地利，由于这些国家没有海岸，因此如果是海运，都须经第三国，再转运至该国，填证时应注明。例：BY VESSEL FROM SHANGHAI TO HAMBURG，IN TRANSIT TO SWITZERLAND。

5. 供官方使用（For official use）

此栏由签证当局填写，正常情况下此栏空白。特殊情况下，签证当局在此栏加注。

例：

（1）当货物已出口，签证日期迟于出货日，签发“后发”证书时，此栏盖上“ISSUED RETROSPECTIVELY”红色印章。

（2）当证书遗失、被盗或者损毁，签发“复本”证书时，盖上“DUPLICATE”红色印章，并在此栏注明原证书的编号和签证日期，并声明原发证书作废，其文字是“THIS CERTIFICATE IS IN REPLACEMENT OF CERTIFICATE OF ORIGIN NO. ...DATED...WHICH IS CANCELLED”。

注意：在录入后发证书时，请在申请书备注栏注明“申请后发”，否则计算机将退回。

6. 商品顺序号（Item number）

如同批出口货物有不同品种，则按不同品种分列“1”“2”“3”…，以此类推。单项商品，此栏填“1”。

7. 唛头及包装号（Marks and numbers of packages）

填写的唛头应与货物外包装上的唛头及发票的唛头一致；唛头不得出现中国以外的地区和国家制造的字样，也不能出现中国香港、澳门、台湾原产地字样（例：MADE IN TAIWAN，HONG KONG PRODUCTS 等）；如货物无唛头应填“N/M”。如唛头过多此栏不够填，则打上“SEE THE ATTACHMENT”，用附页填上所有唛头（附页的纸张要与原证书一样大小），在右上角打上证书号，并由申请单位和签证当局授权签字人分别在附页末页的右下角和左下角手签、盖印。附页手签的笔迹、地点、日期均与证书第 12 和 13 栏相一致。

注意：有附页时，请在申请书备注栏注明“唛头见附页”，否则计算机将退回。

8. 包件数量及种类（Number and kind of packages；description goods）

商品的名称、包件数量必须用英国和阿拉伯数字同时表示。

例：ONE HUNDRED AND FIFTY（150）CARTONS OF WORKING GLOVES。

注意：

（1）如果包件数量在千以上，则千与百单位之间不能有“AND”连词，否则计算机将退回。应填：TWO THOUSAND ONE HUNDRED AND FIFTY（2 150）CARTONS OF WORKING GLOVES。

（2）数量、品名要求在一页内打完，如果内容过长，则可以合并包装箱数，品名亦合并。例：ONE HUNDRED AND FIFTY（150）CARTONS OF GLOVES，SCARFS，TIES，CAPS。

（3）包装必须打上具体的包装种类（例：POLYWOVEN BAG，DRUM，PALLET，WOODEN CASE 等），不能只填写“PACKAGE”。如果没有包装，应填写“NUDE CARGO”（裸装货），“IN BULK”（散装货），“HANGING GARMENTS”（挂装货）。

(4) 商品名称必须具体填明（具体到能找到相对应的4位H.S.编码），不能笼统填“MACHINE”（机器）、“GARMENT”（服装）等。对一些商品，如玩具电扇应注明为“TOYS: ELECTRIC FANS”，不能只列“ELECTRIC FANS”（电扇）。

(5) 商品的商标、牌名及货号一般可以不填。商品名称等项列完后，应在下一行加上表示结束的符号，以防止加填伪造内容。国外信用证有时要求填写合同、信用证号码等，可加填在此栏空白处。

9. 原产地标准（Origin criterion）

(1) 完全原产品，不含任何非原产成分，出口到所有给惠国，填写“P”。

(2) 含有非原产成分的产品，出口到欧盟、挪威、瑞士和日本，填写“W”，其后加上出口产品的H.S.品目号，例如“W”42.02。条件：①产品列入了上述给惠国的“加工清单”，符合其加工条件；②产品未列入“加工清单”，但产品生产过程中使用的非原产原材料和零部件经过充分的加工，产品的H.S.品目号不同于所用的原材料和零部件的H.S.品目号。

(3) 含有非原产成分的产品，出口到加拿大，填写“F”。条件：非原产成分的价值未超过产品出厂价的40%。

(4) 含有非原产成分的产品，出口到俄罗斯、乌克兰、白俄罗斯、哈萨克斯坦、捷克、斯洛伐克六国，填写“Y”，其后加上非原产成分价值占该产品离岸价格的百分比，例如“Y”38%。条件：非原产成分的价值未超过产品离岸价的50%。

(5) 输往澳大利亚、新西兰的货物，此栏可以留空。

10. 毛重或其他数量（Gross weight or other quantity）

此栏应以商品的正常计量单位填写，例如“只”“件”“双”“台”“打”等。如3 200 DOZ或6 270 KGS。以重量计算的则填毛重，只有净重的，填净重亦可，但要标上N.W.（NET WEIGHT）。

11. 发票号码及日期（Number and date of invoices）

此栏不得留空。月份一律用英文（可用缩写）表示，如PHK50016 Apr.6，2005。此栏的日期必须按照正式商业发票填具，发票日期不得迟于出货日期。

12. 签证机构证明（Certification）

此栏填打签证机构的签证地点、日期，如HANGZHOU CHINA APR.6，2005。检验检疫局签证人经审核后在此栏（正本）签名，盖签证印章。

此栏日期不得早于发票日期（第11栏）和申报日期（第13栏），而且应早于货物的出运日期（第4栏）。

13. 出口方声明（Declaration by the export）

进口国横线上填最终进口国，进口国必须与第三栏目的港的国别一致。

另外，申请单位应授权专人在此栏手签，标上申报地点、日期，并加盖申请单位中英文印章。手签人笔迹必须在检验检疫局注册登记，并保持相对稳定。此栏日期不得早于发票日期（第11栏）（最早是同日）。盖章时应避免覆盖进口国名称和手签人姓名。本证书一律不得涂改，证书不得加盖校对章。

现根据广州美菱电器贸易有限公司与加拿大长盛进出口贸易有限公司签订的合同，填制普惠制原产地证明书如下：

2. Goods consigned from ( Exporter's business name, address, country)

GUANGZHOU MEILING ELECTRIC TRADING CO. LTD.
NO. 551, XIAOBEI ROAD, GUANGZHOU, CHINA

1. Reference No. **************

GENERALIZED SYSTEM OF PREFERENCES
CERTIFICATE OF ORIGIN
(Combined declaration and certificate)

FORM A
issued in THE PEOPLE'S REPUBLIC OF CHINA
(COUNTRY)

See Notes overleaf

3. Goods consigned to (Consignee's name, address, country)
CANADA SWATOW IMPORT & EXPORT TRADING CO. LTD.
NO. 22, AVENUE CLAREMONT, MONTREAL, CANADA

4. Means of transport and route (as far as known)
ON / AFTER JUL. 28, 2014
FROM GUANGZHOU TO MONTREAL BY SEA

5. For official use

| 6. Item number | 7. Marks and numbers of packages | 8. Number and kind of packages; description goods | 9. Origin criterion (see Notes overleaf) | 10. Gross weight or other quantity | 11. Number and date of invoices |
|---|---|---|---|---|---|
| 1 | SWATOW<br>MONTREAL<br>NOS: 1-152 | ONE HUNDRED AND FIFTY TWO (152) CARTONS OF ARROW ELECTRIC HAND DRYER<br>********************************* | P | 22 800KGS | 1405AGY509<br>JUN. 5, 2014 |

12. Certification
It is hereby certified, on the basis of control carried out, that the declaration by the exporter is correct.

JUN. 10, 2014 GUANGZHOU
Place and date, signature and stamp of certifying authority

13. Declaration by the export
The undersigned hereby declares that the above details and statements are correct; that all the goods were produced in
CHINA
(country)
and that they comply with the origin requirements specified for those goods in the Generalized System of Preferences for goods exported to
CANADA
(importing country)

JUN. 7, 2014 GUANGZHOU
Place and date, signature of authorized signatory

### （二）一般原产地证明书（CO）填制要求

1. 证书编号（Certificate No.）

应在证书右上角填上检验检疫机构编定的证书号。

例：证书号编定规则 JHCJH121/050002。

2. 出口商名称、地址、国家（Exporter）

此栏出口商公司名称应与注册时相同，必须打上国名、地址。

例：ZHEJIANG NATIVE PRODUCE & ANIMAL BY - PRODUCTS I/E CORP. NO. 368 NORTH ZHONGSHAN ROAD, HANGZHOU, CHINA。

3. 收货人的名称、地址、国家（Consignee）

应填写最终收货方的名称、详细地址及国家（地区）。但由于贸易的需要，信用证规定所有单证收货人一栏留空的，此栏应加注“TO WHOM IT MAY CONCERN”或“TO ORDER”，但不得留空。若需要填写转口商名称的，可在收货人后面加填英文 VIA，然后再填写转口商名称、地址、国家。

例：ZHEJIANG NATIVE PRODUCE & ANIMAL BY - PRODUCTS I/E CORP. NO. 368 NORTH ZHONGSHAN ROAD, HANGZHOU, CHINA VIA HONGKONG MACHINERY CO. LTD.。

4. 运输方式及路线（Means of transport and route）

应填写从装货港到目的港的详细运输路线。如经转运，应注明转运地。

例如：FROM SHANGHAI TO HONGKONG ON APR. 6, 2005, THENCE TRANSHIPPED TO ROTTERDAM BY VESSEL 或 FROM SHANGHAI TO ROTTERDAM BY VESSEL VIA HONGKONG。

5. 目的国家/地区（Destination port）

应填写货物最终运抵港，一般与最终收货人和最终目的港国别一致，不得填写中间商国别。

6. 签证机构用栏（For certifying authority use only）

此栏为签证机构在签发后发证书、重发证书或加注其他声明时使用。证书申领单位应将此栏留空。

7. 运输标志（Marks and numbers）

应按照出口发票上所列唛头填写完整图案、文字标记及包装号码，不可简单地填写“AS PER INVOICE NO...”（按照发票）或者“AS PER B/L NO...”（按照提单）。包装无唛头，应填写“N/M”或者“NO MARK”。此栏不得留空。如唛头较多本栏填写不下，可填写（SEE THE ATTACHMENT），用附页填上所有唛头（附页的纸张要与原证书一样大小），在右上角打上证书号，并由申请单位和签证当局授权签字人分别在附页末页的右下角和左下角手签、盖印。附页手签的笔迹、地点、日期均与证书第 12 和 13 栏相一致。

注意：有附页时，请在申请书备注栏注明“唛头见附页”，否则计算机将退回。

8. 商品名称、包装数量及种类（Number and kind of packages; description of goods）

例：“ONE HUNDRED (100) CARTONS OF COLOUR TV SETS”，在英文表述后注明

阿拉伯数字。

注意：

（1）如果包件数量在千以上，则千与百单位之间不能有“AND”连词，否则计算机将退回。应填：TWO THOUSAND ONE HUNDRED AND FIFTY（2 150）CARTONS OF WORKING GLOVES。

（2）数量、品名要求在一页内打完，如果内容过长，则可以合并包装箱数，品名亦合并。例：ONE HUNDRED AND FIFTY（150）CARTONS OF GLOVES，SCARFS，TIES，CAPS。

（3）包装数量及种类要按具体单位填写（例：POLYWOVEN BAG，DRUM，PALLET，WOODEN CASE 等），不能只填写“PACKAGE”。如果没有包装，应填写“NUDE CARGO”（裸装货），“IN BULK”（散装货），“HANGING GARMENTS”（挂装货）。

（4）应填写具体商品名称（具体到能找到相对应的 4 位 H. S. 编码），如“TENNIS RACKET”（网球拍）；不得用概括性表述，如“SPORTING GOODS”（运动用品）、“FABRIC”（织物）等。

（5）商品的商标、牌名及货号一般可以不填。商品名称等项列完后，应在下一行加上表示结束的符号，以防止加填伪造内容。国外信用证有时要求填写合同、信用证号码等，可加填在此栏空白处。

9. 商品编码（H. S. Code）

此栏要求填写商品 H. S. 品目号。若同一份证书包含有几种商品，则应将相应的 H. S. 品目号全部填写。此栏不得留空。

10. 数量（Quantity）

填写出口货物的数量并与商品的计量单位联用。如果是填重量的，应该以公斤为单位，同时应该注明 N. W. 或 G. W. 。

11. 发票号码及日期（Number and date of invoices）

应按照申请出口货物的商业发票填写。此栏日期应早于或同于实际出口日期。此栏不得留空。

12. 出口方声明（Declaration by the exporter）

此栏由申领单位已在签证机构注册的申领员签字并加盖单位的中英文印章，填写申领地点和日期。此栏日期不得早于发票日期。

13. 签证机构证明（Certification）

由签证机构签字、盖章，并填写签证地点、日期。签发日期不得早于发票日期（第 11 栏）和申请日期（第 12 栏）。

样单 3－7 FORM A

ORIGINAL

**1. Goods consigned from (Exporter's business name, address, country)**

BETTER BUILDING MATERIALS CO., LTD.
4/F YINYE BUILDING, NO. 1 JIANGWAN
ROAD, FOSHAN, CHINA

**Reference No.** G084405000110054

**GENERALIZED SYSTEM OF PREFERENCES**
**CERTIFICATE OF ORIGIN**
(Combined declaration and certificate)
**FORM A**
Issued in THE PEOPLE'S REPUBLIC OF CHINA
(country)
See Notes overleaf

**2. Goods consigned to (Consignee's name, address, country)**

BAHAG

**3. Means of transport and route (as far as known)**

ON/AFTER MAR 03, 2008 FROM
FOSHAN, CHINA TO HAMBURG, GERMANY BY VESSEL

**4. For official use**

| 5. Item number | 6. Marks and numbers of packages | 7. Number and kind of packages; description of goods | 8. Origin criterion (see Notes overleaf) | 9. Gross weight or other quantity | 10. Number and date of invoices |
|---|---|---|---|---|---|
| 1 | HUR Z | SIX THOUSAND SIX HUNDRED AND SIXTY (6660) CTNS OF TILES<br>ORDER NO.: 1000640960<br>INF NO. 2007 4812 15146 DE<br>*** *** *** *** *** *** | "P" | 9CPALLETS | 2007LVXGAYTG 30(2)<br>MAR. 03, 2008 |

**11. Certification**

It is hereby certified, on the basis of control carried out, that the declaration by the exporter is correct.

FOSHAN MAR. 03, 2008
Place and date, signature and stamp of certifying authority

000000D3922783

**12. Declaration by the exporter**

The undersigned hereby declares that the above details and statements are correct; that all the goods were produced in

CHINA
(country)

and that they comply with the origin requirements specified for those goods in the Generalized System of Preferences for goods exported to

GERMANY 王思雅
(importing country)

FOSHAN, MAR. 03, 2008
Place and date, signature of authorized signatory

GD 70859886

样单 3 – 8　CCPIT CO

**ORIGINAL**

| | |
|---|---|
| 1. Exporter<br>FOSHAN HCC BUILDING MATERIAL CO., LTD<br>7/F NO.72 FENJIANG NAN ROAD,<br>CHANCHENG DISTRICT, FOSHAN, GUANGDONG CHINA | Certificate No. **CCPIT** 083429085<br>09C4406M0350/00041*<br>CERTIFICATE OF ORIGIN<br>OF<br>THE PEOPLE' S REPUBLIC OF CHINA |
| 2. Consignee<br>AL | |
| 3. Means of transport and route<br>FROM SANSHAN, CHINA TO JEDDAH PORT, SAUDI ARABIA<br>VIA CHIWAN, CHINA BY SEA | 5. For certifying authority use only |
| 4. Country / region of destination<br>SAUDI ARABIA | |

| 6. Marks and numbers | 7. Number and kind of packages; description of goods | 8. H.S.Code | 9. Quantity | 10. Number and date of invoices |
|---|---|---|---|---|
| N/M | FIVE THOUSAND SEVEN HUNDRED AND NINETY SIX (5796) CTNS OF POLISHED PORCELAIN TILES<br>L/C NO.: HKGE900515<br>THE NAME OF THE MANUFACTURERS:<br>LOUIS VALENTINO INVESTMENT AND DEVELOPMENT CO.LTD.<br>THE GOODS EXPORTED ARE WHOLLY OF DOMESTIC ORIGIN<br>**************************************** | 6907 | 8346.24SQMS | 28LV5046-046<br>JAN. 17, 2009 |

| | |
|---|---|
| 11. Declaration by the exporter<br>The undersigned hereby declares that the above details and statements are correct, that all the goods were produced in China and that they comply with the Rules of Origin of the People's Republic of China.<br>(Stamp: FOSHAN HCC BUILDING MATERIAL CO., LTD 佛山市华清瓷建材有限公司)<br>FOSHAN, CHINA　FEB. 2, 2009　王小娟<br>Place and date, signature and stamp of authorized signatory | 12. Certification<br>It is hereby certified that the declaration by the exporter is correct.<br>(Stamp: 中国国际贸易促进委员会 CHINA COUNCIL FOR THE PROMOTION OF INTERNATIONAL TRADE)<br>FOSHAN, CHINA　FEB. 2, 2009<br>Place and date, signature and stamp of certifying authority |

样单 3－9 FORM B

## ORIGINAL

| | |
|---|---|
| 1. Goods consigned from<br>(Exporter's business name, address, country)<br><br>FOSHAN CHANCHENG SHANGYUAN<br>OULIAN CONSTRUCTION CERAMIC LTD.<br>3RD SHINA ROAD NANZHUANG TOWN<br>FOSHAN GUANGDONG CHINA | Reference No.<br>B08440C002310090<br><br>**CERTIFICATE OF ORIGIN**<br>**Asia-Pacific Trade Agreement**<br>**(Combined Declaration and Certificate)**<br><br>Issued in The People's Republic of China<br>(Country) |
| 2. Goods consigned to<br>(Consignee's name, address, country)<br>ROMAN | 3. For Official use |
| 4. Means of transport and route<br><br>ON / AFTER JUL. 01, 2008 FROM FOSHAN PORT,<br>CHINA TO PUSAN PORT, KOREA BY SEA | |

| 5. Tariff item number | 6. Marks and number of Packages | 7. Number and kind of packages/description of goods | 8. Origin criterion (see notes overleaf) | 9. Gross weight or other quantity | 10. Number and date of invoices |
|---|---|---|---|---|---|
| 6908 | N/M | ONE THOUSAND SEVEN HUNDRED AND TWENTY<br>(1720) BOXES OF PORCELAIN TILE<br>L/C NO :M3243806NS00737 DATE. 080623<br>*** *** *** *** *** *** | "A" | 2442.40SQM | 2801.0008-103<br>JUL. 01, 2008 |

| | |
|---|---|
| 11. Declaration by the exporter<br><br>The undersigned hereby declares that the above details and statements are correct, that all the goods were produced in<br><br>CHINA<br>(Country)<br><br>and that they comply with the origin requirements specified for these goods in the Asia-Pacific Trade Agreement for goods exported to<br><br>REPUBLIC OF KOREA(410)<br>(Importing Country)<br><br>FOSHAN, JUL 01, 2008<br><br>Place and date, signature of authorized Signatory | 12. Certificate<br><br>It is hereby certified on the basis of control carried out, that the declaration by the exporter is correct<br><br>FOSHAN, JUL<br><br>Place and date, signature and Stamp of Certifying Authority |

AQSIQ 070030197

样单 3 - 10 FORM E (1)

**Original**

| 1. Goods consigned from (Exporter's business name, address, country)<br>FOSHAN HCC BUILDING MATERIAL CO., LTD.<br>7/F NO.72 FENJIANG NAN RD., CHANGCHEN<br>DISTRICT. FOSHAN. GUANGDONG. CHINA | Reference No. E084405004440070<br>**ASEAN-CHINA FREE TRADE AREA PREFERENTIAL TARIFF CERTIFICATE OF ORIGIN**<br>**(Combined Declaration and Certificate)**<br>**FORM E** |
|---|---|
| 2. Goods consigned to (Consignee's name, address, country)<br>FLAT | Issued in THE PEOPLE'S REPUBLIC OF CHINA<br>(Country)<br>See Notes overleaf |
| 3. Means of transport and route (as far as known)<br>Departure date SEP. 05, 2008<br>Vessel's name / Aircraft etc. OOCL SYDNEY 058S<br>Port of discharge LAEM CHABANG, THAILAND<br>ON/AFTER SEP.05, 2008 FROM XINGANG, CHINA TO LAEM CHABANG, THAILAND VIA HONG KONG BY SEA | 4. For official use<br>☐ Preferential Treatment Given Under ASEAN-CHINA Free Trade Area Preferential Tariff<br>☐ Preferential Treatment Not Given (Please state reason/s)<br>Signature of Authorised Signatory of the Importing Country |

| 5. Item number | 6. Marks and numbers on packages | 7. Number and type of packages, description of goods (including quantity where appropriate and HS number of the importing Country) | 8. Origin criterion (see Notes overleaf) | 9. Gross weight or other quantity and value (FOB) | 10. Number and date of invoices |
|---|---|---|---|---|---|
| 1 | MEIZHIBAO | THREE THOUSAND TWO HUNDRED AND FORTY SIX (3246) CTNS OF<br>CERAMIC POLISHED WALL TILE,<br>CERAMIC POLISHED FLOOR TILE,<br>H.S. CODE: 6907.90<br>*** *** *** *** *** *** | "X" | 75989.60KGS<br>39320PCS<br>USD 12244.55 | TR08/203<br>SEP. 01, 2008 |

| 11. Declaration by the exporter | 12. Certification |
|---|---|
| The undersigned hereby declares that the above details and Statement are correct; that all the goods were produced in<br>CHINA<br>(Country)<br>and that they comply with the origin requirements specified for these goods in the ASEAN-CHINA Free Trade Area Preferential Tariff for the goods exported to<br>THAILAND<br>(Importing Country)<br>FOSHAN, SEP. 04, 2008<br>Place and date, signature of authorised signatory | It is hereby certified, on the basis of control carried out, that the Declaration by the exporter is correct.<br>FOSHAN, SEP. 04, 2008<br>Place and date, signature and stamp of certifying authority |

CN 7690837

样单 3－11 FORM E (2)

Original

| 1.Goods consigned from (Exporter's business name, address, country)<br>GUANGZHOU GUIYU TRADE DEVELOPMENT CO.,LTD<br>NO.971,HUANGPU DADAO DONG,HUANGPU DISTRICT,GUANGZH-OU,CHINA | Reference No. E084401810440086<br>**ASEAN-CHINA FREE TRADE AREA PREFERENTIAL TARIFF CERTIFICATE OF ORIGIN**<br>**(Combined Declaration and Certificate)**<br>**FORM E**<br>Issued in THE PEOPLE'S REPUBLIC OF CHINA<br>(Country)<br>See Notes overleaf |
|---|---|
| 2.Goods consigned to (Consignee's name, address, country)<br>ALUPANORAMA METALS SDN BHD<br>LOT 3806,NO.140-A,LORONG 10 D,KG BARU SUBANG,40150<br>SHAH ALAM,SELANGOR,MALAYSIA | |
| 3.Means of transport and route (as far as known)<br>Departure date NOV. 07,2008<br>Vessel's name / Aircraft etc. QING GANG 238 081107<br>Port of discharge PORT KLANG<br>FROM HUANGPU,CHINA TO PORT KLANG,MALAYSIA | 4.For official use<br>☐ Preferential Treatment Given Under ASEAN-CHINA Free Trade Area Preferential Tariff<br>☐ Preferential Treatment Not Given (Please state reason/s)<br>Signature of Authorised Signatory of the Importing Country |

| 5.Item number | 6.Marks and numbers on packages | 7.Number and type of packages, description of goods (including quantity where appropriate and HS number of the importing Country) | 8.Origin criterion (see Notes overleaf) | 9.Gross weight or other quantity and value (FOB) | 10.Number and date of invoices |
|---|---|---|---|---|---|
| 1 | N/M | FOUR (4) PACKAGES OF ALUMINIUM COIL.<br>H.S CODE 760611<br>*** *** *** *** *** | "X" | 22501KGS<br>USD:67968.45 | 08MA20-AM48<br>NOV. 05,2008 |

| 11.Declaration by the exporter | 12.Certification |
|---|---|
| The undersigned hereby declares that the above details and Statement are correct; that all the goods were produced in<br>CHINA<br>(Country)<br>and that they comply with the origin requirements specified for these goods in the ASEAN-CHINA Free Trade Area Preferential Tariff for the goods exported to<br>MALAYSIA<br>(Importing Country)<br>GUANGZHOU,NOV. 06,2008 杨凤玲<br>Place and date, signature of authorised signatory | It is hereby certified, on the basis of control carried out, that the Declaration by the exporter is correct.<br>[Stamp: 中华人民共和国 广东 FORM A 出入境检验检疫局 GUANGDONG ENTRY-EXIT INSPECTION AND QUARANTINE BUREAU OF THE PEOPLE'S REPUBLIC OF CHINA]<br>GUANGZHOU,NOV. 06,2008<br>Place and date, signature and stamp of certifying authority |

CN 8017435

样单 3－12　FORM F

## ORIGINAL

1. Exporter's name, address, country:
SHENZHEN BINGFENGZUOYUE TRADE CO., LTD. CHINA

Certificate No. ZC3587F/09/0027

**CERTIFICATE OF ORIGIN**

**Form F for China-Chile FTA**

Issued in The People's Republic of China

(see Instruction overleaf)

2. Producer's name and address, if known:
AVAILABLE

3. Consignee's name, address, country:
NAVARRI

4. Means of transport and route (as far as known)

Departure Date
ON/AFTER JAN. 14, 2009

Vessel /Flight/Train/Vehicle No.
BY SEA

Port of loading
SHANTOU, CHINA

Port of discharge
VALPARAISO, CHILE

5. For Official Use Only

☐ Preferential Tariff Treatment Given Under China-Chile FTA

☐ Preferential Treatment Not Given (Please state reasons)

Signature of Authorized Signatory of the importing Country

6. Remarks

| 7. Item number (Max 20) | 8. Marks and numbers on packages | 9. Number and kind of packages, description of goods | 10. HS code (Six digit code) | 11. Origin criterion | 12. Gross weight, quantity (Quantity Unit) or other measures (liters, m³, etc) | 13. Number, date of invoice and invoiced value |
|---|---|---|---|---|---|---|
| 1 | N/M | SANITARY WARE (CERAMIC BASIN) TOTAL: FIVE HUNDRED AND EIGHTY FOUR (584) CTNS ONLY*** | 6910.90 | "P" | 584PCS | 28LV1013-053 Jan. 12, 2009 USD7077.60 |

14. Declaration by the exporter

The undersigned hereby declares that the above details and statement are correct, that all the goods were produced in

CHINA
(Country)

and that they comply with the origin requirements specified in the FTA for the goods exported to

CHILE
(importing country)

SHENZHEN, Feb. 04, 2009

Place and date, signature of authorized signatory

15. Certification

It is hereby certified, on the basis of control carried out, that the declaration of the exporter is correct.

SHENZHEN, Feb. 04, 2009

Place and date, signature and stamp of certifying authority

Certifying authority

Tel: +86-755-82914197　Fax: +86-755-82914106

Address:
6TH FLOOR, CAIHONG BUILDING
SOUTH CAITIAN ROAD, SHENZHEN, CHINA

* A Certificate of Origin under China-Chile Free Trade Agreement shall be valid for one year from the date of issue in the exporting country

AQSIQ 07223543

样单 3－13 贸促会认证原件与复印件相符证明书

中国国际贸易促进委员会

China Council for the Promotion of International Trade
China Chamber of International Commerce

证 明 书

CERTIFICATE

号码 No. 094406B0/00804

兹证明：所附第518220090829501436号中华人民共和国海关出口货物报关单的影印件与原件相符。

THIS IS TO CERTIFY THAT: the annexed photostated copy of CUSTOMS DECLARATION FOR EXPORT GOODS OF THE PEOPLE'S REPUBLIC OF CHINA NO. 518220090829501436 is in conformity with the original.

China Council for the Promotion
of International Trade

授权签字：

Authorized
Signature: *CAI XIAOTIAN*

日期：2009 年 02 月 26 日
( Date: FEB. 26, 2009 )

模块四

# 出口贸易流程及其单证之二——通关

【知识目标】

1. 熟悉出口货物报检和报关的基本知识
2. 熟悉报检单和报关单的内容

【技能目标】

1. 学会出口货物报检和报关的基本流程
2. 学会 T/T 项下报检单和报关单的填制

## 项目 1　办理出口货物的报检手续

### 一、出口货物报检的基本知识

#### （一）出入境检验检疫的概述

出入境检验检疫指国家质检总局、出入境检验检疫局及其出入境检验检疫分支机构对出入境货物进行检验检疫、管理认证、公证、鉴定证明的全部活动，以保障人员安全、动植物安全卫生和商品的质量。

#### （二）出境货物报检的范围

（1）法律与行政法规所规定的实施检验检疫的出境对象。

①列入《目录》内的货物；

②出口危险货物包装容器的性能检验和使用鉴定；

③出境集装箱；

④出境动植物、动植物产品和其他检疫物；

⑤装载动植物、动植物产品和其他检疫物的装载容器、包装物、铺垫材料；

⑥装载出境动植物、动植物产品以及其他检疫物的运输工具；

⑦来自动植物疫区的运输工具，出境或过境的动植物、动植物产品及其他检疫物运输工具；

⑧出境人员、交通工具、运输设备以及可能传播检疫传染病的行李、货物和邮包等物品；

⑨旅客携带物和携带伴侣动物；

⑩国际邮寄物；

⑪法律、行政法规规定须经检验检疫机构实施检验检疫的其他出境对象。

（2）输入国家或地区所规定须凭检验检疫机构出具证书方准入境的对象。

（3）凡我国作为成员的国际条约、公约和协定所规定的实施检验检疫的出境货物。

（4）凡贸易合同约定凭检验检疫机构签发的证书进行交接、结算的出境货物。

（5）申请签发原产地证明书及普惠制原产地证明书的出境货物。

【案例】

**江阴一服装生产企业因进口面料未检验被处罚**

江阴某公司于2014年初进口两批属于进口法定检验商品的全棉印花布，在未经申报检验的情况下，擅自将上述面料投入生产。结果江阴检验检疫局将其查获，并对该公司擅自使用进口法定检验面料的行为实施了行政处罚。

分析要点：根据《中华人民共和国进出口商品检验法》及其实施条例的规定，进口商品的收货人应当向货物最终目的地的检验检疫部门申请检验，未经检验合格不得销售、使用。2013年8月份以来，国务院对进出口商品法定检验目录进行了重大调整，出口纺织服装不再列入出口商品法定检验目录，也就是说出口纺织服装不再需要由出入境检验检疫部门实施检验，但进口纺织服装并没有被调出法定检验目录，进口法定检验范围内的面料依然需要向检验检疫部门申请检验。

### （三）出境货物报检的分类

出境货物的报检方式通常分为三类：出境一般报检、出境换证报检、出境货物预检报检。申请出境一般报检和出境换证报检的货物，其特点是已生产完毕、包装完好、堆码整齐、相关单据齐全，已具备出口条件；申请出境预检报检的货物，其特点是暂不具备出口条件。报检单位可以分为自理报检单位和代理报检单位两种。

### （四）出境货物报检的工作程序

根据商检部门和海关总署的规定，自2000年1月1日起，实行“先报检，后报关”的通关模式。对法定检验的商品，海关统一凭商检机构签发的入/出境货物通关单验放。

出境货物检验检疫的一般工作程序是：报检后先检验检疫，再放行通关，如图4－1所示：

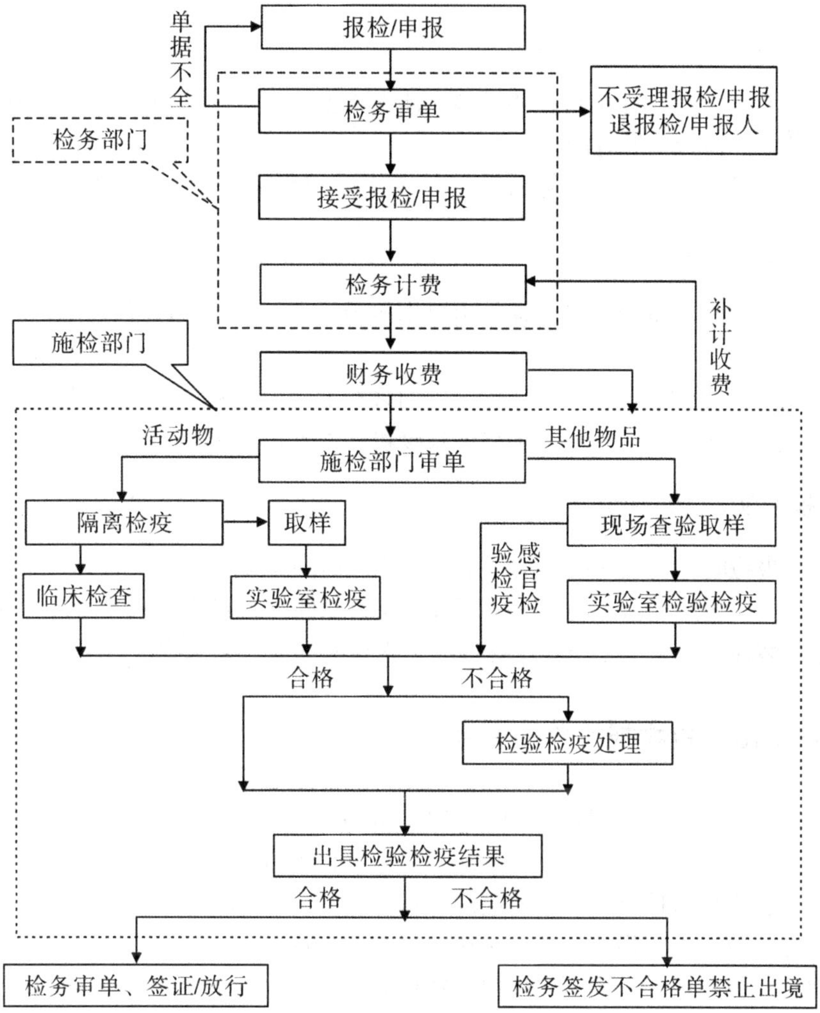


**图 4－1　出境货物报检的一般流程**

出境货物报检流程详解如下：

（1）报检人在规定期限内持相关单证向检验检疫机构报检。

（2）检验检疫机构审核资料，受理报检，并计收费。

（3）检验检疫部门对货物实施检验检疫。

（4）对产地和报关地一致的出境货物，经检验检疫合格后出具出境货物通关单，报检人凭检验检疫机构出具的出境货物通关单向海关办理通关手续。

（5）对产地和报关地不一致的出境货物，报检人向产地检验检疫机构报检，检验检疫合格后出具出境货物换证凭单或出境货物换证凭条，报检人凭出境货物换证凭单或出境货物换证凭条向口岸检验检疫机构报检。口岸检验检疫机构验证或核查货证无误后出具出境货物通关单，以供报检人向海关办理通关；口岸检验检疫机构检验不合格的，出具出境货物不合格单，不准出口。

### （五）报检时限

（1）出境货物最迟应在出口报关或装运前7天报检，对于个别检验检疫周期较长的货物，应留有相应的检验检疫时间。

（2）须隔离检疫的出境动物在出境前60天预检报检，隔离前7天报检。

### （六）报检的地点

（1）法定检验检疫货物，除活动物由口岸检验检疫机构检验检疫外，其他均实施产地检验检疫。

（2）法律法规允许在市场采购的货物应向采购地的检验检疫机构办理报检手续。

（3）异地报关的货物，在报关地检验检疫机构办理换证报检。

### （七）报检应提供的单据

出境货物报检时，应填写出境货物报检单，并提供外贸合同、销售确认书、订单、信用证或有关函电，生产经营部门出具的厂检结果单原件、装箱单，检验检疫机构签发的出境货物运输包装性能检验结果单。特殊情况下报检时还应按要求提供有关文件。

## 二、T/T项下出境货物报检单的填制

出境货物报检单所列各栏必须填写完整、准确、清晰，填写内容必须与随附单证相符。没有填写内容的栏目应以星号"＊＊＊"表示，不得留空。

（1）编号：由检验检疫机构报检受理人员填写，共15位。

（2）报检单位：填写报检单位的全称，并加盖公章。

（3）报检单位登记号：填写报检单位在检验检疫机构的备案或注册登记代码。

（4）联系人：报检员姓名；电话：报检员的联系电话。

（5）报检日期：检验检疫机构实际受理报检的日期，由检验检疫机构报检受理人员填写。

（6）收货人：按外贸合同、信用证中所列买方名称填写。

（7）发货人：按外贸合同、信用证中所列卖方名称填写。

（8）货物名称（中/外文）：按外贸合同或信用证上所列品名和规格填写。

（9）H. S. 编码：进口货物的商品编码。

（10）产地：填写本批货物生产/加工地，填写省、市、县名。

（11）数/重量：按申请检验检疫的数/重量填写，注明数/重量单位。重量还应填写毛重、净重。

（12）货物总值：按合同、发票或报关单上所列的货物总值和币种填写。

（13）包装种类及数量：货物实际运输包装的种类及数量，注明包装的材质。

（14）运输工具名称号码：装运本批货物的运输工具名称和号码。

（15）贸易方式：该批货物出口的贸易方式。贸易方式有"一般贸易""来料加工"

“进料加工”等。

（16）货物存放地点：填写本批货物存放的具体地点、仓库。

（17）合同号：填写外贸合同、订单或形式发票的号码。

（18）信用证号：填写本批货物对应的信用证号。

（19）用途：填写本批货物的用途。

①种用或繁殖；②食用；③奶用；④观赏或演艺；⑤伴侣动物；⑥实验；⑦药用；⑧饲用；⑨其他。

（20）发货日期：填写出口装运日期，预检报检可不填。

（21）输往国家（地区）：填写外贸合同中买方所在国家或地区。

（22）许可证/审批号：须办理进境许可证或审批的货物应填写有关许可证号或审批号。

（23）启运地：填写本批货物离境的口岸/城市地区名称。

（24）到达口岸：指本批货物抵达目的地入境口岸/城市地区名称。

（25）生产单位注册号：填写本批货物生产、加工单位在检验检疫机构的注册登记编号，如卫生注册登记号码。

（26）集装箱规格、数量及号码：货物若以集装箱运输应填写集装箱的规格、数量及号码。

（27）合同、信用证订立的检验检疫条款或特殊要求：填写在合同中或信用证中特别订立的有关质量、卫生等条款或报检单位对本批货物检验检疫的特殊要求。

（28）标记及号码：货物的标记号码（唛头），应与合同、发票等有关外贸单据保持一致。若没有标记号码则填“N/M”。

（29）随附单据：按实际向检验检疫机构提供的单据，在随附单据的种类前画“√”或补填。

（30）需要单证名称：根据所需由检验检疫机构出具的单证，在需要单证的种类前画“√”或补填，并注明所需单证的正副本数量。

（31）报检人郑重声明：由持有报检员证的报检人员手签。

（32）检验检疫费：由检验检疫机构的计收费人员填写。

（33）领取单证：由报检人员在领取单证时填写领证日期并签名。

现根据广州美菱电器贸易有限公司与加拿大长盛进出口贸易有限公司签订的合同填制出境货物报检单如下：

## 中华人民共和国出入境检验检疫
## 出境货物报检单

报检单位（加盖公章）：广州美菱电器贸易有限公司　　　　＊编　号：系统生成

报检单位登记号：__________　联系人：__________　电话：________　报检日期：__________

<table>
<tr><td rowspan="2">收货人</td><td colspan="7">（中文）加拿大长盛进出口贸易有限公司</td></tr>
<tr><td colspan="7">（外文）CANADA SWATOW IMPORT & EXPORT TRADING CO. LTD.</td></tr>
<tr><td rowspan="2">发货人</td><td colspan="7">（中文）广州美菱电器贸易有限公司</td></tr>
<tr><td colspan="7">（外文）GUANGZHOU MEILING ELECTRIC TRADING CO. LTD.</td></tr>
<tr><td>货物名称（中/外文）</td><td>H. S. 编码</td><td>产地</td><td>数/重量</td><td>货物总值</td><td colspan="3">包装种类及数量</td></tr>
<tr><td>箭牌电热干手器（AGY509）ARROW ELECTRIC HAND DRYER AGY509</td><td>8516330000</td><td>广东佛山</td><td>4 560PCS</td><td>483 360 美元</td><td colspan="3">152 纸箱</td></tr>
<tr><td>运输工具名称号码</td><td>HAIOU /V. 2556</td><td>贸易方式</td><td>一般贸易</td><td>货物存放地点</td><td colspan="3">新风堆场</td></tr>
<tr><td>合同号</td><td>20140621</td><td>信用证号</td><td></td><td>用途</td><td colspan="3">其他</td></tr>
<tr><td>发货日期</td><td>20140728</td><td>输往国家（地区）</td><td>加拿大</td><td>许可证/审批号</td><td colspan="3">14－02－C357813</td></tr>
<tr><td>启运地</td><td>广州</td><td>到达口岸</td><td>蒙特利尔</td><td>生产单位注册号</td><td colspan="3"></td></tr>
<tr><td colspan="2">集装箱规格、数量及号码</td><td colspan="6">OOLU5083793（1×20′）</td></tr>
<tr><td colspan="2">合同、信用证订立的检验检疫条款或特殊要求</td><td colspan="2">标记及号码</td><td colspan="4">随附单据（画“√”或补填）</td></tr>
<tr><td colspan="2"></td><td colspan="2">SWATOW<br>MONTREAL<br>NOS：1－152</td><td colspan="2">☑合同<br>□信用证<br>☑发票<br>□换证凭单<br>☑装箱单<br>□厂检单</td><td colspan="2">□包装性能结果单<br>☑许可/审批文件<br>□<br>□<br>□<br>□</td></tr>
<tr><td colspan="5">需要单证名称（画“√”或补填）</td><td colspan="3">＊检验检疫费</td></tr>
<tr><td colspan="3" rowspan="3">□品质证书 ___正___副<br>□重量证书 ___正___副<br>□数量证书 ___正___副<br>□兽医卫生证书 ___正___副<br>□健康证书 ___正___副<br>□卫生证书 ___正___副<br>□动物卫生证书 ___正___副</td><td colspan="2" rowspan="3">□植物检疫证书 ___正___副<br>□熏蒸/消毒证书 ___正___副<br>☑出境货物通关单<br>□出境货物换证凭单<br>□<br>□<br>□</td><td colspan="2">总金额（人民币元）</td><td></td></tr>
<tr><td colspan="2">计费人</td><td></td></tr>
<tr><td colspan="2">收费人</td><td></td></tr>
<tr><td colspan="5" rowspan="3">报检人郑重声明：<br>1. 本人被授权报检。<br>2. 上列填写内容正确属实，货物无伪造或冒用他人的厂名、标志、认证标志，并承担货物质量责任。<br>签名：__________</td><td colspan="3">领　取　单　证</td></tr>
<tr><td colspan="2">日期</td><td></td></tr>
<tr><td colspan="2">签名</td><td></td></tr>
</table>

注：有“＊”号的栏由出入境检验检疫机关填写　　　　国家出入境检验检疫局制

［1－2（2000. 1. 1）］

样单 4－1　出境货物报检单

## 出境货物报检单

报检单位（加盖公章）：艾格进出口贸易公司　　　　*编　号 EC0001876

报检单位登记号：320000[illegible]986　联系人：张艾格　电话：86-21-23501213　报检日期：2011年 08 月 30 日

| | | |
|---|---|---|
| 发货人 | （中文） | 艾格进出口贸易公司 |
| | （外文） | AIGE IMPORT & EXPORT COMPANY |
| 收货人 | （中文） | 日清进出口贸易公司 |
| | （外文） | RIQING EXPORT AND IMPORT COMPANY |

| 货物名称（中/外文） | H.S.编码 | 产地 | 数/重量 | 货物总值 | 包装种类及数量 |
|---|---|---|---|---|---|
| 男式T恤衫<br>MEN'S T-SHIRT | 6109100010 | 中国 | 2 000 件 | USD 30 000 | 100 纸箱 |

| | | | | | |
|---|---|---|---|---|---|
| 运输工具名称号码 | TBA | 贸易方式 | 一般贸易 | 货物存放地点 | SHANGHAI CY |
| 合同号 | CONTRACT02 | 信用证号 | | 用途 | |
| 发货日期 | 2011-08-30 | 输往国家(地区) | 日本 | 许可证／审批号 | |
| 启运地 | 上海 | 到达口岸 | 名古屋 | 生产单位注册号 | |
| 集装箱规格、数量及号码 | LCL | | | | |

| 合同、信用证订立的检验检疫条款或特殊要求 | 标记及号码 | 随附单据（画"√"或补填） | |
|---|---|---|---|
| | MEN'S T-SHIRT<br>JAPAN<br>C/NO.1-100<br>MADE IN CHINA | ☑合同<br>☐信用证<br>☑发票<br>☐换证凭单<br>☑装箱单<br>☐厂检单 | ☐包装性能结果单<br>☐许可/审批文件<br>☐<br>☐<br>☐<br>☐ |

| 需要单证名称（画"√"或补填） | | *检验检疫费 | |
|---|---|---|---|
| ☑品质证书　1 正　3 副<br>☑重量证书　1 正　3 副<br>☑数量证书　1 正　3 副<br>☐兽医卫生证书　正　副<br>☑健康证书　1 正　3 副<br>☐卫生证书　正　副<br>☐动物卫生证书　正　副 | ☑植物检疫证书　1 正　3 副<br>☐熏蒸/消毒证书　正　副<br>☐出境货物换证凭单<br>☑通关单<br>☐<br>☐<br>☐ | 总金额（人民币元） | |
| | | 计费人 | |
| | | 收费人 | |

| 报检人郑重声明： | 领取单证 | |
|---|---|---|
| 1. 本人被授权报检。<br>2. 上列填写内容正确属实，货物无伪造或冒用他人的厂名、标志、认证标志，并承担货物质量责任。<br>签名：张艾格 | 日期 | |
| | 签名 | |

注：有"*"号栏由出入境检验检疫机关填写　　　　◆国家出入境检验检疫局制

[1-2 (2000.1.1)]

样单4－2 出境货物通关单（1）

**中华人民共和国出入境检验检疫**

**出境货物通关单**

编号：442400211005691000

| 1. 发货人 | | | 5. 标记及号码 |
|---|---|---|---|
| 阿尔派电子（中国）有限公司<br>ALPINE ELECTRONICS(CHINA)CO.,LTD. | | | N/M |
| 2. 收货人<br>竹记贸易股份有限公司<br>*** | | | |
| 3. 合同/信用证号<br>10111501RF /*** | | 4. 输往国家或地区<br>中国台湾 | |
| 6. 运输工具名称及号码<br>船舶 *** | | 7. 发货日期<br>*** | 8. 集装箱规格及数量<br>*** |
| 9. 货物名称及规格 | 10. H.S. 编码 | 11. 申报总值 | 12. 数/重量、包装数量及种类 |
| 汽车用扬声器<br>SPS-600<br>***<br>汽车用扬声器<br>SPS-171A<br>***<br>（以下空白） | 8518290000<br>***<br>***<br>8518290000<br>***<br>***<br>（以下空白） | *3360美元<br>***<br>***<br>*1320美元<br>***<br>***<br>（以下空白） | *120对，<br>*481.6千克，<br>*38纸箱<br>*24对，<br>*110.4千克，<br>*6纸箱<br>（以下空白） |

13. 证明

上述货物业经检验检疫，请海关予以放行。

本通关单有效期至 二〇一一 年 三 月 十八日

签字： 日期： 2011 年 0[illegible] 月 [illegible] 日

14. 备注

样单 4-3 出境货物通关单（2）

**中华人民共和国出入境检验检疫**

**出境货物通关单**

编号：440100211004027000

| | | | |
|---|---|---|---|
| 1. 发货人<br>广州健之杰洁具有限公司<br>GUANGZHOU J&J SANITARY WARE CO.,LTD | | | 5. 标记及号码<br>N/M |
| 2. 收货人<br>***<br>*** | | | |
| 3. 合同/信用证号<br>J-810121509A-1 /*** | | 4. 输往国家或地区<br>德国 | |
| 6. 运输工具名称及号码<br>*** *** | | 7. 发货日期<br>*** | 8. 集装箱规格及数量<br>*** |
| 9. 货物名称及规格<br>按摩浴缸<br>***<br>（以下空白） | 10. H.S. 编码<br>9019101000<br>***<br>（以下空白） | 11. 申报总值<br>*11333美元<br>***<br>（以下空白） | 12. 数/重量、包装数量及种类<br>*11台，<br>*23纸箱<br>（以下空白） |

13. 证明

上述货物业经检验检疫，请海关予以放行。

本通关单有效期至 二〇一一年三月十四日

签字：[签名] 日期：2011 年 01 月 13 日

14. 备注

样单 4-4　出境货物换证凭条

出境货物换证凭条

| 转单号 | 440600208009760T 1460 | | | 报检号 | 440600208042634 |
| --- | --- | --- | --- | --- | --- |
| 报检单位 | 佛山市禅城区上元欧联建筑陶瓷有限公司 | | | | |
| 品　名 | 釉面砖（无牌） | | | | |
| 合同号 | 28LV1026-095T | | | IIS 编码 | 6908900000 |
| 数（重）量 | 51.48 平方米 | 包装件数 | 52 纸箱 | 金　额 | 436.48 美元 |

评定意见：

贵单位报检的该批货物，经我局检验检疫，已合格。请执此单到深圳局本部办理出境验证业务。本单有效期截止于 2008 年 08 月 29 日。

佛山局本部 2008 年 07 月 09 日

样单 4－5　CE 检验报告

INSPECTION AND QUARANTINE COMPREHENSIVE TECHNOLOGY CENTRE
OF FOSHAN ENTRY-EXIT INSPECTION & QUARANTINE BUREAU

# CERTIFICATE

## Of Conformity

正本　申请人存

| | |
|---|---|
| *Certificate No:* | 25200801717 |
| *Applicant:* | FOSHAN CHANCHENG SHANGYUAN OULIAN CONSTRUCTION CERAMIC LTD. |
| *Address of Applicant:* | 3RD SHINAN ROAD NANZHUANG TOWN FOSHAN GUANGDONG CHINA |
| *Product:* | GLAZE WALL TILES |
| *Type designation:* | 632013, 3601, 3605, 3606, 3607, 3612, 6303, 6305, 6326, 6331, 6381, 6388, 63123, 63124, 63349, 63353, LV-E6303, LV-3681, LV-36DF, LV-36DS, LV-6303, LV-630A, LV-630E, LV-630F, LV-630N, LV-6381, LV-63VA, LV-63VD, LV-63VN |
| *Technical data:* | Dry-pressed ceramic tiles for internal wall finishes with water absorption $E>10\%$, Group BIII, 30cm×60cm, Glazed |

**The submitted samples of the above product have been tested for CE marking according to the following European Directives:**

**89/106/EEC-the Construction Products Directive**

Standard used for showing compliance with the essential requirements in the specified directive:

| Standard | Test report | Issued by | Date |
|---|---|---|---|
| **EN 14411:2006** | **25200801717** | **IQCTC of FSCIQ** | **September 23, 2008** |

The referred test report shows that the product complies with standard recognized as giving presumption of compliance with the essential requirements in the specified EU Directive.

After preparation of the necessary technical documentation as well as the conformity declaration the CE marking as shown below can be affixed on the product. Other relevant Directives have to be observed.

This document is the property of Inspection and quarantine comprehensive technology centre of Foshan Entry-exit Inspection & Quarantine Bureau, and it is not transferable. Only the applicant may reproduce this certificate.

CE

*LIANG BAIQING*
*Director*
Date: Sep. 23, 2008

Note: This certificate is part of the full report and should be read in conjunction with it.

INSPECTION AND QUARANTINE COMPREHENSIVE TECHNOLOGY CENTRE OF FOSHAN ENTRY-EXIT INSPECTION & QUARANTINE BUREAU
21 Jiangwan First Road, Foshan, Guangdong, CHINA (528000) TEL: 86-757-83960558　FAX: 86-757-83985183

0002623

样单4－6　出境货物木质包装除害处理合格凭证

# 出境货物木质包装除害处理合格凭证

编号：CSF1005-16

| | | | |
|---|---|---|---|
| 标识加施企业名称(盖章) | 佛山市顺德区世壮害虫防治有限公司 | | CN-095 MB-44-DB |
| 联系人 | 陈瑞莲 | 电话 | 0757-23871131 |
| 使用企业名称 | 肇庆风华机电进出口有限公司　(伽蓝) | | |
| 联系人 | | 电话 | |
| 货物名称 | 瓷砖 | 拟输往国家/地区 | 以色列 |
| 包装种类 | 木托 □　木箱 □　其它 ☑ | 数量/规格 | 19个 |
| 处理结果报告单编号 | CSF1005 | 处理日期 | 2008年06月26日 |
| 熏蒸药剂：☑ 溴甲烷<br>药物浓度：□ 48g/m³　☑ 56g/m³　□ 80g/m³　□ 96g/m³ | | 熏蒸时间：<br>温　度： | 24小时<br>28℃ |

备注：
木架
7.1　2-06120　批 19个　余0个　　南海局

顺德出入境检验检疫局 出口木包装审核章

注：本表一式三联，第一联交使用企业，第二联交检验检疫机构备查核销，第三联标识加施企业留存。

样单 4－7　出口建筑卫生陶瓷符合性声明

# 出口建筑卫生陶瓷符合性声明

编号：

| | | | |
|---|---|---|---|
| 发货单位 | 佛山市禅城区上元欧联建筑陶瓷有限公司 | 产品名称 | □釉面内墙腰线　☑釉面内墙砖 |
| 型号规格 | 300X600MM | 商标 | 无 |
| 数量 | 1492箱 | 产品系列 | □描花透明釉　☑透明釉 |
| 批号 | 无 | 标记/唛头：N/M | |
| 包装材料 | ☑纸箱；□泡沫；□ | | |
| 包装情况 | ☑完好，符合客户要求；□ | | |
| 合同号 | 285Y001-PU | | |
| 放射性登记备案情况 | ☑本批产品已经检验检疫局登记备案，备案号为：□44060800435（描花透明釉）☑44060800436（透明釉）<br>□本批产品未经检验检疫局登记备案。 | | |
| 声明 | 1. 上述产品经检验，放射性符合 GB6566-2001 标准 A 类装修材料要求；<br>2. ☑上述产品经检验，品质符合 GB/T 4100-2006 标准的要求；□符合外销合同要求；<br>□<br>3. 以上记录属实，如有虚报愿承担由此产生的一切责任。<br>日期：2008.4.28　负责人：[illegible]　生产企业（盖章）：佛山市上元欧联建筑陶瓷有限公司 | | |

| | | |
|---|---|---|
| 检验检疫情况 | 报检编号： | |
| | 检验检疫局审查意见：<br>□ 经审查符合要求，准予放行；<br>□ | 放行依据：<br>□ 出口建筑卫生陶瓷产品放射性核素备案书<br>□ 工厂符合性声明<br>□ |
| | 日期：　　经办人：　　审核： | |

（此声明一式二份，一份交检验检疫局，一份企业留底备查）

样单 4-8 放射性核素登记备案书

# 中华人民共和国佛山出入境检验检疫局
# 出口建筑卫生陶瓷产品放射性核素登记备案书

备案书编号：44060800436

企业名称：佛山市禅城区上元欧联建筑陶瓷有限公司

企业地址：佛山市南庄镇石南大道3号

产品名称：釉面内墙砖

产品系列：透明釉

涵盖产品系列：透明釉

检测产品规格：33.3CMx60CM

检测产品型号：LV-633DD

试验依据：GB6566-2001《建筑材料放射性核素限量》

检测实验室：佛山出入境检验检疫局检验检疫综合技术中心

检验报告编号：25200801687

结论：上述产品经抽样检测，结果符合 GB6566-2001 标准 A 类装修材料要求，予以备案。

有效期：2008 年 09 月 27 日至 2009 年 09 月 26 日

备注：

签发人：（签名）

签发日期：2008 年 09 月 27 日

（印章：中华人民共和国佛山出入境检验检疫局）

正本 申请人存

0008470

# 项目2　办理出口货物的报关手续

## 一、出口货物报关的基本知识

### （一）报关概述

1. 报关的概念

报关是指进出口货物收发货人、进出境运输工具负责人、进出境物品所有人或者他们的代理人向海关办理货物、物品或运输工具进出境手续及相关海关事务的手续和步骤。报关是进出口货物进出境时履行海关进出境手续的必要环节。

2. 报关的分类

（1）按照报关的对象，可分为运输工具报关、货物报关和物品报关。

（2）按照报关的目的，可分为进境报关和出境报关。

（3）按照报关的行为性质，可分为自理报关和代理报关。

**【小贴士】**

**货物和物品的区别**

进出境货物是指一般进出口货物，保税货物，暂准进出境货物，特定减免税货物，过境、转运、通用及其他进出境货物。其特点是具有贸易性质的产品进出口往来。

进出境物品是指进出境的行李物品、邮递物品和其他物品。其特点是非贸易性质的产品进出口往来。

**【任务互动】**

1. 广州诚信报关有限公司在广州海关注册登记，现接受一客户委托报关业务，该批货物拟从东莞口岸进境。请问：该报关公司能否直接派员前往东莞海关申报？为什么？

2. 广州哈米奇服装有限公司是一家在黄埔海关注册登记的进出口公司，现公司有一批货物需要从大连口岸进境。请问：该公司能否直接派员前往东莞海关申报？为什么？

【知识链接】

关徽是中华人民共和国海关的专用标志、象征海关的职业标志。中华人民共和国海关关徽由金黄色钥匙与商神杖交叉组成。

商神杖是商神——古希腊神话中赫尔墨斯的手持之物。赫尔墨斯是诸神中的传信使者，兼商业、贸易、利润和发财之神及管理商旅、畜牧、交通之神。传说赫尔墨斯拿着这支金手杖做买卖很容易发财。人们便称赫尔墨斯为商神，金手杖也便成了商神杖了。商神杖因此被人们视为商业及国际贸易的象征。

钥匙则是祖国交给海关部门的用来把守通关大门的权力象征，为祖国把关。

关徽寓意着中国海关依法实施进出境监督管理，维护国家的主权和利益，促进对外经济贸易发展和科技文化交往，保障社会主义现代化建设。

海关的四大任务是监管、征税、查缉走私和编制海关统计。

【案例】

**海关总署公布2014年缉私十大典型案例**

海关总署公布2014年缉私十大典型案例，包括广州海关查获走私高档烟酒案、昆明海关查获72.6公斤冰毒偷运走私入境案、重庆海关查获偷运走私入境牛肉5 840吨案、南京海关查获国家禁止进口固体废物高炉灰和高炉渣走私进境案、青岛海关查获走私珍稀植物檀香紫檀1 255吨案等。

海关总署新闻发言人张广志表示，2014年全国海关围绕维护国家经济、政治、文化、社会、生态文明建设，切实维护改革发展稳定大局，深入开展打击走私专项斗争。先后组织和开展了打击大米、冻肉等农产品走私"绿风"专项行动，打击毒品走私"紫光"专项行动，打击濒危物种走私"守卫者"专项行动，始终保持对重点涉税商品走私的打击力度，严厉打击武器弹药、"洋垃圾"走私等各类走私违法活动，并会同有关地方政府和部门对重点边境地区偷运走私、流通领域私货交易行为等开展综合整治，保持了打击走私的高压态势。2014年海关缉私十大典型案例如下：

1. 广州海关查获走私高档烟酒案

2014年3月，海关总署缉私局指挥广州海关联合深圳、黄埔、湛江、南宁海关开展统一行动，破获一起特大走私进口高档烟酒案，涉嫌偷逃税额25.8亿元，抓获犯罪嫌疑人27名。

2. 黄埔海关查获走私皮革系列案

2014年3月，黄埔海关开展打击皮革走私"铁拳"专项行动，查获走私皮革系列案，刑事立案29起，打击走私团伙11个，抓获犯罪嫌疑人89名。

3. 南宁海关查获走私大米案

2014年7月，南宁海关查获一起边境绕越设关地偷运走私进口大米案，查证走私大米3.07万吨，抓获犯罪嫌疑人9名。

4. 大连、上海、天津海关走私汽车系列案

2014年6月20日，海关总署缉私局协调指挥大连、上海、天津海关缉私局联合开展查缉行动，破获低报价格走私进口汽车系列案，刑事立案20起。经查，涉案单位采取低报价格方式走私进口高档汽车，当前案值38.2亿元，现已查明低报价格走私汽车4 700余辆。

5. 南京、大连、青岛海关查获走私出口镁砂案

2014年6月，南京、大连、青岛海关在江苏、辽宁、山东、广东、福建、湖北等地同时开展打击资源性产品出口走私联合行动，查证走私镁砂、硅铁合计12.77万吨，抓获犯罪嫌疑人35名。

6. 昆明海关查获走私毒品案

2014年10月，昆明海关查获一起特大走私冰毒入境案，缴获从缅甸购买并经云南中缅边境绕越设关地偷运走私入境的冰毒72.6公斤，抓获犯罪嫌疑人4名。

7. 杭州海关查获走私武器弹药案

2014年1月，杭州海关查获一起走私武器弹药进境案，在5个直属海关和全国15个省（区、市）公安机关的协助配合下，查获枪支31支、铅弹3 312发，抓获犯罪嫌疑人9名。

8. 重庆海关查获走私牛肉案

2014年5月，重庆海关查获一起家族式走私冻品案，查证从广西、云南边境绕越设关地偷运走私入境的牛肉5 840吨，抓获犯罪嫌疑人17名。

9. 南京海关查获走私废物案

2014年2月，南京海关查获一起伪报货物品名走私固体废物进境案，查证涉案固体废物近6万吨，抓获犯罪嫌疑人10名。经查，涉案团伙将属于国家禁止进口固体废物的高炉灰、高炉渣伪报为铁矿砂（粉）走私进境。

10. 青岛海关查获走私檀香紫檀案

2014年5月，青岛海关查获一起走私珍稀植物檀香紫檀案，查证通过伪报品名方式走私入境的檀香紫檀1 255吨，抓获犯罪嫌疑人7名。

**【案例】**

上海蓝科石油化工有限公司在2010年4月，从境外进口零件时，为使公司牟取非法利益，要求供货方提供虚假的发票等单证，采用低报价格的方式向海关申报进口。经核定，其偷逃应缴纳税额共计人民币36万余元，依照《中华人民共和国刑法》及《最高人民法院关于审理走私刑事案件具体应用法律若干问题的解释》规定，其行为已构成走私普通货物罪，被判处罚金人民币37万元。

**【案例】**

上海顺子国际贸易有限公司在2006年9月至2009年12月间，在进口日本食品、调味品、烧酒等货物的过程中，为牟取非法利益，以低价向海关申报进口，并由境外供货商提供虚假发票，共申报进口上述货物13票，共计偷逃应缴税额人民币75万余元，其行为均已构成走私普通货物罪。依照《中华人民共和国刑法》及《最高人民法院关于审理走私刑事案件具体应用法律若干问题的解释》规定，判处罚金人民币80万元。

### （二）一般进出口货物的申报流程

一般进出口货物是一般进口货物和一般出口货物的合称，是指在进出境环节缴纳了应征的进出口税费并办结了所有必要的海关手续，海关放行后不再进行监管，可以直接进入生产和消费领域流通的进出口货物。

一般进出口货物报关的程序不需要经过前期阶段，也不需要经过后续阶段，只需要经过进出境阶段，它包括四个环节：进出口申报—配合查验—缴纳税费—提取或装运货物。

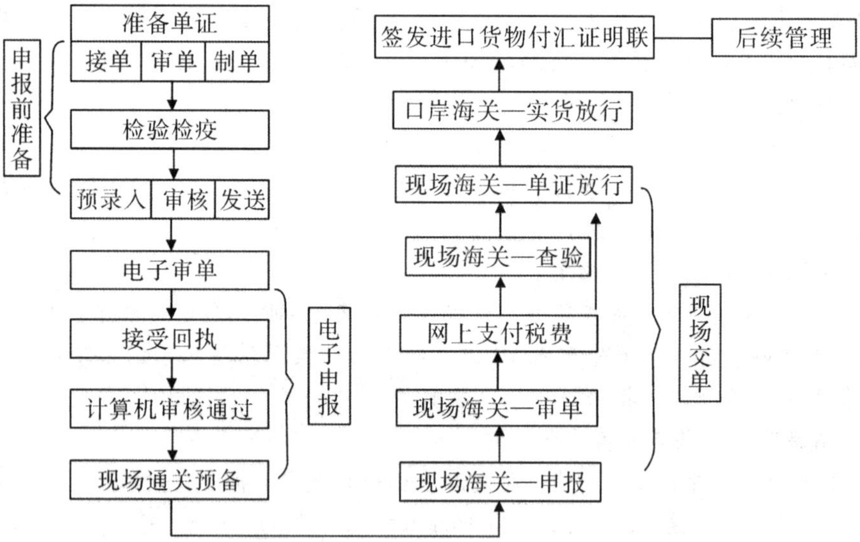


图4－2　一般进出口货物申报流程

1. 进出口申报

（1）含义：报关单位在规定的期限、地点，采用电子数据报关单和纸质报关单形式，向海关报告实际进出口货物的情况，并接受海关审核的行为。

（2）申报的地点：

①进口货物应当在进境地海关申报。

②出口货物应当在出境地海关申报。

③经过收发货人申请，海关同意，进口货物可在指运地申报；出口货物可在起运地申报。

（3）申报的期限：

①进口货物：运载进口货物的运输工具申报期限为进境之日起 14 天内（期限的最后一天是法定节假日或星期日的，顺延到节假日或星期日后的第一个工作日）。货物自进境之日起超过 3 个月未向海关申报的，由海关提取并依法变卖处理。

②出口货物：货物运抵海关监管区后、装货的 24 小时以前。

（4）申报日期：指申报数据被海关接受的日期。无论是以电子数据报关单方式申报，还是以纸质报关单申报，海关接受申报数据的日期即为申报日期。

（5）滞报金：未按规定期限申报，由海关征收滞报金，滞报金按日计征，起始日和截止日均计入滞报期间。

计征起始日为运输工具申报进境之日起第 15 日，海关接受申报之日为截止日。

滞报金按日征收金额，按完税价格的 0.5‰征收。

滞报金征收以元为单位，不足 1 元的部分免征。

滞报金的起征点为人民币 50 元。

滞报金的计征起始日如遇法定节假日，则顺延自其后第一个工作日。

滞报金计算公式：

$$滞报金 = 完税价格 \times 0.5‰ \times 滞报天数$$

**【任务互动】**

进口货物运输工具 10 月 8 日申报进境，收货人于 10 月 31 日向海关传送电子数据报关单，海关当日受理申报。以上日期均不涉及法定节假日。请问：滞报多少天？如完税价格为 CIF 广州 USD 67 000.00（汇率：1 美元 =6.89 人民币元），请计算滞报金。

分析：从 23 日起为滞报起始日，到 31 日，总共滞报了 9 天。

滞报金 = 完税价格 × 0.5‰ × 滞报天数

=67 000 ×6.89 ×0.5‰ ×9

=2 077.335（元）

**【任务互动】**

A 公司以总价 CIF Shanghai USD 55 000.00 进口零配件，船舶于 2008 年 6 月 27 日（周五）向海关申报进境，7 月 14 日该公司向海关报关，按《中华人民共和国海关法》的有关规定，海关按当时的人民币对美元汇率（1 美元 =6.89 人民币元），应对 A 公司的滞报行为依法征收多少元滞报金？

分析：计征起始日为运输工具申报进境之日起第 15 日，即 7 月 12 日（星期六），截止日为海关接受申报之日，即 7 月 14 日（星期一），滞报天数共计 1 天。

滞报金 = 完税价格 ×0.5‰ × 滞报天数

=55 000 ×6.89 ×0.5‰ ×1

=189.475（元）

2. 配合查验

查验是指海关为确定进出口货物收发货人向海关申报的内容是否与进出口货物的真实情况相符，或者为确定进出境货物的归类、价格、原产地等，依法对进出口货物进行实际核查的执法行为。查验应当在海关监管区内实施。当海关决定查验时，即将查验的决定以书面的形式通知进出口货物收发货人或其代理人，约定查验的时间。查验时间一般约定在海关正常工作时间内。

3. 缴纳税费

经海关审核报关单，并查验货物无误后，海关根据申报的货物计算税费，打印纳税缴款书和收费票据。进出口货物的纳税义务人，应当自海关填发纳税缴款书之日起15日内向指定银行缴纳税款。

**【小贴士】**

**进口税费计算公式**

1. 进口关税＝进口货物完税价格（CIF价）×进口从价税税率

进口关税＝进口货物数量×单位税额

2. 消费税＝（完税价格＋关税税额）÷（1－消费税税率）×消费税税率

3. 增值税＝（完税价格＋关税税额＋消费税税额）×增值税税率

示例4－1：

国内某公司向中国香港购进日本皇冠轿车10辆，成交价格合计为FOB香港120 000.00美元，实际支付运费5 000美元，保险费800元，已知该轿车的汽缸容量为2 000CC，适用中国银行的外汇折算价为1美元＝6.839 6人民币元，进口增值税税率17%，消费税税率25%，请计算应征进口税费（原产国日本适用最惠国税率25%，保留两位小数）。

解：

第一步：确定完税价格（CIF价）。

CIF价＝FOB价＋运费＋保费

＝120 000＋5 000＋800

＝125 800（美元）

≈860 421.68（元）

第二步：计算进口关税。

进口关税＝完税价格（CIF价）×从价税税率

＝860 421.68 ×25%

＝215 105.42（元）

第三步：计算消费税。

消费税＝（完税价格＋关税税额）÷（1－消费税税率）×消费税税率

＝（860 421.68 ＋ 215 105.42）÷（1－25%）× 25%

≈358 509.03（元）

第四步：计算增值税。

增值税 = （完税价格 + 关税税额 + 消费税税额） × 增值税税率

= （860 421.68 + 215 105.42 + 358 509.03） × 17%

≈ 243 786.14（元）

**【任务互动】**

某公司从日本进口钢铁盘条 100 000 千克，其成交价格为 CIF 天津新港 125 000 美元，适用中国银行的外汇折算价为 1 美元 = 8.522 2 人民币元，进口增值税税率 17%，消费税税率 25%，请计算应征进口税费（原产国日本适用最惠国税率 10%）。

**【小贴士】**

**出口税费计算公式**

出口关税 = 完税价格 × 出口关税税率

= FOB 价 ÷ （1 + 出口关税税率） × 出口关税税率

示例 4－2：

国内某企业从广州出口硅铁一批，申报价格为 FOB 广州黄埔 8 705.50 美元。其适用中国银行的外汇折算价为 1 美元 = 6.839 6 人民币元，要求计算应征出口关税（出口关税税率为 25%）。

解：

出口关税 = FOB 价 ÷ （1 + 出口关税税率） × 出口关税税率

= 8 705.50 × 6.839 6 ÷ （1 + 25%） × 25%

≈ 11 908.43（元）

**【任务互动】**

国内某企业出口一批硅锰铁，申报价格为 FOB 天津 6 708.50 美元，已知计征汇率为 1 美元 = 8.013 8 人民币元。请计算应征出口关税（出口关税税率为 20%）。

4. 提取或装运货物

（1）海关进出境现场放行和货物结关：

①海关进出境现场放行：指经上述过程后，海关对进出口货物作出结束海关进出境现场监管的决定，允许进出口货物离开海关监管场所的工作环节。

方式：由海关在进口提货凭证或出口装货凭证上加盖海关放行章。

实行无纸通关的海关，货物的收发货人根据海关发出的海关放行的报文，自行打印放行凭证。

②货物结关：进出口货物办结海关手续，结束海关监管（表示已经履行完与进出口有关的一切义务）。

A. 海关现场放行：一般进出口货物，海关放行后就可以进入生产和流通领域，放行就是结关。

B. 保税货物、暂准进出境货物、特定减免税货物：海关在一定时期内还须进行监管，放行并不等于结关。

（2）提取或装运货物：

①凭加盖有海关放行章戳记的进口提货凭证提取进口货物。

②凭加盖有海关放行章戳记的出口装货凭证办理货物装上运输工具离境的手续。

（3）申请签发证明联：

需要海关签发证明的，可以向海关提出申请，海关在签发证明的同时通过电子口岸执法系统向有关单位传送相关数据进行备案，常见证明如下：

①申请签发报关单证明联主要有：

A. 进口付汇证明联。

B. 出口收汇证明联。

C. 出口退税证明联。

②办理其他证明手续：

A. 出口收汇核销单。

B. 进口货物证明书。

【小贴士】

**无纸化通关作业**

无纸化通关作业是指海关以企业分类管理和风险分析为基础，按照风险等级对进出口货物实施分类，运用信息技术改变海关验核进出口企业递交的纸质报关单及随附单证办理通关手续的做法，直接对企业通过中国电子口岸录入申报的报关单及随附单证的电子数据进行无纸审核、验放处理的通关作业方式。

## 二、T/T 项下报关单的填制规范

1. 预录入编号

预录入编号指预录入单位预录入报关单的编号，用于申报单位的被海关引用后尚未接受申报的报关单。

预录入编号由接受申报的海关决定编号规则。报关单录入凭单的编号规则由申报单位自行决定。

2. 海关编号

海关编号指海关接受申报时给予报关单的编号，应标识在报关单的每一联上。

报关单海关编号为 18 位数字，其中第 1 ~4 位为接受申报海关的编号（关区代码表中相应的海关代码），第 5 ~8 位为海关接受申报的公历年份，第 9 位为进出口标志（“1”为进口，“0”为出口），后 9 位为顺序编号。

3. 进口口岸/出口口岸

进口口岸/出口口岸指货物实际进出我国关境口岸海关的名称。

本栏目应根据货物实际进出关境的口岸海关填报关区代码表中相应的口岸海关名称及代码，如合同中显示该批货物在新港口岸进口，则“进口口岸”一栏填写“新港海关0201”。进口转关运输货物应填报货物进境地海关名称及代码，出口转关运输货物应填报货物出境地海关名称及代码。按转关运输方式监管的跨关区深加工结转货物，出口报关单填报转出地海关名称及代码，进口报关单填报转入地海关名称及代码。在不同出口加工区之间转让的货物，填报对方出口加工区海关名称及代码。其他无实际进出境的货物，填报接受申报的海关名称及代码。

4. 备案号

备案号指进出口企业在海关办理加工贸易合同备案或征、减、免税审批备案等手续时，海关给予进料加工登记手册、来料加工及中小型补偿贸易登记手册、外商投资企业履行产品出口合同进口料件及加工出口成品登记手册、电子账册及其分册（以下均简称为加工贸易手册）、进出口货物征免税证明（以下简称为征免税证明）或其他有关备案审批文件的编号。

一份报关单只允许填报一个备案号。备案号由12个字母或数字组成，第1位是英文字母标记代码（此代码必须与“贸易方式”“征免性质”“征免方式”“用途”等栏目相协调），第2~5位为关区代码，第6位为年份，第7~12位为序列号。如某公司进口纯棉花布10 000米，其中6 000米用于加工产品后再出口，并事先在海关备案取得手册C04025004321；而另外的4 000米用于加工产品在国内销售，属于一般贸易，应该另外填写报关单申报。

无备案审批文件的报关单，本栏目免予填报。备案号的标记码常用的有：

B：表示进口的料件和出口加工产品使用的来料加工贸易手册编号。

C：表示进口的料件和出口加工产品使用的进料加工贸易手册编号。

Z：表示进口的享受特定减免税的设备物品使用的征免税证明编号。

D：表示使用加工贸易不作价设备登记手册进口的外商免费提供的用于加工贸易的不作价设备。

Y：原产地证明书代码，仅表示使用香港、澳门特别行政区原产地证明书的适用CE-PA的进口货物。

E：表示使用加工贸易的联网企业使用的电子账册。

H：表示出入出口加工区的保税货物的电子账册备案号。其中第6位用“D”表示。

5. 进口日期/出口日期

（1）进口日期：指运载所申报货物的运输工具申报进境的日期。本栏目填报的日期必须与相应的运输工具进境日期一致。

进口申报时无法确知相应的运输工具的实际进境日期时，本栏目免予填报。

（2）出口日期：指运载所申报货物的运输工具办结出境手续的日期。本栏目供海关打印报关单证明联用，在申报时免予填报。

无实际进出境的报关单填报办理申报手续的日期，以海关接受申报的日期为准。

（3）本栏目为8位数字，顺序为年（4位）、月（2位）、日（2位）。如2006年6月8号进口一批货物，则进口日期栏填报“20060608”。

6. 申报日期

申报日期指海关接受进出口货物收发货人或受其委托的报关企业申请的日期。

以电子数据报关单方式申报的，申报日期为海关计算机系统接受申报数据时记录的日期。以纸质报关单方式申报的，申报日期为海关接受纸质报关单并对报关单进行登记处理的日期。

本栏目为8位数字，顺序为年（4位）、月（2位）、日（2位）。填制方法同进/出口日期。

7. 经营单位

经营单位指对外签订并执行进出口贸易合同的中国境内企业、单位或个体工商户。本栏目应填报经营单位名称及经营单位编码。如“广东纺织进出口广通贸易有限公司（4401913490）”。经营单位编码是经营单位在海关办理注册登记手续时，海关给予的10位编码。

特殊情况下确定经营单位原则如下：

（1）合同签订者和执行者不是同一企业时，本栏填报“执行合同”企业名称和编码。

（2）进出口企业之间相互代理进出口的，填报代理方企业名称和编码。

（3）外商投资企业委托进出口企业进口投资设备、物品的，填报外商投资企业，并在标记唛码及备注栏注明“委托×××进出口企业进口”。

（4）只有报关权而无进出口经营权的企业，不得作为经营单位填报。

（5）对于援助、赠送、捐赠的货物，填报直接接收货物的单位。

8. 运输方式

运输方式指载运货物进出关境所使用的运输工具的分类，包括实际运输方式和海关规定的特殊运输方式。

本栏目应根据实际运输方式按海关规定的运输方式代码表选择填报相应的运输方式名称或代码。

**表4-1 运输方式代码表**

| 运输方式代码 | 运输方式名称 | 运输方式代码 | 运输方式名称 |
|---|---|---|---|
| 0 | 非保税区 | 8 | 保税仓库 |
| 1 | 监管仓库 | 9 | 其他运输 |
| 2 | 江海运输 | A | 全部运输方式 |
| 3 | 铁路运输 | H | 边境特殊海关作业区 |
| 4 | 汽车运输 | W | 物流中心 |
| 5 | 航空运输 | X | 物流园区 |
| 6 | 邮件运输 | Y | 保税港区 |
| 7 | 保税区 | Z | 出口加工区 |

特殊情况下运输方式的填报原则如下：

（1）非邮政方式进出口的快递货物，按实际运输方式填报。

（2）进出境旅客随身携带的货物，按旅客所乘运输工具填报。

（3）进口转关运输货物，按载运货物抵达进境地的运输工具填报；出口转关运输货物，按载运货物驶离出境地的运输工具填报。

（4）在出口加工区与区外之间进出的货物，区内企业填报“9”，区外企业填报“Z”。

（5）其他无实际进出境的，根据实际情况选择填报运输方式代码表中运输方式“0”（非保税区运入保税区和保税区退区）、“1”（境内存入出口监管仓库和出口监管仓库退仓）、“7”（保税区运往非保税区）、“8”（保税仓库转内销）或“9”（其他运输）。

（6）在同一出口加工区内或不同出口加工区的企业之间相互结转、调拨的货物，在出口加工区与其他海关特殊监管区域之间、不同保税区之间、同一保税区内不同企业之间、保税区与出口加工区等海关特殊监管区域之间转移、调拨的货物，填报“9”（其他运输）。

9. 运输工具名称

运输工具名称指载运货物进出境的运输工具的名称或运输工具编号。本栏目填报内容应与运输部门向海关申报的载货清单所列相应内容一致。一份报关单只允许填报一个运输工具名称。

具体填报要求如下：

（1）江海运输：填报“船舶工具名称/航次号”，如“START/HV324”。

（2）汽车运输：填报该跨境运输车辆的国内行驶车牌号，深圳提前报关模式填报国内行驶车牌号＋“/”＋“提前报关”（4个汉字）。

（3）铁路运输：填报车厢编号或交接单号。

（4）航空运输：填报航班号。

（5）邮件运输：填报邮运包裹单号。

（6）其他运输：填报具体运输方式名称，如管道、驮畜等。

（7）对于“清单放行，集中报关”的货物填报“集中报关”（4个汉字）。

10. 提运单号

提运单号指进出口货物提单或运单的编号。本栏目填报的内容应与运输部门向海关申报的载货清单所列相应内容一致。一份报关单只允许填报一个提运单号，一票货物对应多个提运单时，应分单填报。

具体填报要求如下：

（1）江海运输：填报进出口提运单号。如有分提运单的，填报进出口提运单号＋“*”＋分提运单号。

（2）汽车运输：免予填报。

（3）铁路运输：填报运单号。

（4）航空运输：填报总运单号＋“_”（下划线）＋分运单号，无分运单的填报总运单号。

（5）邮件运输：填报邮运包裹单号。

（6）无实际进出境的，本栏目免予填报。

11. 收货单位/发货单位

（1）收货单位：指已知的进口货物在境内的最终消费、使用单位，包括：

①自行从境外进口货物的单位。

②委托进出口企业进口货物的单位。

（2）发货单位：指出口货物在境内的生产或销售单位，包括：

①自行出口货物的单位。

②委托进出口企业出口货物的单位。

（3）备有海关注册编号或加工生产企业编号的收发货单位，本栏目必须填报其经营单位编码或加工生产企业编号；否则填报其中文名称。加工贸易报关单的收发货单位应与加工贸易手册中的“货主单位”一致；减免税货物报关单的收发货单位应与征免税证明中的“申请单位”一致。

12. 贸易方式

本栏目应根据实际情况按海关规定的贸易方式代码表选择填报相应的贸易方式简称或代码。

出口加工区内企业填制的出口加工区进（出）境货物备案清单应选择填报适用于出口加工区货物的监管方式简称或代码，如一般贸易（0110）、来料加工（0214）、进料加工（0615）。一份报关单只允许填报一种贸易方式。

加工贸易报关单特殊情况填报要求如下：

（1）对少量低值辅料（即5 000美元以下，78种以内的低值辅料）按规定不使用加工贸易手册的，辅料进口报关单填报“低值辅料”。对使用加工贸易手册的，按加工贸易手册上的贸易方式填报。

（2）对外商投资企业按内外销比例为加工内销产品而进口的料件或进口供加工内销产品的料件，进口报关单填报“一般贸易”。对外商投资企业为加工出口产品全部使用国内料件的出口合同，成品出口报关单填报“一般贸易”。

（3）对加工贸易料件结转或深加工结转货物，按批准的贸易方式填报。

（4）对加工贸易料件转内销的货物（及按料件补办进口手续的转内销成品、残次品、半成品）应填制进口报关单，本栏目填报“（来料或进料）料件内销”；对加工贸易成品凭征免税证明转为享受减免税进口货物的，应分别填制进/出口报关单，本栏目填报“（来料或进料）成品减免”。

（5）对加工贸易出口成品因故退运进口及复出口、加工贸易进口料件因换料退运出口及复进口的，填报与加工贸易手册备案相应的退换监管方式简称或代码。

（6）对备料加工贸易手册中的料件结转入加工出口的，填报相应的来料或进料加工贸易方式。

（7）对保税工厂加工贸易进出口货物，根据加工贸易手册填报相应的来料或进料加工贸易方式。

（8）对加工贸易边角料内销和副产品内销，进口报关单应填报“（来料或进料）边角料内销”。

（9）对加工贸易料件或成品放弃，进口报关单应填报“（料件或成品）放弃”。

表4－2　贸易方式代码表

| 贸易方式代码 | 贸易方式简称 | 贸易方式全称 |
|---|---|---|
| 0110 | 一般贸易 | 一般贸易 |
| 0130 | 易货贸易 | 易货贸易 |
| 0139 | 旅游购物商品 | 用于旅游者五万美元以下的出口小批量订货 |
| 0200 | 料件放弃 | 主动放弃交由海关处理的来料或进料加工料件 |
| 0214 | 来料加工 | 来料加工装配贸易进口料件及加工出口货物 |
| 0245 | 来料料件内销 | 来料加工料件转内销 |
| 0255 | 来料深加工 | 来料深加工结转货物 |
| 0258 | 来料余料结转 | 来料加工余料结转 |
| 0265 | 来料料件复出 | 来料加工复运出境的原进口料件 |
| 0300 | 来料料件退换 | 来料加工料件退换 |
| 0314 | 加工专用油 | 国有贸易企业代理来料加工企业进口柴油 |
| 0320 | 不作价设备 | 加工贸易外商提供的不作价进口设备 |
| 0345 | 来料成品减免 | 来料加工成品凭征免税证明转减免税 |
| 0400 | 成品放弃 | 主动放弃交由海关处理的来料及进料加工成品 |
| 0420 | 加工贸易设备 | 加工贸易项下外商提供的进口设备 |
| 0444 | 保区进料成品 | 按成品征税的保税区进料加工成品转内销货物 |
| 0445 | 保区来料成品 | 按成品征税的保税区来料加工成品转内销货物 |
| 0446 | 加工设备内销 | 加工贸易免税进口设备转内销 |
| 0456 | 加工设备结转 | 加工贸易免税进口设备结转 |
| 0466 | 加工设备退运 | 加工贸易免税进口设备退运出境 |
| 0500 | 减免设备结转 | 用于监管年限内减免税设备的结转 |
| 0513 | 补偿贸易 | 补偿贸易 |
| 0544 | 保区进料料件 | 按料件征税的保税区进料加工成品转内销货物 |
| 0545 | 保区来料料件 | 按料件征税的保税区来料加工成品转内销货物 |
| 0615 | 进料对口 | 进料加工（对口合同） |
| 0642 | 进料以产顶进 | 进料加工成品以产顶进 |
| 0644 | 进料料件内销 | 进料加工料件转内销 |
| 0654 | 进料深加工 | 进料深加工结转货物 |
| 0657 | 进料余料结转 | 进料加工余料结转 |
| 0664 | 进料料件复出 | 进料加工复运出境的原进口料件 |

13. 征免性质

征免性质指海关对进出口货物实施征、减、免税管理的性质类别。

本栏目应按照海关核发的征免税证明中批注的征免性质填报，或根据实际情况按海关规定的征免性质代码表选择填报相应的征免性质简称或代码。

加工贸易报关单中的本栏目应按照海关核发的加工贸易手册中批注的征免性质填报相应的征免性质简称或代码。特殊情况填报要求如下：

（1）对保税工厂经营的加工贸易，根据加工贸易手册填报“进料加工”或“来料加工”。

（2）对外商投资企业按内外销比例为加工内销产品而进口的料件，填报“一般征税”或其他相应征免性质。

（3）对加工贸易转内销的货物，按实际应享受的征免性质填报（如一般征税、科教用品、其他法定等）。

（4）对料件退运出口、成品退运进口的货物，填报“其他法定”。

（5）对加工贸易结转货物，本栏目为空。

一份报关单只允许填报一种征免性质。

**表 4－3　征免性质代码表**

| 征免性质代码 | 征免性质简称 | 征免性质全称 |
| --- | --- | --- |
| 101 | 一般征税 | 一般征税进出口货物 |
| 118 | 整车征税 | 构成整车特征的汽车零部件纳税 |
| 119 | 零部件征税 | 不构成整车特征的汽车零部件纳税 |
| 201 | 无偿援助 | 无偿援助进出口物资 |
| 299 | 其他法定 | 其他法定减免税进出口货物 |
| 301 | 特定区域 | 特定区域进口自用物资及出口货物 |
| 307 | 保税区 | 保税区进口自用物资 |
| 399 | 其他地区 | 其他执行特殊政策地区出口货物 |
| 401 | 科教用品 | 大专院校及科研机构进口科教用品 |
| 403 | 技术改造 | 企业技术改造进口货物 |
| 406 | 重大项目 | 国家重大项目进口货物 |
| 412 | 基础设施 | 通信、港口、铁路、公路、机场建设进口设备 |
| 413 | 残疾人 | 残疾人组织和企业进出口货物 |
| 417 | 远洋渔业 | 远洋渔业自捕水产品 |
| 418 | 国产化 | 国家定点生产小轿车和摄录机企业进口散件 |
| 419 | 整车特征 | 构成整车特征的汽车零部件进口 |
| 420 | 远洋船舶 | 远洋船舶及设备部件 |
| 421 | 内销设备 | 内销远洋船用设备及关键部件 |

（续上表）

| 征免性质代码 | 征免性质简称 | 征免性质全称 |
| --- | --- | --- |
| 422 | 集成电路 | 集成电路生产企业进口货物 |
| 423 | 膜晶显 | “膜晶显”生产企业进口货物 |
| 499 | ITA 产品 | 非全税号信息技术产品 |
| 501 | 加工设备 | 加工贸易外商提供的不作价进口设备 |
| 502 | 来料加工 | 来料加工装配和补偿贸易进口料件及出口成品 |
| 503 | 进料加工 | 进料加工贸易进口料件及出口成品 |
| 506 | 边境小额 | 边境小额贸易进口货物 |
| 510 | 港澳 OPA | 港澳在内地加工的纺织品获证出口 |
| 601 | 中外合资 | 中外合资经营企业进出口货物 |
| 602 | 中外合作 | 中外合作经营企业进出口货物 |
| 603 | 外资企业 | 外商独资企业进出口货物 |
| 605 | 勘探开发煤气层 | 勘探开发煤气层 |
| 606 | 海洋石油 | 勘探、开发海洋石油进口货物 |
| 608 | 陆上石油 | 勘探、开发陆上石油进口货物 |
| 609 | 贷款项目 | 利用贷款进口货物 |
| 611 | 贷款中标 | 国际金额组织贷款、外国政府贷款中标机电设备零部件 |
| 789 | 鼓励项目 | 国家鼓励发展的内外资项目进行设备 |
| 799 | 自有资金 | 外商投资额度外利用自有资金进口设备、备件、配件 |
| 801 | 救灾捐赠 | 救灾捐赠进口物资 |
| 802 | 扶贫慈善 | 境外向我国境内无偿捐赠用于扶贫慈善的免税进口物资 |
| 888 | 航材减免 | 经核准的航空公司进口维修用航空器材 |
| 898 | 国批减免 | 国务院特准减免税的进出口货物 |
| 997 | 自贸协定 | |
| 998 | 内部暂定 | 享受内部暂定税率的进出口货物 |
| 999 | 例外减免 | 例外减免税进出口货物 |

14. 结汇方式/征税比率

（1）结汇方式。

出口报关单应填报结汇方式，即出口货物发货人或其代理人收结外汇的方式。本栏目应按海关规定的结汇方式代码表选择填报相应的结汇方式名称或代码。

（2）征税比率。

仅用于“非对口合同进料加工”贸易方式下进口料件的进口报关单，填报海关规定的实际应征税比率，例如5%填报“5”，15%填报“15”。

表4－4 结汇方式代码表

| 结汇方式代码 | 结汇方式名称 | 结汇方式代码 | 结汇方式名称 |
|---|---|---|---|
| 1 | 信汇 | 6 | 信用证 |
| 2 | 电汇 | 7 | 先出后结 |
| 3 | 票汇 | 8 | 先结后出 |
| 4 | 付款交单 | 9 | 其他 |
| 5 | 承兑交单 | | |

15. 许可证号

应申领进（出）口许可证的货物，必须在此栏目填报商务部及其授权发证机关签发的进（出）口货物许可证的编号。一份报关单只允许填报一个许可证号。非许可证管理的商品，本栏为空。

16. 起运国（地区）/运抵国（地区）

起运国（地区）指进口货物直接运抵或者在运输中转国（地区）未发生任何商业性交易的情况下运抵我国的起始发出的国家（地区）。

运抵国（地区）指出口货物离开我国关境直接运抵或者在运输中转国（地区）未发生任何商业性交易的情况下最后运抵的国家（地区）。

如果是发生运输中转的货物，如在中转国（地区）发生商业性交易，则以中转国（地区）作为起运国（地区）/运抵国（地区）；如在中转国（地区）未发生任何商业性交易，则起运国（地区）/运抵国（地区）不变。

本栏目应按海关规定的国别（地区）代码表选择填报相应的起运国（地区）或运抵国（地区）中文名称或代码。

无实际进出境的，本栏目填报“中国”（代码0142）。如广州鑫磊外贸公司从美国进口一批电脑，该批电脑由美国IBM本土生产，经新加坡直运到广州（在新加坡有发生商业性交易），则起运国填“新加坡”。若没有在新加坡发生商业性交易，则起运国填“美国”。

17. 装货港/指运港

装货港指进口货物在运抵我国关境前的最后一个境外装运港。

指运港指出口货物运往境外的最终目的港；最终目的港不可预知的，可按尽可能预知的目的港填报。

本栏目应根据实际情况按海关规定的港口航线代码表选择填报相应的港口中文名称或代码。对于发生中转的货物，最后一个中转港就是装货港，指运港不受中转影响。无实际进出境的，本栏目填报“中国境内”（代码0142）。

18. 境内目的地/境内货源地

境内目的地指已知的进口货物在国内的消费、使用地或最终运抵地。

境内货源地指出口货物在国内的产地或原始发货地。

本栏目应根据进口货物的收货单位、出口货物生产厂家或发货单位所属国内地区，并按海关规定的国内地区代码表选择填报相应的国内地区名称或代码。

19. 批准文号

出口报关单中的本栏目填报“出口收汇核销单号”；进口货物报关单中的本栏目免予填报。

20. 成交方式

本栏目应根据实际成交价格条款按海关规定的成交方式代码表选择填报相应的成交方式代码。

无实际进出境的，进口填报 CIF 价，出口填报 FOB 价。

**表 4－5 成交方式代码表**

| 成交方式代码 | 成交方式名称 |
|---|---|
| 1 | CIF |
| 2 | CFR |
| 3 | FOB |
| 4 | C&I |
| 5 | 市场价 |
| 6 | 垫仓 |

注意事项：

（1）出口成交方式为 CIF 的，按实际填报“运费”和“保费”栏；出口成交方式为 CFR 的，按实际填报“运费”栏。

（2）进口成交方式为 FOB 的，按实际填报“运费”和“保费”栏；出口成交方式为 CFR 的，按实际填报“保费”栏。

21. 运费

本栏目对于成交价格中不包含运费的进口货物或成交价格中含有运费的出口货物，应填报该份报关单所含全部货物的国际运输费用。可选择运费单价、总价或运费率三种方式之一填报，同时注明运费标记，并按海关规定的货币代码表选择填报相应的币种代码。

运保费合并计算的，运保费填报在本栏目。

运费标记：“1”表示运费率；“2”表示运费单价；“3”表示运费总价。

示例 4－3：

（1）运费率：直接填报运费率的数值，如 5% 的运费率填报“5/1”。

（2）运费单价：填报“运费币值代码/运费单价数值/运费单价标记”，如 24 美元的运费单价填报为“502/24/2”。

（3）运费总价：填报“运费币值代码/运费总价数值/运费总价标记”，如 7 000 美元的运费总价填报为“502/7 000/3”。

22. 保费

本栏目对于成交价格中不包含保险费的进口货物或成交价格中含有保险费的出口货物，应填报该份报关单所含全部货物的国际运输保险费用。可选择保险费总价或保险费率两种方式之一填报，同时注明保险费标记，并按海关规定的货币代码表选择填报相应的币种代码。

运保费合并计算的，运保费填报在运费栏目中，本栏目免予填报。

保费标记：“1”表示保险费率；“3”表示保险费总价。

示例4－4：

（1）保费率：直接填报保费率的数值，如3‰的保费率填报“0.3/1”。

（2）保费总价：填报“保费币值代码/保费总价数值/保费总价标记”，如10 000港元的保费总价填报为“110/10 000/3”。

注意：对于“运费”“保费”栏目，若出口货物采用CIF成交，运费、保费由出口方负责，则出口货物报关单上要填这两栏；若进口货物采用CIF成交，则进口货物报关单上的这两栏就要留空不填。也就是说，只有需要申报单位承担货物的运费、保费时，才需要填写这两栏。

23. 杂费

杂费指成交价格以外的、按照《中华人民共和国进出口关税条例》相关规定应计入完税价格或应从完税价格中扣除的费用，可选择杂费总价或杂费率两种方式之一填报，同时注明杂费标记，并按海关规定的货币代码表选择填报相应的币种代码。

应计入完税价格的杂费填报为正值或正率，应从完税价格中扣除的杂费填报为负值或负率。

杂费标记：“1”表示杂费率；“3”表示杂费总价。

示例4－5：

（1）杂费率：直接填报杂费率的数值，如应计入完税价格的1.5%的杂费率应填报为“1.5/1”；应从完税价格中扣除的1%回扣率应填报为“－1/1”。

（2）杂费总价：填报“杂费币值代码/杂费总价数值/杂费总价标记”，如应计入完税价格的500英镑杂费总价应填报为“303/500/3”。

24. 合同协议号

填报进出口合同号码。

25. 件数

本栏目应填报外包装实际件数。特殊情况填报要求如下：

（1）舱单件数为集装箱的，填报集装箱个数。

（2）舱单件数为托盘的，填报托盘数。

本栏目不得填报为零，裸装、散装货物填报为“1”。

26. 包装种类

本栏目应根据进出口货物的实际外包装种类，按海关规定的包装种类代码表选择填报相应的包装种类代码。裸装和散装货物的种类填报为“裸装”和“散装”，如木箱/W/CASE；纸箱/CTNS；托盘/PLTS；散装/BULK；包/BALE。

27. 毛重

毛重指货物及其包装材料的重量之和。

本栏目填报进（出）口货物实际毛重，计量单位为公斤，不足一公斤的填报为“1”。

28. 净重

净重指货物的毛重减去外包装材料后的重量，即商品本身的实际重量。

本栏目填报进（出）口货物的实际净重，计量单位为公斤，不足一公斤的填报为“1”。

29. 集装箱号

集装箱号是在每个集装箱箱体两侧标示的全球唯一的编号。

本栏目用于填报和打印集装箱编号及数量。集装箱数量用四舍五入法填报整数，非集装箱货物填报为“0”。

集装箱号填报在集装箱表中，一个集装箱填一条记录，填报方法为：一个集装箱号/集装箱规格/自重。如20英尺的海运集装箱，箱号为COSU424130/20，自重2 275公斤的，则此栏填报为COSU424130/20/2275。

30. 随附单据

随附单据指随进（出）口货物报关单一并向海关递交的单证或文件。合同、发票、装箱单、进出口许可证等必备的随附单证不在本栏目填报。

填报要求：

（1）合同、发票、装箱单、进出口许可证不在本栏填报。

（2）代码为1和4的是许可证的代码，不可填在此栏。

（3）填报方法为：监管证件代码＋监管证件编号。

（4）如有多个监管证件的，本栏只填一个，其余的写在“标记唛码及备注”栏中。

**表4－6 监管证件代码表**

| 许可证或批文代码 | 许可证或批文名称 | 监管证件签发机构 |
|---|---|---|
| 1 | 进口许可证 | 商务部配额许可证事务局或其授权机关 |
| 2 | 两用物项技术进口许可证 | 商务部 |
| 3 | 两用物项和技术出口许可证 | 商务部 |
| 4 | 出口许可证 | 商务部配额许可证事务局或其授权机关 |
| 5 | 纺织品临时出口许可证 | 商务部 |
| 6 | 旧机电产品禁止进口 | 商品编码后有此代码的，其旧产品禁止进口 |
| 7 | 自动进口许可证 | 商务部 |
| 8 | 禁止出口商品 | 商品编码后有此代码的，禁止出口 |
| 9 | 禁止进口商品 | 商品编码后有此代码的，禁止进口 |
| A | 入境货物通关单 | 国家质量监督检验检疫机构 |
| B | 出境货物通关单 | 国家质量监督检验检疫机构 |

（续上表）

| 许可证或批文代码 | 许可证或批文名称 | 监管证件签发机构 |
|---|---|---|
| D | 出/入境货物通关单（毛坯钻石用） | 国家质量监督检验检疫机构 |
| E | 濒危物种允许出口证明书 | 国家濒危物种进出口管理办公室或其办事机构 |
| F | 濒危物种允许进口证明书 | 国家濒危物种进出口管理办公室或其办事机构 |
| G | 两用物项和技术出口许可证（定向） | 商务部 |
| H | 港澳 OPA 纺织品证明 | （1）香港工业贸易署签发的内地加工纺织品 OPA 证明<br>（2）澳门经济局签发的内地加工纺织品证明 |
| I | 精神药物进（出）口准许证 | 国家食品药品监督管理局 |
| J | 黄金及其制品进出口准许证或批件 | 中国人民银行 |
| K | 深加工结转申请表 | 所在地海关 |
| L | 药品进出口准许证 | 国家食品药品监督管理局及其授权机构 |
| O | 自动进口许可证（新旧机电产品） | 商务部或地方商务主管机构、部门机电办 |
| P | 固体废物进口许可证 | 国家环保总局 |
| Q | 进口药品通关单 | 国家食品药品监督管理局及其授权机构 |
| R | 进口兽药通关单 | 农业部 |
| S | 进出口农药登记证明 | 农业部 |
| T | 银行调动现钞进出境外许可证 | （1）外币现钞进出境，外汇管理局核发的银行调动外币现钞进出境许可证<br>（2）人民币现钞进出境，中国人民银行货币金银局的批件 |
| W | 麻醉药品进出口准许证 | 国家食品药品监督管理局 |
| X | 有毒化学品环境管理放行通知单 | 国家环保总局 |
| Y | 原产地证明 | 各地出入境检验检疫局 |
| Z | 进口音像制品批准单或节目提取单 | （1）文化部签发文化部进口音像制品批准单<br>（2）广播电影电视总局及其授权部门签发的进口广播电影电视节目带（片）提取单 |
| a | 请审查预核签章 | 有关进出口商会 |

（续上表）

| 许可证或批文代码 | 许可证或批文名称 | 监管证件签发机构 |
|---|---|---|
| c | 内销征税联系单 | 所在地海关 |
| e | 关税配额外优惠进口棉花配额证 | 商务部配额许可证事务局或其授权机关 |
| q | 国家关税配额证明 | 国家发展和改革委员会 |
| r | 预归类标志 | |
| s | 适用ITA税率的商品用途认定证明 | 所在地海关关税部门 |
| t | 关税配额证明 | 商务部配额许可证事务局或其授权机关 |
| v | 自动进口许可证（加工贸易） | 商务部配额许可证事务局或其授权机关 |
| x | 出口许可证（加工贸易） | 商务部配额许可证事务局或其授权机关 |
| y | 出口许可证（边境小额贸易） | 商务部配额许可证事务局或其授权机关 |

31. 用途/生产厂家

进口货物用途的填报，应根据进口货物的实际用途按海关规定的用途代码表选择填报相应的用途代码，如“外贸自营内销”填报“01”。

生产厂家指出口货物的境内生产企业。本栏目供必要时手工填写。

**表4－7　用途代码表**

| 用途代码 | 用途 | 用途代码 | 用途 |
|---|---|---|---|
| 01 | 外贸自营内销 | 07 | 收保证金 |
| 02 | 特区内销 | 08 | 免费提供 |
| 03 | 其他内销 | 09 | 作价提供 |
| 04 | 企业自用 | 10 | 货样，广告品 |
| 05 | 加工返销 | 11 | 其他 |
| 06 | 借用 | | |

32. 标记唛码及备注

本栏应填内容如下：

（1）唛头。

（2）所申报货物涉及多个监管证件的，除第一个监管证件以外的其余监管证件代码和编号的格式为：监管证件代码：监管证件编号。

（3）所申报货物涉及多个集装箱的，除第一个集装箱号以外的其余集装箱号的格式为：集装箱号/规格/自重。

（4）受外商投资企业委托代理进口投资设备/物品的进出口企业名称的格式为：委托××公司进口。

（5）其他申报时必须说明的事项。

33. 项号

本栏目分两行填报及打印。第一行打印报关单中的商品排列序号；第二行专用于加工贸易等已备案的货物，填报和打印该项货物在加工贸易手册中的项号。

34. 商品编码

填报进出口税则中的货物编号（H. S. Code）。

35. 商品名称、规格型号

本栏目分两行填报及打印。第一行打印进出口货物规范的中文商品名称；第二行打印规格型号，必要时可加注原文。

具体填报要求如下：

（1）商品名称及规格型号应据实填报，并与所提供的商业发票相符。

（2）商品名称应当规范，规格型号应当足够详细，以能满足海关归类、审价及许可证件管理要求为准。根据商品属性，本栏目填报内容包括品名、牌名、规格、型号、成分、含量、等级、用途、功能等。

（3）对加工贸易等已备案的货物，本栏目填报录入的内容必须与备案登记中同项号下货物的名称与规格型号一致。

（4）对需要海关签发货物进口证明书的车辆，商品名称栏应填报“车辆品牌＋排气量（注明cc）＋车型（如越野车、小轿车等）”。进口汽车底盘可不填报排气量。车辆品牌应按照进口机动车辆制造厂名称和车辆品牌中英文对照表中“签注名称”一栏的要求填报。规格型号栏可填报“汽油型”等。

（5）同一收货人使用同一运输工具同时运抵的进口货物应同时申报，视为同一报验状态，据此确定其归类。成套设备、减免税货物如需分批进口，在货物实际进口时，应按照实际报验状态确定归类。

（6）对加工贸易边角料和副产品内销、边角料复出口的，本栏目填报其报验状态的名称和规格型号。属边角料、副产品、残次品、受灾保税货物且按规定需加以说明的，应在本栏目中填注规定的字样。

36. 数量及单位

指进出口商品的实际数量及计量单位。本栏目分三行填报及打印，具体填报要求如下：

（1）进出口货物必须按海关法定计量单位填报，法定第一计量单位及数量打印在本栏目第一行。

（2）凡海关列明第二计量单位的，必须报明该商品第二计量单位及数量，打印在本栏目第二行。无第二计量单位的，本栏目第二行为空。

（3）成交计量单位及数量应当填报并打印在第三行。当实际成交计量单位与海关第一或第二法定计量单位一致时，本栏目第三行为空。

（4）对法定计量单位为“公斤”的货物的数量填报，特殊情况下填报要求如下：

①装入可重复使用的包装容器的货物，按货物的净重填报时，如罐装同位素、罐装氧气及类似品等，应扣除其包装容器的重量。

②使用不可分割包装材料和包装容器的货物，按货物的净重填报（即包括内层直接包装的净重重量），如采用供零售包装的酒、罐头、化妆品及类似品等。

③按照商业惯例以公量重计价的商品，应按公量重填报，如未脱脂羊毛、羊毛条等。

④采用以毛重作为净重计价的货物，可按毛重填报，如粮食、饲料等价格较低的农副产品。

⑤成套设备、减免税货物如需分批进口，在货物实际进口时，应按照实际报验状态确定数量。

⑥根据 H. S. 归类规则，零部件按整机归类的，法定第一数量填报“0.1”，有法定第二数量的，按照货物实际净重申报。

⑦具有完整品或制成品基本特征的不完整品、未制成品，按照 H. S. 归类规则应按完整品归类的，申报数量按照构成完整品的实际数量申报。

（5）对加工贸易等已备案的货物，其成交计量单位必须与加工贸易手册中同项号下货物的计量单位一致；对加工贸易边角料和副产品内销、边角料复出口的，本栏目填报其报验状态的计量单位。

37. 原产国（地区）/最终目的国（地区）

原产国（地区）指进口货物的生产、开采或加工制造国家（地区）。

最终目的国（地区）指已知的出口货物的最终实际消费、使用或进一步加工制造国家（地区）。

本栏目应按海关规定的国家（地区）代码表选择填报相应的国家（地区）名称或代码。

加工贸易报关单特殊情况填报要求如下：

（1）对料件结转货物，出口报关单填报“中国”（代码 0142），进口报关单填报原料件生产国。

（2）对深加工结转货物，进出口报关单均填报“中国”（代码 0142）。

（3）对料件复运出境货物，填报实际最终目的国；对加工出口成品因故退运境内的，填报“中国”（代码 0142），复运出境时填报实际最终目的国。

（4）加工贸易转内销时，最终目的国（地区）须区分两种情况：

①料件内销时，原产国（地区）按料件的生产国（即料件进口时的原产国）填报。

②加工成品转内销时，填报“中国”（代码 0142）。

（5）对料件内销货物，属加工成品、半成品、残次品、副产品状态内销的，进口报关单中的本栏目均填报“中国”（代码0142）。属剩余料件状态内销的，进口报关单中的本栏目填报原料件生产国。

38. 单价

本栏目应填报同一项号下进出口货物实际成交的商品单位价格。无实际成交价格的，本栏目填报货值。单价如非整数，其小数点后保留四位小数。

39. 总价

本栏目应填报同一项号下进出口货物实际成交的商品总价。无实际成交价格的，本栏目填报货值。总价如非整数，其小数点后保留四位小数。

40. 币值

币值指进出口货物实际成交价格的币种。本栏目应根据实际成交情况按海关规定的货币代码表选择填报相应的货币名称或代码，如货币代码表中无实际成交币种，须转换后填报。

**表4－8　货币代码表**

| 货币代码 | 货币符号 | 货币名称 | 货币代码 | 货币符号 | 货币名称 |
|---|---|---|---|---|---|
| 110 | HKD | 港币 | 304 | DEM | 德国马克 |
| 113 | IRR | 伊朗里亚尔 | 305 | FRF | 法国法郎 |
| 116 | JPY | 日本元 | 306 | IEP | 爱尔兰镑 |
| 118 | KWD | 科威特第纳尔 | 307 | ITL | 意大利里拉 |
| 121 | MOP | 澳门元 | 309 | NLG | 荷兰盾 |
| 122 | MYR | 马来西亚林吉特 | 312 | ESP | 西班牙比赛塔 |
| 127 | PKR | 巴基斯坦卢比 | 315 | ATS | 奥地利先令 |
| 129 | PHP | 菲律宾比索 | 318 | FIM | 芬兰马克 |
| 132 | SGD | 新加坡元 | 326 | NOK | 挪威克朗 |
| 136 | THB | 泰国铢 | 330 | SEK | 瑞典克朗 |
| 142 | CNY | 人民币 | 331 | CHF | 瑞士法郎 |
| 143 | TWD | 台币 | 332 | SUR | 苏联卢布 |
| 201 | DZD | 阿尔及利亚第纳尔 | 398 | ASF | 清算瑞士法郎 |
| 300 | EUR | 欧元 | 501 | CAD | 加拿大元 |
| 301 | BEF | 比利时法郎 | 502 | USD | 美元 |
| 302 | DKK | 丹麦克朗 | 601 | AUD | 澳大利亚元 |
| 303 | GBP | 英镑 | 609 | NZD | 新西兰元 |

41. 征免

征免指海关对进出口货物进行征税、减税、免税或特案处理的实际操作方式。

本栏目应按照海关核发的征免税证明或有关政策规定，对报关单所列每项商品选择填报海关规定的征减免税方式代码表中相应的征减免税方式。

加工贸易报关单应根据加工贸易手册中备案的征免规定填报。

加工贸易手册中备案的征免规定为“保金”或“保函”的，不能按备案的征免规定填报，而应填报“全免”。

**表 4 – 9 征减免税方式代码表**

| 征减免税方式代码 | 征减免税方式名称 | 征减免税方式代码 | 征减免税方式名称 |
|---|---|---|---|
| 1 | 照章征税 | 6 | 保证金 |
| 2 | 折半征税 | 7 | 保函 |
| 3 | 全免 | 8 | 折半补税 |
| 4 | 特案 | 9 | 全额退税 |
| 5 | 随征免性质 | | |

现根据广州美菱电器贸易有限公司与加拿大长盛进出口贸易有限公司签订的合同，填制出口货物报关单如下：

## 中华人民共和国海关出口货物报关单

预录人编号： 海关编号：

| 出口口岸 | 备案号 | 出口日期 | 申报日期 |
|---|---|---|---|
| 广州新风海关（5101） | | 20140728 | |

| 经营单位 | 运输方式 | 运输工具名称 | 提运单号 |
|---|---|---|---|
| 广州美菱电器贸易有限公司（3456287639） | 江海运输 | HAIOU /V. 2556 | HAI1139 |

| 发货单位 | 贸易方式 | 征免性质 | 结汇方式 |
|---|---|---|---|
| 广州美菱电器贸易有限公司（3456287639） | 一般贸易 | 一般征税 | 电汇 |

| 许可证号 | 运抵国（地区） | 指运港 | 境内货源地 |
|---|---|---|---|
| 14－02－C357813 | 加拿大 | 蒙特利尔 | 广东佛山 |

| 批准文号 | 成交方式 | 运费 | 保费 | 杂费 |
|---|---|---|---|---|
| 49/1835643 | CIF | 502/2150/3 | 502/4679/3 | |

| 合同协议号 | 件数 | 包装种类 | 毛重（公斤） | 净重（公斤） |
|---|---|---|---|---|
| 20140621 | 152 | 纸箱 | 22 800 | 19 152 |

| 集装箱号 | 随附单据 | 生产厂家 |
|---|---|---|
| OOLU5083793/20/1800 | | 广东佛山顺德电星电器厂 |

标记唛码及备注
SWATOW
MONTREA
NOS：1－152

| 项号 | 商品编码 | 商品名称、规格型号 | 数量及单位 | 最终目的国（地区） | 单价 | 总价 | 币值 | 征免 |
|---|---|---|---|---|---|---|---|---|
| 01 | 8516330000 | 箭牌电热干手器 AGY509 | 4 560PCS | 加拿大 | 106. 00 | 483 360 | USD | 照章征税 |

税费征收情况

| | |
|---|---|
| 录入员 录入单位<br>兹声明以上申报无讹并承担法律责任 | 海关审单批注及放行日期（签章）<br>审单 审计 |
| 报关员<br>申报单位（签章） 广州粤海货运有限公司报关专用章 | 征税 统计 |
| 单位地址<br>邮编： 电话： 填制日期： | 查验 放行 |

样单 4－9　进口货物报关单

JG01

*********
* 首页 *
*********

# 中华人民共和国海关进口货物报关单

预录入编号：222320061230315136 -7 (0611)　　page.1　　海关编号：222320061230315136 (0611)

| | | | | |
|---|---|---|---|---|
| 进口口岸 南汇海关 (22/23) | 备案号 | | 进口日期 2006-11-03 | 申报日期 2006-11-03 |
| 经营单位 上海华翔翔贸易有限公司 3102208797 (310228752944717) | 运输方式 江海 | 运输工具名称 沪（货）SH55268-H | 提运单号 KOI55216 | |
| 收货单位 杭州顺富贸易有限公司 3301647441078l2 | 贸易方式 一般贸易(0110) | 征免性质 一般征税(0101) | 征税比例 % | |
| 许可证号 | 起运国(地区) 台湾 (199) | 装货港 台湾 (0199) | 境内目的地 上海其他(31909) | |
| 批准文号 | 成交方式 CIF | 运费 000/ 000/ | 保费 000/ 000/ | 杂费 000/ 000/ |
| 合同协议号 DKB200611 | 件数 52 | 包装种类 箱 | 毛重(公斤) 350 | 净重(公斤) 300 |
| 集装箱号 | 随附单据 | | 用途 其他内销 | |

标记唛码及备注
依章征税

| 项号 | 商品编号 | 商品名称、规格型号 | 数量及单位 | 原产国(地区) | 单价 | 总价 | 币制 | 征免 |
|---|---|---|---|---|---|---|---|---|
| 01) | 84073420 | 引擎稳定加速器 | 800套 | 台湾 (199) | | | USD (美元) | 照章 |
| 02) | 84073420 | 超级引擎稳定加速器 | 400套 | 台湾 (199) | | | USD (美元) | 照章 |

税费征收情况

中华人民共和国南汇海关 验讫章 (23)

合计总价：叁万肆仟捌佰玖拾柒元捌角伍分

| | | |
|---|---|---|
| 录入员　录入单位 | 兹声明以上申报无讹并承担法律责任 | 海关审单批注及放行日期（签章） |
| 报关员 | | 审单　审价 |
| 单位地址 | 申报单位（签章） | 征税　统计 |
| 邮编　电话 | 填制日期 | 查验　放行 |

上海汇达顺报关有限公司 (2)

2006/11/03

样单 4－10　出口货物报关单（1）

JG09

**收汇核销联**

主页
1

# 中华人民共和国海关出口货物报关单

预录入编号：654901133　　海关编号：518920090899503728

| | | | |
|---|---|---|---|
| 出口口岸 佛山新港 5189 | 备案号 | 出口日期 2009-03-13 | 申报日期 2009-03-13 |
| 经营单位 4453163430 深圳市盛宝都贸易有限公司 | 运输方式 水路运输 | 运输工具名称 5101500036/09031300000 | 提运单号 CF09031312 |
| 发货单位 4453163430 深圳市盛宝都贸易有限公司 | 贸易方式 一般贸易 0110 | 征免性质 一般征税（101） | 结汇方式 电汇 |
| 许可证号 | 运抵国（地区）喀麦隆（206） | 指运港 喀麦隆（206） | 境内货源地 佛山其他（44069） |
| 批准文号 716265637 | 成交方式 FOB | 运费　保费 | 杂费 |
| 合同协议号 2008LV1846-048A | 件数 6200　包装种类 纸箱 | 毛重（公斤）70300 | 净重（公斤）67200 |
| 集装箱号 3 | 随附单据 | | 生产厂家 |

标记唛码及备注　结汇不退税

集装箱号：PCIU2002722　PCIU3074645　PCIU3191873

| 项号 | 商品编号 | 商品名称、规格型号 | 数量及单位 | 最终目的国（地区） | 单价 | 总价 | 币制 | 征免 |
|---|---|---|---|---|---|---|---|---|
| 1. | 69089000 (0) | 釉面砖 3000箱，100X200MM | 1800.000平方米<br>24000.000千克<br>1800.000平方米 | 喀麦隆（206） | 1.4425 | 2596.57 | USD 美元 | 照章征税<br>用途： |
| 2. | 69089000 (0) | 釉面砖 3200箱，150X300MM | 3168.000平方米<br>43200.000千克<br>3168.000平方米 | 喀麦隆（206） | 1.5636 | 4953.35 | USD 美元 | 照章征税<br>用途： |

税费征收情况

| | | |
|---|---|---|
| 录入员　录入单位 | 兹声明以上申报无讹并承担法律责任 | 海关审单批注及放行日期（签章） |
| 报关员 | | 审单　审价 |
| 单位地址 | 申报单位（签章） | 征税　统计 |
| 邮编　电话 | 填制日期　广东中衡报关有限公司 | 查验　放行 |

****************
*出口结汇专用*
****************

签发关员：李少宁
签发日期：2009-03-16

样单 4－11　出口货物报关单（2）

JG02

********
* 辅页 *
********

# 中华人民共和国海关出口货物报关单

数据中心统一编号：000000000091228797
预录入编号：587009891-20　　Page. 2　海关编号：020820070587009891

| | | | |
|---|---|---|---|
| 出口口岸<br>津保税区（0208） | 备案号 | 出口日期<br>(0) | 申报日期<br>2007-4-9 |
| 经营单位 天津[redacted]国际贸易有限公司<br>1207460686(120116780347899) | 运输方式<br>非保税区(0) | 运输工具名称 | 提运单号 |
| 发货单位 天津[redacted]国际贸易有限公司<br>1207460686(120116780347899) | 贸易方式<br>一般贸易（0110） | 征免性质<br>一般征税(0101) | 结汇方式<br>电汇(T/T) |
| 许可证号 | 运抵国（地区）<br>中国（0142） | 指运港<br>中国境内（0142） | 境内货源地<br>北京其他（11909） |
| 批准文号<br>064327521 | 成交方式<br>FOB (3) | 运费<br>0/0/0 | 保费<br>0/0/0 |
| | | | 杂费<br>0/0/0 |
| 合同协议号<br>OBWYS070101 | 件数<br>6423 | 包装种类<br>其他 | 毛重（公斤）<br>39243 |
| | | | 净重（公斤）<br>35050 |
| 集装箱号 | 随附单据<br>出境货物通关单 | | 生产厂家 |

标记唛码及备注　华铁库 B:10545

| 项号 | 商品编号 | 商品名称、规格型号 | 数量及单位 | 最终目的国(地区) | 单价 | 总价 | 币制 | 征免 |
|---|---|---|---|---|---|---|---|---|
| 06 | 22060000.01 | 黄酒<br>80箱 | 720 升<br>720 千克<br>720 千克 | 中国<br>(142) | 0.8333 | 600.00<br>用途：其他 | USD<br>美元 | 照章<br>征税 |
| 07 | 21039090. | 豆瓣酱<br>267箱 | 3200 千克 | 中国<br>(142) | 0.9375 | 3000.00<br>用途：其他 | USD<br>美元 | 照章<br>征税 |
| 08 | 16029010.90 | 午餐肉罐头<br>50箱 | 408 千克 | 中国<br>(142) | 2.9411 | 1200.00<br>用途：其他 | USD<br>美元 | 照章<br>征税 |
| 09 | 21039090. | 老干妈辣椒酱<br>250箱 | 1800 千克 | 中国<br>(142) | 1.8750 | 3375.00<br>用途：其他 | USD<br>美元 | 照章<br>征税 |
| 10 | 16024910.90 | 猪肉罐头<br>34箱 | 304 千克 | 中国<br>(142) | 2.2368 | 680.00<br>用途：其他 | USD<br>美元 | 照章<br>征税 |

税费征收情况

| | | |
|---|---|---|
| 录入员　张媛 9326　录入单位 | 兹声明以上申报无讹并承担法律责任 | 海关审单批注及放行日期（签章）　EDI专用报关单 |
| 报关员 | | 审单　　审价 |
| 单位地址 | 申报单位（签章）　天津华铁隆津[illegible]储运有限公司 | 征税　　统计 |
| 邮编　　电话 | 填制日期　2007-4-9 10:18:09 | 查验　　放行 |

报关员 滕[illegible]　报关专用章　TC200801BA

模块五

# 出口贸易流程及其单证之三——投保

【知识目标】

1. 熟悉海上货物运输保险中海上风险与海上损失的内容
2. 熟悉海上货物运输保险的险别及保险公司承保的范围

【技能目标】

1. 学会计算保险费
2. 学会规定合同中的保险条款
3. 学会 T/T 项下保险单的内容及其填制

## 项目1　国际货物运输保险的基本知识

在国际货物运输中，由于运输距离遥远，进出口流转环节多，货物在运输途中可能会遭受难以预料的风险而造成损失。为了规避风险，进出口商可以通过向保险公司购买货运险，发生在保险范围内的损失时可以得到赔偿。

国际货物运输保险，简称货运险，是指由被保险人和保险人双方订立保险合同，以货物作为保险标的向保险人投保，当货物在国际运输途中遭受保险事故所致的损失时，由保险人负责给予经济补偿的一种保险。

### 一、国际货物运输保险的基本原则

国际货物运输保险主要包括五项基本原则，具体如下：

#### （一）最大诚信原则（Utmost Good Faith）

最大诚信原则是指签订保险合同的各方当事人必须最大限度地按照诚实与信用精神协商签约，这是各国保险法和国际保险实践所普遍要求的一项基本原则。

投保人在订立保险合同时须履行主动声明、如实声明和不违反保证这三项义务。投保人或被保险人违反此项原则的法律后果是保险合同不能成立；即使已订立保险合同，保险人也可主张解除合同。

#### （二）保险利益原则（Insurable Interest）

保险利益又称可保利益或可保权益，是指投保人或被保险人对保险标的具有法律上承认的可以投保的经济利益。

保险利益的构成包括三个条件：

（1）保险利益具有合法性。

（2）保险利益具有可确定性。

（3）保险利益具有价值性。

保险利益原则也是各国保险法和国际保险实践普遍遵循的一项基本原则，保险法和保险实践一般要求投保人或被保险人在投保时对保险标的具有保险利益。国际货物运输保险允许投保人在投保时不具有保险利益，但发生事故和向保险人索赔时，被保险人对保险标的必须具有保险利益。保险利益的转移时间以货物风险的转移时间为依据。

### （三）近因原则（Proximate Cause）

近因是指对保险事故的发生起到直接的、决定性的、不可避免的作用的因素。即货物的损失，是某项原因发生作用的直接结果，该项原因就是近因。近因是从原因发生的效果上，而不是从时间上判断。

近因原则是指保险人只对与保险标的损失之间有直接因果关系的损失负赔偿责任。若造成保险标的受损的近因属于保险责任范围，则保险人应负保险责任；若造成保险标的受损的近因属于责任免除，则保险人不负保险责任；若造成保险标的受损的近因兼有保险责任和责任免除，则应分清不同情况再进行处理。

### （四）补偿原则（Principle of Indemnity）

补偿原则又称损害赔偿原则，是指当保险标的遭受保险责任范围内的损失时，保险人应当依照保险合同的约定履行赔偿义务，但保险人的赔偿金额不能超过保险金额或被保险人所遭受的实际损失。保险人的赔偿也不应使被保险人因此而获得额外利益。

### （五）代位追偿原则（Principle of Subrogation）

代位追偿是指保险标的发生保险责任范围内的由第三责任方造成的损失时，保险人向被保险人履行损失赔偿责任后，有权在其已经赔付金额的限度内取得被保险人在该项损失中向第三责任方要求赔偿的权利，保险人取得该项权利后，可取代被保险人的地位向第三责任方索赔。

代位追偿产生于保险人已经支付赔款之后。在实际业务中，保险人支付保险赔偿后，通常要求被保险人签署权益转让书，明确表示将向第三者请求赔偿的权利转让给保险人。

## 二、辨别国际货物运输保险中的海上风险和海上损失

在国际货物海洋运输中，由于运输周期较长，货物容易受到各种风险的影响而遭受损失。保险公司并不对所有风险都承担赔偿责任，仅对保险货物遭受承保范围内的损失给予赔付。

### （一）风险

海洋货物运输的风险分为海上风险和外来风险，如图 5－1 所示。

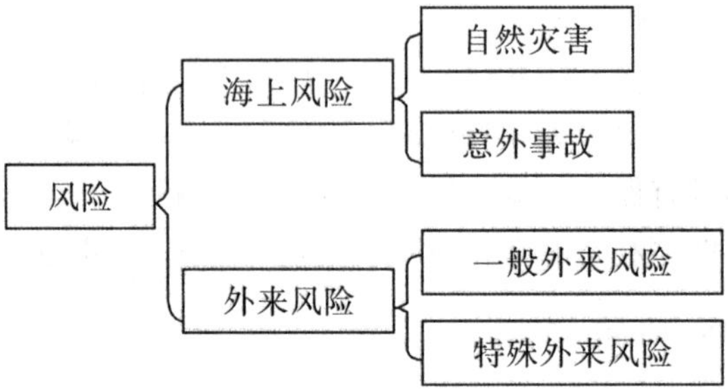


**图 5－1　海洋运输风险的分类**

1. 海上风险（Perils of Sea）

海上风险也称海难，是指船舶或货物由在海洋运输途中发生的或与海洋运输有关的原因造成的风险，包括了自然灾害和意外事故。保险公司承保的海上风险不包括一切在海上发生的风险，但又不局限于海上发生的风险。

**【小贴士】**

自然灾害包括恶劣气候、雷电、地震、海啸、火山爆发、洪水和浪击落海等。

意外事故包括搁浅、触礁、沉没、碰撞、倾覆、火灾、爆炸和船舶失踪等。

2. 外来风险（Extreme Risks）

外来风险是指由海上风险以外的其他原因造成的风险，包括一般外来风险和特殊外来风险，货物的自然损耗和本质缺陷除外。

**【小贴士】**

一般外来风险包括偷窃、提货不着、淡水雨淋、短量、混杂、玷污、渗漏、碰撞破损、串味、受潮受热、钩损、包装破裂和锈损等。

特殊外来风险包括战争、罢工、交货不到、进口关税、拒收和产生黄曲霉素等。

### （二）损失

1. 海上损失（Loss of Sea）

海上损失（简称海损）是指被保险货物在海运过程中由于海上风险所造成的损坏或灭失。

**【知识链接】**

按照各国海运保险业务习惯，海上损失也包括与海运连接的陆上运输和内河运输过程中所遇到的自然灾害和意外事故所致的损坏或灭失，如由地震、洪水、火灾、爆炸、海轮与驳船或码头碰撞所致的损失。

按照货物损失的程度，海上损失可分为全部损失与部分损失；按货物损失的性质，海上损失又可分为共同海损和单独海损，二者在保险业务中均属于部分损失的范畴，如图5-2所示。

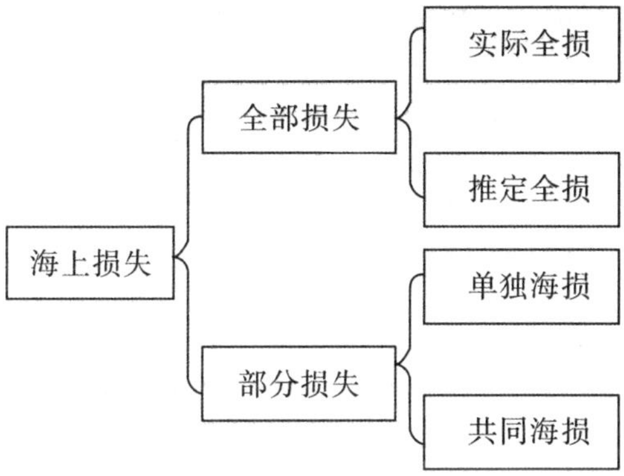


**图5-2 海上损失的分类**

（1）全部损失（Total Loss）包括实际全损和推定全损。

①实际全损（Actual Total Loss）是指保险标的发生保险事故后灭失，或者受到严重损坏完全失去原有形体、效用，或者不能再归被保险人所拥有，为实际全损。具体包括四种情况：

第一，保险标的完全灭失，如船舶与货物沉入海底无法打捞或货物被大火毁灭。

第二，保险标的属性上的毁灭，失去原有的商业价值，如茶叶遭海水浸湿后香味尽失、水泥被海水浸泡后变成块状。

第三，被保险人无可挽回地丧失了保险标的。

第四，船舶失踪已达一定时期，如半年仍无音讯，则可视作实际全损。

②推定全损（Constructive Total Loss）是指货物发生保险事故后，认为实际全损已经不可避免，或者为避免发生实际全损所需支付的费用超过保险价值的，为推定全损。具体包括四种情况：

第一，保险标的受损后，其修理费用超过货物修复后的价值。

第二，保险标的受损后，其修理和继续运往目的地的费用超过货物到达目的地的价值。

第三，保险标的的实际全损已经不可避免，为避免全损所需的施救费用将超过获救后标的物的价值。

第四，保险标的丧失所有权后，收回所有权的费用将超过其收回后的价值。

发生推定全损时，被保险人可以要求保险公司按部分损失赔偿；也可向保险公司发出“委付通知”，将保险标的一切权利转让给保险公司，要求保险公司按全部损失赔偿。

【知识链接】

**委 付**

《中华人民共和国海商法》第249条规定：“保险标的发生推定全损，被保险人要求保险人按照全部损失赔偿的，应当向保险人委付保险标的。保险人可以接受委付，也可以不接受委付，但是应当在合理的时间内将接受委付或者不接受委付的决定通知被保险人。委付不得附带任何条件。委付一经保险人接受，不得撤回。”

委付的必备条件如下：

第一，委付必须由被保险人向保险人提出。

第二，委付应是就保险标的物的全部提出请求。

第三，委付不得附有条件。

第四，委付必须经过保险人的同意。

（2）部分损失（Partial Loss）包括共同海损和单独海损。

①共同海损（General Average，简称G. A.）是指载货船舶在海运途中遇到危及船、货双方的共同危险时，船方为了维护船和货的共同安全，使航程得以继续，有意而合理地作出特殊牺牲，或采取合理救助措施而引起的特殊损失和合理的额外费用，这些牺牲、损失和费用称为共同海损。共同海损的牺牲项目包括抛弃、救火、自动搁浅、起浮脱浅、避难、燃烧货物、割断锚链、丢弃锚具等。

共同海损的必备条件包括以下几个：

第一，共同海损的危险必须真实存在，而不是主观臆测的。

第二，共同海损的危险必须是船、货双方共有的。

第三，所支出的费用必须是额外的或非常性质的。

第四，所采取的救助措施必须是有意识的、合理的，牺牲具有特殊性。

第五，共同海损所作的牺牲必须是有效的，船、货的全部或部分得以保全。

【任务互动】

载货船舶在近海航行时发现船底板破裂，海水涌进船舱。船长组织船员积极排水自救但无效果。为了避免船舶沉没，船舶紧急驶向附近的浅滩故意搁浅。请问：由于搁浅产生的相关损失属于什么类型的损失？

②单独海损（Particular Average，简称P. A.）是指船舶在航行过程中发生的，仅仅涉及船或货单方面的损失，由受损方单独承担的部分损失。

**【任务互动】**

载货船舶在航行过程中遭遇恶劣天气，船舶偏离了航线，并发生了触礁事故，船体受损。请问：船体的损失属于什么类型的损失？

（3）外来损失（Loss of Extraneous Risk）是指由一般外来原因和特殊外来原因造成的损失。

**【案例】**

金丝达贸易有限公司出口一批真丝连衣裙到迪拜，货物顺利装上船后从深圳港出发。船舶航行途中，船舶电线短路起火，船长组织船员全力救火，包括用灭火器和灌水救火，大火最终被扑灭。最终损失如下：①金丝达公司的连衣裙被烧毁了10箱，损失4万美元；②金丝达公司的连衣裙被水浇湿5箱，只能折价处理，损失1万美元；③1号船舱烧毁严重，损失2万美元。请问：以上损失各属于什么类型的损失？

分析要点：被烧毁的10箱连衣裙是由意外事故导致的损失，仅是金丝达公司受到了损失，所以属于单独海损；被水浇湿的连衣裙的折价损失是为了船货共同安全而采取灭火导致的损失，应由获益方共同承担，所以属于共同海损；烧毁严重的1号船舱是由意外事故导致的损失，仅是船方受到了损失，所以属于单独海损。

## （三）费用

1. 施救费用（Sue and Labor Expense）

施救费用是指保险标的物遭遇保险责任范围内的灾害事故时，被保险人或其代理人、雇员和受让人等为防止损失的扩大而采取抢救措施所支出的费用。保险公司对这种施救费用负责赔偿。

2. 救助费用（Salvage Charge）

救助费用是指保险标的在运输途中，遭遇承保范围内的灾害事故时，由保险人和被保险人以外的无契约关系的第三者采取救助行动而产生的费用。分为雇佣性救助和“无效果，无报酬”救助，由保险公司负责赔偿。

3. 续运费用（Forwarding Charge）

续运费用是指运输工具在海上遭遇海难后，在中途港或避难港卸货、存包、重装及续运货物所产生的费用。

4. 额外费用（Extra Charge）

额外费用是指为了证明损失赔偿成立而支付的费用。如检验费用、拍卖受损货物的销售费用、公证费用、查勘费用和海损理算师费用等。

【任务互动】

载货船舶在海上航行中因恶劣天气不幸发生触礁事故，损坏严重，需要雇佣拖轮拖回附近港口修理，由此产生的拖船费、额外燃油费、船员工资和港口费用能否列入共同海损呢？

## 三、判断海上风险和海上损失的责任归属

### （一）我国海洋运输货物保险条款

中国人民保险集团股份有限公司（PICC）参照国际保险市场的一般做法，结合我国实际情况，分别制定了海洋、陆上、航空及邮包等运输方式的相应运输保险条款，称为“中国保险条款”（China Insurance Clause，简称 CIC）。这也是我国大多数企业为货物投保时采用的保险条款。

其中“海洋运输货物保险条款”（1981 年 1 月 1 日修订本）规定了海运货物保险的责任范围、责任起讫等，如图 5－3 所示。

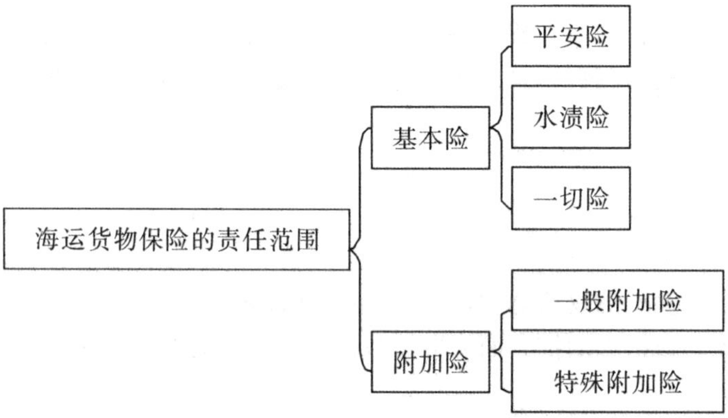


图 5－3　海运货物保险的责任范围

### （二）海运货物保险的责任范围

1. 基本险（Basic Risks）

基本险也称主险，承保海上风险和一般外来风险造成的损失。按保险责任从小到大包括平安险、水渍险和一切险，这三个险种均可单独投保。被保险货物遭受损失时，本保险按照保险单上订明承保险别的条款规定，负赔偿责任。

（1）平安险（Free from Particular Average，简称 FPA）。

平安险的英文翻译是指“单独海损造成的部分损失不赔”。平安险是基本险里责任范围最小的险别，其责任范围如下：

①被保险货物在运输途中由于恶劣气候、雷电、海啸、地震和洪水等自然灾害造成整批货物的全部损失或推定全损。

②由于运输工具遭受搁浅、触礁、沉没、互撞、与流冰或其他物体碰撞以及失火、爆炸等意外事故造成货物的全部或部分损失。

③在运输工具已经发生搁浅、触礁、沉没、焚毁等意外事故的情况下，货物在此前后又在海上遭受恶劣气候、雷电、海啸等自然灾害造成的部分损失。

④在装卸或转运时由于一件或数件货物落海造成的全部或部分损失。

⑤被保险人对遭受承保责任内危险的货物采取抢救、防止或减少货损的措施而支付的合理费用，但以不超过该批被救货物的保险金额为限。

⑥运输工具遭遇海难后，在避难港由于卸货所引起的损失以及在中途港、避难港由于卸货、存仓以及运送货物所产生的特别费用。

⑦共同海损的牺牲、分摊和救助费用。

⑧运输契约订有“船舶互撞责任”条款，根据该条款规定应由货主偿还船方的损失。

平安险作为基本险中责任范围最小的一种险别，其保费率也最低，一般适用于低值大宗散装货物（如木材、矿砂和废钢材等）的海上运输。

（2）水渍险（With Particular Average，简称 WPA）。

水渍险是指“负责自然灾害造成的单独海损的赔偿”，其责任范围不仅包括平安险的各项责任，还负责被保险货物由自然灾害造成的部分损失的赔付。

水渍险的责任范围 = 平安险的责任范围 + 自然灾害造成的部分损失

水渍险一般适用于不易损坏或不因生锈而影响使用的货物，如五金材料、旧汽车、机械、机床和散装金属原料等。

**【案例】**

佛山亚达电器有限公司以 CIF 条件向印度出口空调电机 3 000 个，出运前向中国人民保险集团股份有限公司投保了平安险。船舶在航行过程中碰到暴风雨，暴风雨持续了几个小时。雨水打入船舱，致使亚达公司的 500 个空调电机被泡湿，丧失属性。请问：投保了平安险，能否得到保险公司的赔偿呢？如果投保了水渍险，能否得到保险公司的赔偿呢？

分析要点：暴风雨造成了 500 个空调电机因泡湿损坏属于自然灾害造成的部分损失，平安险对于自然灾害造成的部分损失不赔偿，所以投保平安险，无法得到保险公司的赔偿。水渍险的责任范围则包括了平安险的各项责任和自然灾害造成的部分损失，因此投保水渍险可以得到保险公司的赔偿。

（3）一切险（All Risk，简称 AR）。

一切险的责任范围不仅包括水渍险的各项责任，还包括货物在运输途中由各种一般外来风险造成的全部或部分损失。一切险是基本险里责任范围最大的险别。

一切险 = 水渍险的责任范围 + 一般外来原因造成的全部或部分损失。

在我国进出口业务中，凡易发生短少、钩损、玷污、雨淋和偷窃等损失的商品，如生丝、毛、棉、麻、服装类和化学纤维类等货物有必要投保一切险。

【知识链接】

基本险的责任起讫

我国的海运保险条款主要采用“仓至仓”条款（Warehouse to Warehouse Clause），即自被保险货物运离保险单所载明的起运地仓库或储存处所开始运输时生效，包括正常运输过程中的海上、陆上、内河和驳船运输在内，直至该项货物到达保险单所载明目的地收货人的最后仓库或储存处所或被保险人用作分配、分派或非正常运输的其他储存处所为止。

如未抵达上述仓库或储存处所，则以被保险货物在最后卸载港全部卸离海轮后满六十天为止。如在上述六十天内被保险货物需转运到非保险单所载明的目的地时，则以该项货物开始转运时终止。

【小贴士】

不同贸易术语的保险起讫期间是否一样呢？

（1）CIF条件下，保险责任的起讫期间是真正的“仓至仓”，即从发货人仓库一直到收货人仓库为止。

（2）FOB、CFR条件下，保险责任的起讫期间是“船至仓”，即从装运港船上到收货人仓库为止。

【案例】

潮州名品陶瓷有限公司以CIF条件向埃及出口一个20尺柜的陶瓷工艺品，出运前向中国人民保险集团股份有限公司投保了一切险。在从潮州运往深圳指定仓库的途中，由于司机操作失误，导致车厢侧翻，部分陶瓷工艺品损坏，损失2万美元。请问：投保了一切险，能否得到保险公司的赔偿呢？

分析要点：陶瓷制品属于易碎品，一般需要加保一般附加险中的碰损、易碎险，一切险里面包括了一般附加险；同时在CIF条件下，保险责任的起讫期间是从发货人仓库一直到收货人仓库，从潮州到深圳仓库属于保险范围内，所以投保了一切险，可以得到保险公司的赔偿。

2. 附加险

在海运货物保险业务中，进出口商除了投保货物的基本险别外，还可根据货物的实际需要和特点，酌情选择一种或若干种恰当的附加险别。附加险不能单独投保，必须在投保一种基本险的基础上加保。中国人民保险集团股份有限公司承保的附加险种类繁多，涵盖了几乎所有外来原因造成的损失，归纳起来分为一般附加险和特殊附加险两类。

（1）一般附加险（General Additional Risk）。

一般附加险的责任范围包括各种一般外来风险造成的全部或部分损失，其险别主要如下：偷窃、提货不着险（Theft，Pilferage and Non－delivery）；淡水雨淋险（Fresh Water or

Rain Damage)；渗漏险（Leakage)；短量险（Shortage)；混杂、玷污险（Intermixture and Contamination)；碰损、破碎险（Clash and Breakage)；钩损险（Hook Damage)；包装破裂险（Loss or Damage Caused by Breakage of Packing)；锈损险（Rust)；串味险（Odor)；受潮受热险（Damage Caused by Heating and Sweating）等。

**【小贴士】**

因一般附加险已包含在一切险的承保范围内，所以在投保一切险时，不需要再加保一般附加险。

（2）特殊附加险（Special Additional Risk)。

特殊附加险承保由特殊外来风险造成的全部或部分损失，它不在一切险的范围内。其险别主要有：战争险（War Risk)；罢工险（Strike Risk)；交货不到险（Failure to Deliver Risk)；进口关税险（Import Duty Risk)；舱面险（On Deck Risk)；黄曲霉素险（Aflatoxin Risk)；拒收险（Rejection Risk)；货物到港澳后的存仓火险责任拓展条款（Fire Risk Extension Clause for Storage of Cargo at Destination Hongkong or Macao)。

**【小贴士】**

战争险和罢工险是在实际出口业务中使用频率较高的特殊附加险。不少出口企业出口货物时选择投保一切险和战争险，这样基本可以覆盖常见的运输风险。

投保战争险后，加保罢工险不需要加收保费。

战争险的保险责任起讫仅限于“水上危险”，罢工险的保险责任起讫则采用“仓至仓”条款。

**【知识链接】**

**保险公司的除外责任**

保险公司对下列损失不负赔偿责任：

（1）被保险人的故意行为或过失所造成的损失。

（2）属于发货人责任所引起的损失。

（3）在保险责任开始前，被保险货物已存在的品质不良或数量短差所造成的损失。

（4）被保险货物的自然损耗、本质缺陷、特性以及市价跌落、运输延迟所引起的损失或费用。

（5）本公司海洋运输货物战争险条款和货物运输罢工险条款规定的责任范围和除外责任。

### （三）我国其他运输货物保险条款

中国人民保险集团股份有限公司对陆上运输、航空运输和邮包运输方式下的进出口货物也制定了专门的保险条款，如图5－4所示。

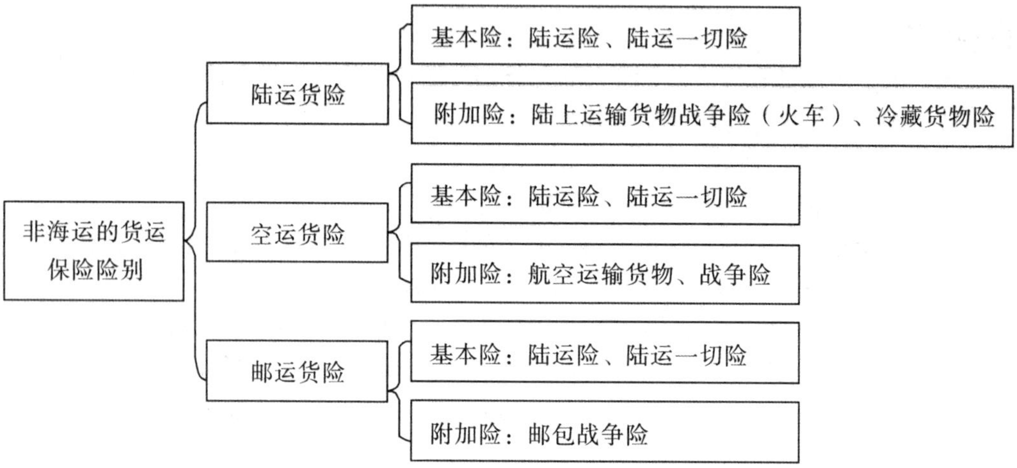


**图5－4　非海运的货运保险险别**

### （四）伦敦保险协会海运货物保险的险别和条款

在世界海上保险业中，英国是一个具有悠久历史的发达国家，英国伦敦保险协会所制定的“协会货物条款”（Institute Cargo Clause，简称ICC）对世界各国有着广泛的影响，许多国家在海运保险业中参考或直接采用该条款。

1. 协会货物保险条款的主要险别

协会货物条款最早制定于1912年，后来经过修订，新条款于1982年1月1日公布，1983年4月1日开始实行。新条款共有六种险别：

（1）协会货物条款（A）[Institute Cargo Clauses（A），简称ICC（A）]。

（2）协会货物条款（B）[Institute Cargo Clauses（B），简称ICC（B）]。

（3）协会货物条款（C）[Institute Cargo Clauses（C），简称ICC（C）]。

（4）协会战争险条款（货物）（Institute War Clauses—Cargo）。

（5）协会罢工险条款（货物）（Institute Strikes Clauses—Cargo）。

（6）恶意损害险条款（Malicious Damage Clauses）。

在上述六种险别中，ICC（A）、ICC（B）、ICC（C）都可以单独投保。战争险和罢工险，如果征得保险公司的同意，必要时也可以作为独立的险别投保。而恶意损害险，因其条款内容比较简单，则属于附加险别。

2. 主要险别的承保风险与除外责任

（1）ICC（A）。

ICC（A）的责任范围最广，相当于我国的一切险。即对于“除外责任”项下所列风险保险人不予负责外，其他风险均予负责。

（2）ICC（B）。

ICC（B）比ICC（A）的责任范围要小，相当于我国的水渍险。采用承保“除外责任”之外列明风险的办法，即将其承保的风险一一列举出来。这种规定办法，既便于投保人选择投保适当的险别，又便于保险人处理赔偿。

ICC（B）和ICC（A）的区别在于ICC（B）对“海盗行为”和“恶意损害”所造成的损失不予负责。

（3）ICC（C）。

ICC（C）的责任范围较ICC（A）和ICC（B）都小得多，相当于我国的“平安险”。仅承保“重大意外事故”的风险，而不承保自然灾害及非重大意外事故的风险。

（4）战争险的承保风险与除外责任。

战争险主要承保由下列原因造成的标的物的损失：

①战争、内战、革命、叛乱、造反或由此引起的内乱，以及交战国或针对交战国的任何敌对行为所造成的损失或费用。

②捕获、拘留、扣留、禁止或扣押，以及这些行为的后果或这方面的企图所造成的损失或费用。

③遗弃的水雷、鱼雷、炸弹或其他遗弃的战争武器所造成的损失或费用。

战争险的除外责任与ICC（A）的“一般除外责任”及“不适航、不适货除外责任”大致相同。

（5）罢工险的承保风险与除外责任。

罢工险主要承保标的物的下列损失：

①罢工者、被迫停工工人及参与工潮、暴动或民变的人员造成的损失或费用。

②罢工、被迫停工及工潮、暴动或民变造成的损失或费用。

③任何恐怖主义者或任何人出于政治目的采取的行动所造成的损失或费用。

（6）恶意损害险。

恶意损害险承保被保险人以外的其他人（如船长、船员等）的故意破坏行动所致被保险货物的灭失或损害。这种风险仅在ICC（A）中被列为承保风险的范畴，而在ICC（B）和ICC（C）中均列为“除外责任”。因此，如被保险人需要对此风险取得保险保障，在其投保ICC（B）和ICC（C）时，就需另行加保“恶意损害险”。

### （五）伦敦保险协会海运货物保险的保险期限

英国伦敦保险协会海运货物保险条款和海运货物战争险条款对保险期限的规定，同上述我国海运货物保险与海运货物战争险条款对保险期限的规定大体相同，均采用“仓至仓条款”。

**【知识链接】**

不可抗力（Force Majeure），各国解释不尽一致。中国法律认为，不可抗力是指不能预见、不能避免并不能克服的客观情况。按《联合国国际货物销售合同公约》解释，不可抗力是指非当事人所能控制，而且没有理由预期其在订立合同时所能考虑到或能避免或克服它或它的后果而使其不能履行合同义务的障碍。据此，不可抗力是指在合同成立以后所发生的，不是由当事人一方的故意或过失所造成的，对其发生以及造成的后果是当事人不能预见、不能控制、不能避免并不能克服的。

引起不可抗力的原因有两种：一是自然原因，如洪水、暴风、地震、干旱和暴风雪等人类无法控制的大自然力量所引起的灾害事故；二是社会原因，如战争、罢工和政府禁止令等引起的社会异常事件。在实践中，对不可抗力的认定是很严格的，要与商品价格波动和汇率变化等正常的贸易风险区别开来。

中国法律规定，当不可抗力发生后，当事人一方因不能按规定履约要取得免责权利，必须及时通知另一方，并在合理时间内提供必要的证明文件，以减轻可能给另一方造成的损失。按《联合国国际货物销售合同公约》，如果当事人一方未及时通知而给对方造成损害的，仍应负赔偿责任。在实践中，为防止争议发生，“不可抗力条款”中应明确规定具体的通知和提交证明文件的期限和方式。关于不可抗力的出证机构，在中国，一般由中国国际贸易促进委员会（中国国际商会）出具；如由对方提供时，则大多数由当地的商会或登记注册的公证机构出具。另一方当事人收到不可抗力的通知及证明文件后，无论同意与否，都应及时回复。

### （六）保险金额的确定和保险费的计算

在进出口业务中，投保人办理进出口货物运输保险时首先选择保险公司并填写投保单，根据合同的约定来选择保险险别，填写保险金额等资料，然后交付保险费，最后取得保险单据，在产生货损后即可向保险公司申请保险索赔。以下将详细介绍保险金额的确定和保险费的计算。

1. 保险金额（Insured Amount）

保险金额是一个保险合同项下保险公司承担赔偿或给付保险金责任的最高限额，即投保人对保险标的的实际投保金额；同时又是保险公司收取保险费的计算基础。按照国际保险市场的习惯做法，出口货物的保险金额一般按 CIF 货价另加 10% 计算，这增加的 10% 叫投保加成率，计算公式如下：

$$\text{保险金额} = \text{CIF 价} \times （1 + \text{投保加成率}）$$

$$\text{CIF} = \frac{\text{CFR 价}}{1 - （1 + \text{投保加成率}）\times \text{保险费率}}$$

2. 保险费（Premium）

保险费是指被保险人参加保险时，根据其投保时所订的保险费率，向保险人交付的费用。保险费率是保险公司根据一定时期，不同种类的货物的赔付率，按不同险别和目的地确定的。投保人按约定缴纳保险费是保险合同生效的条件。计算公式如下：

$$\text{保险费} = \text{保险金额} \times \text{保险费率}$$

示例 5－1：

深圳胜达有限公司出口一批泳衣到澳大利亚墨尔本，对外报价为 CFR 墨尔本 10 000

美元，投保一切险（保险费率 0.4%），投保加成率 10%，该批货物的保险金额和保险费应是多少？

解：$CIF = \dfrac{CFR价}{1-(1+投保加成率)\times保险费率}$

$= 10\ 000 / [1-(1+10\%)\times 0.4\%]$

$\approx 10\ 044.20$（美元）

保险金额 = CIF ×（1 + 10%）= 10 044.20 × 110% = 11 048.62（美元）

保险费 = 保险金额 × 保险费率 = 11 048.62 × 0.4% ≈ 44.19（美元）

答：该批货物的保险金额应为 10 044.20 美元，保险费为 44.19 美元。

## 四、规定合同中的保险条款

贸易合同中的保险条款在不同的贸易条件下，内容各有不同，大致分为以下三种情况。

### （一）保险由买方办理

以 EXW、FAS、FOB、FCA、CFR、CPT 条件成交的贸易合同，保险由买方办理，合同中的保险条款比较简单，只需明确保险责任即可。

示例 5 - 2：

保险由买方负责办理。

Insurance to be effected by the buyers.

如果买方委托卖方代为投保，则需在合同中加以明确。

示例 5 - 3：

保险由买方委托卖方按发票金额的 110% 代为投保水渍险，保险费由买方负担。

Insurance to be covered by the seller on behalf of the buyer for 110% of the total invoice value against FRP risks, premiums to be for buyer's account.

### （二）保险由卖方自理

以 D 组术语成交的贸易合同，保险由卖方自理，贸易合同中有无保险条款均可。如出现保险条款，也只需明确保险责任即可。

示例 5 - 4：

保险由卖方自理。

Insurance to be effected by the seller.

### （三）保险由卖方负责

以 CIF、CIP 条件成交的贸易合同，卖方必须承担为对方办理保险的义务，所以在合同中必须明确规定保险责任、保险金额、投保险别和适用的保险条款等内容。

示例 5 - 5：

保险由卖方按发票金额的××%投保××险、××险，以中国人民保险公司1981年1月1日的有关海洋运输保险条款为准。

Insurance to be covered by the seller for ××% of total invoice value against ×× and ×× risks, as per and subject to the relevant ocean marine cargo clauses of the People's Insurance Company of China dated 1/1/1981.

示例5-6：

由卖方按发票金额的110%投保协会货物条款（A）加协会战争险条款（货物），以1982年1月1日的协会货物条款为准。

Insurance to be covered by the seller for 110% of total invoice value against All Risk and War Risk as per ICC（A）and IWCC dated 1/1/1982.

## 五、保险索赔的流程

国际运输保险理赔是指保险事故发生后，被保险人向保险人提出国际运输保险索赔请求，保险人予以受理并决定是否赔偿或如何赔偿的过程。

### （一）国际运输保险理赔的步骤

（1）及时报损。被保险人发生保险事故后，被保险人、投保人、受益人或其他知情人应及时将该事故的情况通知保险公司。

（2）申请查勘。联系保单上列明的当地检验人及时申请现场查勘检验。查勘员接到调度后，会及时赶赴现场进行查勘，做笔录，必要时安排检验。经查勘如不属于保险责任的事故，查勘员将当场向被保险人进行解释；如各方对现场事故无异议，查勘员将指导当事人进入索赔程序。

（3）提出索赔。被保险人或其代理人在提货时发现货物明显受损或整件短少，除向保险公司报损外，还应立即向承运人、受托人以及海关、港务局等索取货损货差证明。当这些损失涉及承运人、受托人或其他有关方面如码头、装卸公司的责任，应立即以书面形式向他们提出索赔，并保留追偿权利，必要时还要申请延长索赔时效。

（4）采取措施。保险货物受损后，作为货方的被保险人应该及时对受损货物采取措施，防止损失扩大。相对于保险人而言，被保险人对货物的性能、用途更加熟悉，因此，原则上残货应由货方处理。

### （二）国际运输保险理赔的申报材料

（1）保单（批单）正本原件、保险协议、共保协议复印件、提单正本原件、运单正本原件、装箱单、磅码单、商业发票、贸易合同、承运人出具的正式的货损证明（正本）、国际运输保险索赔清单（正本）、向承运人及相关责任方的索赔函及其答复、照片（正本）、检验报告（正本）。

（2）修复费用发票（涉及修复的）、海事报告（发生海事时）、正本发票和装箱单（发生共同海损时）、设备交接单（涉及集装箱运输的）、装船前的品质和重量证明（针对大宗散装货的）。

### （三）国际运输保险索赔的注意事项

（1）货物到达后，被保险人应及时提货。

（2）发现货物缺损后，被保险人应及时要求有关部门验货并出具相关证明。

（3）对遭受承保责任内危险的货物，被保险人应迅速采取合理的抢救措施，防止或减少货物的损失。

（4）在获悉有关运输契约中“船舶互撞责任条款”的实际责任后，应及时通知保险人。

# 项目 2　保险单的内容及填制方法

## 一、保险单的内容及填制方法

保险单是保险人与投保人之间签订的一种最大诚信保险合同。保险单根据投保人的申请，由保险人签署，交由被保险人收执。保险单是被保险人在保险标的遭受意外事故而发生损失时向保险人索赔的主要凭证，同时也是保险人收取保险费的依据。

### （一）保险单的关系人

（1）保险人又称承保人，即收取保险费并按照合同规定负责赔偿损失或履行给付义务的人。

（2）投保人是对保险标的具有保险利益，同保险人签订保险合同并缴纳保险费的人。

（3）被保险人是保险合同的受益人，即有权按照保险合同向保险人取得赔款或期满给付的人。

### （二）保险单的分类

1. 保险单（Insurance Policy）

保险单俗称大保单，是使用最广泛的一种保险凭证。它是保险人和被保险人之间成立保险合同关系的正式凭证。一般须载明被保险人、保险标的名称、数量或重量、唛头、运输工具、险别、起讫地点、保险期限、保险价值、保险金额、保险人签章和赔款偿付地点等项目。此外，还附有关保险人责任范围以及保险人与被保险人的权利和义务等方面的详细条款。

2. 保险凭证（Insurance Certificate）

保险凭证俗称小保单，是一种简化的保险合同。这种凭证除背面不载明保险人与被保险人双方的权利和义务等保险条款外，其他内容与保险单相同。保险凭证与保险单具有相同的法律效力。

3. 联合保险凭证（Combined Insurance Certificate）

联合保险凭证是一种更为简化的保险单据，它是由保险公司在商业发票上加盖保险单，并且注明保险号码、险别和金额等内容，以此作为保险的凭证。它与保险单有同等效力，但不可转让。

4. 预约保险单（Open Policy）

预约保险单是一种长期性的货物运输保险合同。合同中规定了承保范围、险别、费率和责任赔款处理等项目。凡属合同约定的运输货物，在合同有效期内自动承保。预约保险单的优点是减少逐笔签订合同的手续，并可以防止因漏保或迟保而造成的无法弥补的损失。

5. 保险批单（Endorsement）

保险批单是指保险单出立后，被保险人出于某种原因需要补充或修改其内容，向保险人提出修改申请，由保险人另出的凭证注明更改或补充的内容。其必须粘在保险单上并加盖骑缝章，作为保险单不可分割的一部分。

6. 暂保单（Cover Note）

暂保单是保险经纪人签发的一种单据。保险经纪人接受投保人的委托后向其签发暂保单，但是暂保单不具有保险单的作用，被保险人不能凭其向保险公司索赔，保险公司对暂保单不承担任何责任。《UCP600》第28条规定：暂保单将不被接受。

### （三）保险单的填制

1. 发票号码（Invoice No.）

填写投保货物商业发票的号码。

2. 保险单号码（Policy No.）

填写保险公司指定的号码，由保险公司自行编发。

3. 被保险人（Insured）

即保险单的抬头人。采用电汇结算方式时，一般填写出口商名称。

4. 标记（Marks & Nos.）

填写装运唛头，应与发票、提单等单据的标记一致，或填写“As per Invoice No. ×××”。

5. 包装及数量（Quantity）

填写商品外包装的最大包装件数，和提单同一栏目内容一致。

6. 保险货物项目（Description of Goods）

填写商品的名称，按发票名称写，如果货物的项目很多，可以用总称。

7. 保险金额（Amount Insured）

保险金额是指保险人承担赔偿或者给付保险金责任的最高限额。保险金额按照合同要求填制，至少是货物CIF或CIP价的110%。实务中一般是发票金额加一成。保险金额采用“进一法”来填写，即不论是“2 200.12”还是“2 200.63”都按“2 201”来填写。

8. 总保险金额（Total Amount Insured）

填写保险金额的大写形式，计价货币也应以全称形式填写。例如，美元不能直接写

“USD”，而应写“U. S. DOLLARS”，末尾还应加“ONLY”。

9. 保险费（Premium）

此栏由保险公司填写或印上“As Arranged”字样。如果合同要求注明“保费已付”（Premium Paid），可将原印制的“As Arranged”删去加盖校对章后打上“Paid”字样。

10. 装载运输工具（Per Conveyance S. S.）

填写装载船舶的船名。当运输由两段或两段以上航程完成时，应把各程运输的船名填写进去。例如：提单的第一程船名是“HONG YI”，第二程船名是“HAI HANG”，则本栏目应填写“HONG YI/ HAI HANG”。

11. 开船日期（Sailing on or about）

一般填写提单签发日期，也可填写提单签发日前后各 5 天之内的任何一天，或填写“As per B/L”。

12. 起讫地点（From…To…）

填写装运港和目的港的名称，若有中转港应注明，按下列方法填写：From 装运港 To 目的港 W/T 转运港（或 VIA 转运港）。若海运至目的港，保险承保到内陆城市，应在目的港后注明该内陆城市，按下列方法填写：From 装运港 To 目的港 and Thence To 内陆城市。

13. 承保险别（Conditions）

承保险别是保险单的核心内容，填写时应与合同规定的条款、险别等要求严格一致。投保险别除注明险别名称外，还应注明险别适合的文本及日期。

14. 赔款偿付地点（Claim Payment at）

一般填写目的地，当信用证或合同另有规定时，则按要求填写。

15. 签单日期（Date）

填写保险单的签发日期。《UCP600》第 28 条 e 款对保险单据日期规定如下：

（1）保险单据签发日期通常为保险责任的生效日。

（2）保险单据签发日期不得晚于装运日期，除非保险单据表明保险责任从不迟于装运日的日期起生效。

16. 投保地点（Address）

填写投保地点的名称，一般为装运港（地）的名称。

17. 盖章和签字（Stamp & Signature）

由签发保险单的保险公司盖章签字。

18. 保险单的份数

如合同无明确规定保险单的份数时，保险公司一般出具一套三份正本的保险单。

19. 赔付代理人

保险赔付代理人的名称和地址，一般是在货物的进口地。

20. 保险单的背书（Endorsement）

保险单据经被保险人背书转让后，即随同被保险货物的转让而自动转让给受让人，事前事后均不需通知保险人。背书有三种：空白背书、记名背书、记名指示背书。具体如下：

（1）空白背书。空白背书是指在保险单据背面打上被保险人公司的名称或盖上公司图章，再加上背书人签字。此外不再作任何批注。

（2）记名背书。当合同有如下字样“Endorsed in the name of ×××”，要求记名背书时，则要在保险单的背面填写被保险人的名称和经办人的名字，然后再打上“In the name of ×××”字样。

（3）记名指示背书。当合同规定“Insurance policy or certificates in negotiable form issued to the order of ×××”时，填单人就要在保险单的背面打上“To the order of ×××”，然后签署被保险人的名称。

一般来说，保险单据的背书应与提单的背书保持一致。在 FOB 和 CFR 的价格条件下，由买方投保，如买方需要转让提单，则保险单据也需要转让，两者的转让必须保持一致，在被保货物出险后，保险单持有人凭保险单向保险公司索赔并获得合理的赔偿。

## 二、广州美菱电器贸易有限公司和加拿大长盛进出口贸易有限公司签署的合同中的保险条款

### （一）合同中的保险条款

保险：由卖方负责按发票金额的110%投保一切险和战争险，以中国人民保险公司 1981 年 1 月 1 日的有关海洋运输货物保险条款为准。

INSURANCE: TO BE COVERED BY THE SELLER FOR 110% OF TOTAL INVOICE VALUE AGAINST ALL RISKS AND WAR RISK, AS PER AND SUBJECT TO THE RELEVANT OCEAN MARINE CARGO CLAUSES OF THE PEOPLE'S INSURANCE COMPANY OF CHINA DATED 1/1/1981.

### （二）投保单和保险单样单

广州美菱电器贸易有限公司根据合同制作的投保单，如下所示：

货物运输保险投保单 SAMPLE

APPLICATION FOR CARGO TRANSPORTATION INSURANCE

本投保单内容以中文为准。

投保单号：

The interpretation of this application shall be subject to Chinese version.

Application No.

| | | | | | |
|---|---|---|---|---|---|
| 投保人 Applicant | GUANGZHOU MEILING ELECTRIC TRADING CO. LTD. | | | | |
| 投保人地址 Applicant's Add | NO. 551, XIAOBEI ROAD, GUANGZHOU, CHINA | | | 联系人 Contact | CHEN MING |
| 电　话 Tel. | 020 - 67438900 | 传　真 Fax. | | 电子邮箱 E - mail | |
| 被保险人 Insured | GUANGZHOU MEILING ELECTRIC TRADING CO. LTD. | | | | |
| 合同号 Contract No. | 20140621 | 信用证号 L/C No. | 无 | 发票号 Invoice No. | 1405AGY509 |

（续上表）

<table>
<tr><td>标 记<br>Marks & Nos.</td><td>包装及数量<br>Packing & Quantity</td><td>保险货物项目<br>Description of Goods</td><td rowspan="2">1. 发票金额 Invoice Value 483 360 美元<br>2. 加成 Value Plus about 10 %<br>3. 保险金额 Insured Value 531 696 美元<br>4. 费率（‰）Rate 0.88<br>5. 保险费 Premium 4 678.83 美元</td></tr>
<tr><td>见发票所示<br>AS PER INVOICE NO.</td><td>152 CARTONS</td><td>箭牌电热干手器<br>ARROW ELECTRIC HAND DRYER</td></tr>
<tr><td colspan="2">装载运输工具：海鸥号轮<br>Name of the Carrier：HAIOU V. 2556</td><td>业务编号：<br>Business No.：</td><td>赔付地点：加拿大蒙特利尔<br>Claims Payable at MONTREAL，CANADA</td></tr>
<tr><td colspan="2">起运日期：<br>Departure Date：JULY 28,2014</td><td colspan="2">运输路线： 自 广州 经 到达（目的地）蒙特利尔<br>Route From GUANGZHOU Via To（Destination）MONTREAL</td></tr>
<tr><td colspan="4">包装方式：1. 散装 2. 纸箱 3. 罐装 4. 木箱 5. 编织袋 6. 真空袋 7. 桶装 8. 裸装 9. 苫布 10. 其他方式：______<br>装载方式：1. 普通集装箱 2. 冷藏箱 3. 拼箱 4. 整船 5. 舱面 6. 其他方式：__________<br>货物项目：1. 精密仪器 是□ 否□ 2. 旧货物 是□ 否□（此二项如未注明，则以全新的非精密货物承保）<br>3. 船龄：________年建</td></tr>
<tr><td colspan="4">承保条件 Conditions： 承保条件投保人可根据投保意向选择投保险别及条款，并划√确认，但保险人承保的险别及适用条款以保险人最终确定并在保险单上列明的险种、条款为准。<br>进出口海洋运输：□一切险 □水渍险 □平安险 （平安《海洋运输货物保险条款》）<br>□ ICC（A） □ ICC（B） □ ICC（C） （伦敦协会条款）<br>进出口航空运输：□航空运输险 □航空运输一切险 （平安《航空运输货物保险条款》）<br>进出口陆上运输：□陆运险 □陆运一切险 （平安《陆上运输货物保险条款》）<br>特殊附加险： □战争险 □罢工险 （□平安条款 □伦敦协会条款）<br>国内水陆运输： □基本险 □综合险 （平安《国内水路、陆路货物运输保险条款》）<br>国内航空运输： □航空运输险 □航空运输一切险 （平安《航空运输货物保险条款》）<br>是否放弃或部分放弃向承运人的追偿权利 □是 □否 （如果是，请详细说明）<br>其他承保条件： 免赔额：______________<br>（免赔额的金额和比例以最终保险单为准）</td></tr>
<tr><td colspan="4">特别约定 Special Conditions：</td></tr>
<tr><td colspan="4">投保人声明：<br>1. 保险人已经就本投保单及所附的保险条款的内容，尤其是关于保险人免除责任的条款及投保人和被保险人义务条款向投保人作了明确说明，投保人对该保险条款及保险条件已完全了解，并同意接受保险条款和保险条件的约束。<br>2. 本投保单所填各项内容均属事实，同意以本投保单作为保险人签发保险单的依据。<br>3. 保险合同自保险单签发之日起成立。<br>投保人签字（盖章）CHEN MING 日期 JULY 28，2014</td></tr>
</table>

广州美菱电器贸易有限公司保险单如下所示：

中国人民保险公司　　SAMPLE
THE PEOPLE'S INSURANCE COMPANY OF CHINA
总公司设于北京　　一九四九年创立

Head Office：BEIJING　Established in 1949

发票号码 1405AGY509　　**保险单**　　保险单号次 58201
Invoice No.　　INSURANCE POLICY　　No.

中国人民保险公司（以下简称本公司）根据（以下简称被保险人）的要求，由被保险人向本公司缴付约定的保险费，按照本保险单承保险别和背面所载条款与下列特款承保下述货物运输保险，特立本保险单。

This policy of insurance witnesses that the People's Insurance Company of China (hereinafter called "the Company") at the request of GUANGZHOU MEILING ELECTRIC TRADING CO. LTD. (hereinafter called "the Insured") and in consideration of the agreed premium paying to the Company by the Insured, undertakes to insure the under mentioned goods in transportation subject to the conditions of this policy as per Clauses printed overleaf and other special clauses attached hereon.

| 标　记<br>Marks & Nos | 包装及数量<br>Quantity | 保险货物项目<br>Description of Goods | 保险金额<br>Amount Insured |
|---|---|---|---|
| AS PER INVOICE NO. | 152 CTNS | ARROW ELECTRIC<br>HAND DRYER | USD531 696.00 |

总保险金额：
Total Amount Insured：SAY U. S. DOLLARS FIVE HUNDRED AND THIRTY ONE THOUSAND SIX HUNDRED AND NINETY SIX ONLY.

保费　　费率　　装载运输工具
Premium AS ARRANGED　　Rate AS ARRANGED　　Per conveyance HAIOU V. 2556

开航日期　　自　　至
Sig on or abt. AS PER B/L　From GUANGZHOU, CHINA　To MONTREAL, CANADA

承保险别　投保一切险和战争险，按照中国人民保险公司 1981 年 1 月 1 日生效的有关海洋货物运输条款为准。

Conditions　ALL RISKS AND WAR RISKS AS PER AND SUBJECT TO THE RELEVANT OCEAN MARINE CARGO CLAUSES OF THE PEOPLE'S INSURANCE COMPANY OF CHINA DATED 1/1, 1981.

所保货物，如遇出险，本公司凭本保险单及其他有关证件给付赔款。
Claims, if any, payable on, surrender of this policy together with other relevant documents.

所保货物，如发生本保险单项下负责赔偿的损失事或事故，应立即通知本公司下述代理人查勘。
In the event of accident whereby loss or damage may result in a claim under this policy immediate notice applying for survey must be given to the company's agent as mentioned hereunder.

中国人民保险公司
THE PEOPLE'S INSURANCE CO. OF CHINA

赔款偿付地点
Claim payable at　MONTREAL, CANADA
日期 Date　JULY 28, 2014

样单　货物运输保险单

PICC 中国人民财产保险股份有限公司
PICC PROPERTY AND CASUALTY COMPANY LIMITED

总公司设于北京
Head Office Beijing

一九四九年创立
Established in 1949

单证识别码(POLICY ID CODE) AEYIIA2012Z00
流水号(SERIAL NO.) 440114000233348
保险单号(POLICY NO.) PYIE201444010000013034

## 货物运输保险 保险单 CARGO TRANSPORTATION INSURANCE POLICY

发票号(INVOICE NO.) 14128A1052FL-3
合同号(CONTRACT NO.)
提单号(B/L NO.) COSU6094512730
信用证号(L/C NO.)

被保险人(THE INSURED): GUANGDONG SILIQUE INTERNATIONAL GROUP GARMENT CO., LTD.
198, DONG FENG ROAD WEST, GUANGZHOU, CHINA

中国人民财产保险股份有限公司(以下简称本公司)根据被保险人要求，以被保险人向本公司缴付约定的保险费为对价，按照本保险单列明条款承保下述货物运输保险，特订立本保险单。
THIS POLICY OF INSURANCE WITNESSES THAT PICC PROPERTY AND CASUALTY COMPANY LIMITED (HEREINAFTER CALLED "THE COMPANY") AT THE REQUEST OF THE INSURED AND IN CONSIDERATION OF THE AGREED PREMIUM PAID TO THE COMPANY BY THE INSURED, UNDERTAKES TO INSURE THE UNDERMENTIONED GOODS IN TRANSPORTATION SUBJECT TO THE CONDITIONS OF THIS POLICY AS PER THE CLAUSES PRINTED OVERLEAF.

| 标记(MARKS & NOS.) | 包装及数量(PACKAGE & QUANTITY) | 保险货物项目(GOODS) | 保险金额(AMOUNT INSURED) |
|---|---|---|---|
| GIOFRANBABY<br>CARTON NO.<br>STYLE NO.<br>QUANTITY<br>COLOUR<br>SIZE<br>NET WEIGHT<br>GROSS WEIGHT * | 13906PCS/<br>165CTNS<br>*<br>MADE IN CHINA | GARMENTS | USD132692.78 |

总保险金额(TOTAL AMOUNT INSURED): US DOLLARS ONE HUNDRED AND THIRTY TWO THOUSAND SIX HUNDRED AND NINETY TWO AND CENTS SEVENTY EIGHT ONLY

保险费(PREMIUM): AS ARRANGED　启运日期(DATE OF COMMENCEMENT): Dec. 16, 2014

装载运输工具(PER CONVEYANCE): SUI HAI YUN 366 160 S

自(FROM): WUCHONGKOU　经(VIA): ______　至(TO): NAPLES, ITALY

承保险别(CONDITIONS):
COVERING ALL RISKS AS PER I.C.C.(A) ED.1/1/82. I.W.C. (CARGO) ED. 1.1.82 INCLUDED WAR, RIOTS, STRIKE, COMMOTION, THEFT AND ARMED ROBBERY FROM SELLER'S WAREHOUSE IN GUANGZHOU TO BUYER'S WAREHOUSE IN NOLA AS PER ICC. ALL RISKS, FROM WAREHOUSE SELLER TO WAREHOUSE BUYER INCLUDING ROAD TRANSPORT FROM ITALIAN PORT TO NOLA(NA).

PICC ORIGINAL

所保货物如发生保险单项下可能引起索赔的损失，应立即通知本公司或下述代理人查勘，如有索赔，应向本公司提交正本保险单(本保险单共有二份正本)及有关文件。如一份正本已用于索赔，其余正本自动失效。
IN THE EVENT OF LOSS OR DAMAGE WHICH MAY RESULT IN A CLAIM UNDER THIS POLICY IMMEDIATE NOTICE MUST BE GIVEN TO THE COMPANY OR AGENT AS MENTIONED. CLAIMS, IF ANY, ONE OF THE ORIGINAL POLICIES WHICH HAS BEEN ISSUED IN two ORIGINAL(S) TOGETHER WITH THE RELEVANT DOCUMENTS SHALL BE SURRENDERED TO THE COMPANY IF ONE OF THE ORIGINAL POLICIES HAS BEEN ACCOMPLISHED, THE OTHERS TO BE VOID.

GASTALDI INTERNATIONAL S.R.L.
VIA A. DEPRETIS 31
I-80133 NAPLES, ITALY
TELEPHONE: (39) 081 5525561
FAX: (39) 081 5511270/3411
EMAIL: NAPLES@GASTALDI-INT.COM

保险服务请联系:
CONTACT INFORMATION OF INSURANCE SERVICE:
中国人民财产保险股份有限公司广州市分公司
PICC PROPERTY AND CASUALTY COMPANY
LIMITED GUANGZHOU BRANCH
电话(TEL): 83343841
传真(FAX):
EMAIL:
地址(ADD): 广州市广州大道中303号
No. 303 GUANGZHOU AVENUE,
GUANGZHOU, CHINA

PICC PROPERTY AND CASUALTY COMPANY LIMITED
GUANGZHOU BRANCH

保险人:
UNDERWRITER: Authorized Signatory(1)

赔款偿付地点(CLAIM PAYABLE AT) NAPLES, ITALY
签单日期(ISSUING DATE) Dec. 15, 2014

网址(WEBSITE): www.piccnet.com.cn

模块六

# 出口贸易流程及其单证之四——运输

【知识目标】

1. 熟悉国际贸易的各种运输方式及其特点
2. 熟悉装运条款的主要内容
3. 熟悉运输单据的种类、内容和作用

【技能目标】

1. 学会计算海运运费
2. 学会规定合同中的装运条款
3. 学会填制运输单据

国际货物运输是国际贸易的重要环节，实现了货物在国家与国家、国家与地区之间的转移。国际货物运输方式主要有海洋运输、铁路运输、航空运输、集装箱运输和国际多式联运等。买卖双方在签订贸易合同时，应根据具体情况合理选择运输方式。

## 项目 1　国际货物运输的基本知识

### 一、海洋运输

海洋运输（Sea /Ocean Transportation）是国际货物贸易中最主要的运输方式。海洋运输具备运载量大、运费低廉和适应性强的优点，所以国际贸易总运量的 2/3 以上、中国进出口货运总量的约 90% 都是利用海上运输实现的。海洋运输又可分为班轮运输和租船运输。

#### （一）班轮运输

班轮运输（Liner Shipping）又称定期船运输，是指船舶按照固定的船期表，沿着固定的航线和港口往返运载货物，并按相对固定的运费率收取运费的运输方式。班轮承运的货物数量比较灵活，货主可按需订舱，特别适合一般件杂货和集装箱货物的运输。现在大部分货物的运输是通过班轮运输进行的。

1. 班轮运输的特点

（1）四固定：即固定的航线、港口、航期和相对固定的运费率。

（2）一负责：即班轮公司负责港口装卸，运费已包括了装卸费。

（3）船、货双方的权利与义务以船方签发的提单条款为依据。

2. 班轮运费的构成

班轮运费由基本运费和附加运费构成，即班轮运费 = 基本运费 + 附加运费。

（1）基本运费是指货物从装运港到目的港的基本运输费用，构成了全程运费的主要部分。基本运费分成两大类：一类是传统的件杂货运费，另一类是集装箱包箱费率。件杂货基本运费的计费标准见表 6－1。

**表 6－1　件杂货基本运费的计费标准**

| 计费标准 | 适用范围 |
| --- | --- |
| 按毛重计收（W）：又称重量吨（Weight Ton），1 重量吨（W）＝1 公吨 | 适用于价值不高、体积较小、重量较大的货物，如铁矿石、钢板、滚筒洗衣机等 |
| 按体积计收（M）：又称尺码吨（Measurement Ton），1 尺码吨（M）＝1 立方米 | 适用于价值不高、体积较大、重量较轻的货物，如生丝、棉花、羽绒被等 |
| 按毛重或体积（W/M），选较高者计收。重量吨和尺码吨统称为运费吨<br>1 运费吨＝1 重量吨＝1 尺码吨 | 是最常见的一种选择性计费标准，由船公司按照尺码吨和重量吨选择较高者计收 |
| 按 FOB 值的一定百分比计收（A. V.） | 又称“从价运费”，适用于贵重或高价物品，如名贵药材、精密仪器、古玩等 |
| 按 W/M or A. V. 计收 | 在货物重量、体积、从价运费三者中选择最高价者计收 |
| 按 W/M plus A. V. 计收 | 按重量和体积中选择高价者，再加上从价运费计收 |
| 按件数计收 | 如汽车按“每辆”、牲畜按“每头”等 |
| 由船、货双方临时议定（Open） | 适用于大宗低值货物 |

（2）附加运费是指针对某些特定情况或需要作特殊处理的货物而在基本运费之外加收的费用。常见的附加运费有燃油附加费、货币贬值附加费、超重附加费、超长附加费、超大附加费、直航附加费、绕航附加费、转船附加费、港口附加费、选港附加费、变更卸货港附加费和港口拥挤附加费等。

3. 班轮运费的计算

（1）班轮运费的计算步骤：

A. 从运价表的货物分级表中查出货物等级和计费标准。

B. 从运价表的航线费率表中查出相应的基本费率和附加费率。

C. 根据运费吨数计算总运费。

（2）班轮运费的计算公式：

总运费 = 基本运费 + 附加运费

　　= 商品数量 ×［运费吨 × 基本运费费率 ×（1 + 各种附加费率之和）+ 其他附加费］

示例6－1：

深圳兴达贸易有限公司向美国海运出口一批玩具，共200箱，每箱体积为30cm×40cm×50cm，每箱毛重为50kg。计费标准为W/M，基本运费为每运费吨80美元，另加收燃油附加费10%、港口附加费8%。请计算该批货物的总运费。

解：①$M=30cm\times40cm\times50cm=60\ 000cm^3=0.06m^3$

$W=50kg=0.05mt$

计费标准为W/M，M>W，所以按体积来计算运费。

②总运费＝基本运费＋附加运费

$=200\times0.06\times80\times(1+10\%+8\%)$

$=1\ 132.80$（美元）

答：该批货物的总运费为1 132.80美元。

（3）集装箱运费的计算。

①拼箱货的运费计算。

拼箱货海运运费的计收方法类似件杂货运费的计收方法，只是加收集装箱有关费用，如拼箱服务费等，但不再收取件杂货情况下码头的收货费用。

②整箱货的运费计算。

整箱货按照包箱费率计算，以每个集装箱为计费单位，不同船公司的收费标准有所不同。

示例6－2：

中山恒通公司从深圳出口2个40尺集装箱的家具到印度孟买，每个40尺集装箱的包装箱费率是USD700。请计算该批家具的集装箱运费。

解：集装箱运费$=700\times2=1\ 400$（美元）

答：该批家具的集装箱运费为1 400美元。

### （二）租船运输

租船运输（Shipping by Chartering）是指租船人根据协议向船舶所有人租赁船舶用于货物运输，并按商定运价，向船舶所有人支付运费或租金的运输方式。一般适用于大宗货物的运输，如粮食、矿砂、木材、煤炭等。与班轮运输相比，租船运输属不定期船，无固定航线、装卸港口、船期和运价。

常见的租船方式主要有定期租船和定程租船两种。

1. 定期租船（Time Charter）

简称期租，它是船舶所有人把船舶出租给承租人使用一定时期的租船方式。在这期限内，承运人可以利用船舶的运载能力来安排货运。

2. 定程租船（Voyage Charter）

简称程租，它是船舶所有人按双方事先议定的运价与条件向租船人提供船舶全部或部分仓位，在指定的港口之间进行一个或多个航次运输指定货物的租船业务。与班轮运输由船公司负责装卸不同，定程租船的装卸费用负担有四种方式，租船人装卸速度的快慢也会产生相应的速遣费或滞期费。

（1）装卸费用。

①船方负担装卸费（Liner Terms），船方负担装货和卸货的费用，一般用于包装货。

②船方管装不管卸（Free out，简称 FO），船方只负责装货，不负责卸货。

③船方管卸不管装（Free in，简称 FI），船方只负责卸货，不负责装货。

④船方不负担装卸（Free in and out，简称 FIO），船方不负责装货和卸货，由租船人自行负担。在实务中，多采用这种方式。

（2）滞期费和速遣费。

①装卸时间（Lay Time），是指货物装船或卸船完毕所用的时间，一般以天数或小时表示。国际上普遍采用的方法是：按“连续 24 小时晴天工作日”计算，即在天气好的情况下连续作业 24 小时为一个工作日，不分昼夜，中间因坏天气而无法作业的时间予以扣除。我国普遍采用这种做法。

②滞期费（Demurrage），是指租船人未能在合同规定时间内完成装卸作业，须向船方支付的罚金。

③速遣费（Dispatch Money），是指租船人提前完成装卸作业，船方向租船人支付的奖金。速遣费通常为滞期费的一半。

## 二、其他运输方式

国际贸易运输除了海洋运输外，应用较多的还有航空运输、铁路运输和公路运输。尤其是以集装箱为载体的集装箱运输和国际多式联运发展迅猛，已遍及世界上所有的海运国家，并进入了成熟阶段，实现了“门到门”服务。

### （一）航空货物运输

航空货物运输（Air Transportation）具有运送速度快、破损率低、安全性好，可以节省包装费用和加快资金周转等优点，适合运送鲜活产品、季节性产品和贵重物品。航空运输方式主要有班机运输、包机运输、集中托运和航空快递。伴随着网上贸易的飞速发展，航空运输扮演着越来越重要的角色。

航空运费的计费标准为 W/M，按重量或体积从高价者计算，折算公式为 1 千克 = 0.006 立方米。

航空运输使用的单据是航空运单（Airway Bill），它不是物权凭证，不能用以提货和转让，收货人凭到货通知提货。但航空运单是承运人收取运费的依据和海关查验放行的单据，出口商可凭此向银行办理结汇手续。

### （二）铁路运输

铁路运输（Railway Transportation）是仅次于海洋运输的主要运输方式，不易受气候条件的影响，可保障全年的正常运行，具有高度的连续性。铁路运输还具有载运量较大、运行速度较快、运费较低廉、运输准确和遭受风险较小的优点。铁路运输包括国际铁路货物联运和对港澳地区的铁路运输。

1. 国际铁路货物联运

国际铁路货物联运是指由两个或两个以上不同国家的铁路当局联合起来完成一票货物从出口国向进口国转移所进行的全程运输。我国的主要国际铁路通道是西伯利亚大陆桥和新亚欧大陆桥。其中新亚欧大陆桥东起我国的连云港，西至荷兰的鹿特丹，横穿欧亚大陆，是目前世界上最长的一条大陆桥。发货人在托运货物时，先向始发站车站提交货物运单和运单副本，以此作为货物托运的书面申请，车站审核无误后接受托运。发货人按规定时间把货物交给车站承运，车站在货物运单上加盖承运日期戳，对货物负保管和装车发运责任，代办进出口报关手续并全程负责，无须收（发）货人参与。

国际铁路货物联运所使用的运单是铁路与货主间缔结的运输契约的证明。此运单正本从始发站随同货物附送至终点站并交给收货人，是铁路同发货人之间交接货物、核收运杂费用和处理索赔与理赔的依据。运单副本是卖方凭以向银行结算货款的主要凭证。

2. 对港澳地区的铁路运输

中国内地通过铁路运往港澳地区的出口货物，一般委托中国对外贸易运输公司承办。对港运输在深圳北站由深圳外运公司接货、报关放行后，由香港中国旅行社负责接货分发。对澳运输在广州南站由广东省外运公司接货办理中转手续后，由澳门南光集团负责接货分发。当出口货物装车发运后，对外贸易运输公司即签发承运货物收据交给托运人，作为对外办理结汇的凭证。承运货物收据只有第一联为正本，反面印有“承运简章”，载明承运人的责任范围。承运货物收据既是承运人出具的货物收据，也是承运人与托运人签订的运输契约的证明。

铁路运单一律以目的地收货人作记名抬头，一式两份。它只是运输契约和货物收据，不是物权凭证，不能流通转让。

### （三）公路、内河、管道和邮包运输

1. 公路运输

公路运输（Road Transportation）具有灵活、机动、方便和快捷的特点，可以连接仓库、车站、港口和机场等货物收发点，实现“门到门”的运输，在国际贸易中发挥着不可替代的作用。

2. 内河运输

内河运输（Inland Water Transportation）是连接内陆腹地与沿海地区的纽带，也是水上运输的重要部分，在国际贸易运输中发挥着重要的辅助作用。我国不仅有四通八达的内河航运网，还同一些邻国有国际河流相连，这就为河流运输和集散相互的进出口货物提供了十分有利的条件。

3. 管道运输

管道运输（Pipeline Transportation）是一种在管道内利用高压气泵和压力输送液体和气体的运输方式，包括原油管道运输、成品油管道运输、天然气管道运输和煤浆管道运输等。管道运输可省去水运或陆运的中转环节，缩短运输周期，降低运输成本，提高运输效率。当前管道运输的发展趋势体现为管道的口径不断增大，运输能力大幅度提高；管道的运距迅速增加；运输物资由石油、天然气、化工产品等流体逐渐扩展到煤炭、矿石等非流

体。全球的管道运输承担着很大比例的能源物资运输，包括原油、成品油、天然气、油田伴生气、煤浆等。中国已建成大庆至秦皇岛、胜利油田至南京等多条原油管道运输线。

(a)

(b)

**图 6－1　管道运输**

4. 邮包运输

邮包运输（Parcel Post Transportation）是各国邮政部门通过签订协定和合约，实现国际邮件包裹互相传递，形成国际邮包运输网。邮包按照运送方式分为三种：普通邮包、航空邮包和保价邮包。普通邮包用于海运或陆运，时间长，但收费低廉；航空邮包用于空运，速度快，但收费高；贵重物品还可通过付保价费而成为保价邮包。托运人只要按邮局章程办理一次托运，一次性付清足额邮资并取得一张邮政包裹收据，全部手续即告完备。邮件的运送、交接、保管等一系列手续由各国的邮政局负责办理。邮件到达目的地后，收件人可凭邮政局到件通知和收据向邮政局提取邮件。

邮包收据（Parcel Post Receipt）是邮局收到寄件人的邮包后所签发的凭证，只能做成记名抬头，由经办邮局加盖日戳后成为有效凭证。它是收件人凭以取邮件的凭证，还可以作为索赔和理赔的依据，但不是物权凭证，不能背书转让。

## 三、集装箱运输和国际多式联运

### （一）集装箱运输

集装箱运输（Container Transportation）是指以集装箱这种大型容器为载体，将货物集合组装成集装单元，以便在现代流通领域内运用大型装卸机械和大型载运车辆进行装卸、搬运作业和完成运输任务，从而更好地实现货物"门到门"运输的一种新型、高效率和高效益的运输方式。

**【小贴士】**

集装箱种类很多，按装货种类主要分为普柜（GC）、高柜（HQ）、挂衣柜（HT）、开顶柜（OT）、冷冻柜（RF）、冷高柜（HR）、油罐柜（TK）、框架柜（FR）等。目前，国际上使用较多的是20尺普柜（20′GP）、40尺普柜（40′GP）和40尺高柜（40′HQ）这三种，尺寸明细表如下。

| 集装箱 | 内部尺寸 | 箱门尺寸 | 净重 | 容积 | 载重量 |
|---|---|---|---|---|---|
| 20’干货箱<br>20’dry freight container | L：5 919 mm<br>W：2 340 mm<br>H：2 380 mm | W：2 286 mm<br>H：2 278 mm | 1 900 kg | 33.0 cbm | 22 110 kg |
| 40’干货箱<br>40’dry freight container | L：12 045 mm<br>W：2 309 mm<br>H：2 379 mm | W：2 280 mm<br>H：2 278 mm | 3 084 kg | 67.3 cbm | 27 396 kg |
| 40’高容积干货箱<br>40’high cube dry container | L：12 056 mm<br>W：2 347 mm<br>H：2 684 mm | W：2 320 mm<br>H：2 570 mm | 2 900 kg | 76.0 cbm | 29 600 kg |
| 45’高容积干货箱<br>45’high cube dry container | L：13 582 mm<br>W：2 347 mm<br>H：2 690 mm | W：2 340 mm<br>H：2 585 mm | 3 900 kg | 85.7 cbm | 28 600 kg |

(a)

(b)

(c)

(d)

图6-2　集装箱运输

集装箱货物的托运方式分为整箱托运（Full Container Load，简称 FCL）和拼箱托运（Less Container Load，简称 LCL）两种。集装箱货运站（Container Freight Station，简称 CFS）是拼箱货装箱、拆箱的场所，也是拼箱货交接和保管的场所。集装箱堆场（Container Yard，简称 CY）是交接及保管重箱和空箱的场所，也是集装箱换装运输工具、整箱货办理交接的地方。

1. 集装箱运输货物的交接方式

（1）整箱接、整箱交（FCL/FCL），指承运人从起运地到目的地都是以整个集装箱来交接货物。一个集装箱货物通常只有一个发货人和收货人。

（2）整箱接、拆箱交（FCL/LCL），指承运人在起运地整箱接货，到目的地后需拆箱分发给不同的收货人。一个集装箱货物通常只有一个发货人，但收货人却有多个。

（3）拼箱接、拆箱交（LCL/LCL），指承运人在起运地将不同发货人的货物拼箱，到目的地后还需拆箱分发给不同的收货人。一个集装箱货物通常有多个发货人和收货人。

（4）拼箱交、整箱接（LCL/FCL），指托运人将不足整箱的小票货物送到集装箱货运站，由承运人负责拼箱和装箱，到达目的地后，收货人整箱接货。

2. 集装箱运输提单

集装箱运输提单（Container B/L），也称联合运输提单（Combined Transport B/L），是由集装箱运输承运人签发的提单，与海运提单性质一样都是物权凭证。由于它是一份备运提单，需在集装箱装船后换发由船公司签署的已装船提单。

### （二）国际多式联运

国际多式联运（International Multimodal Transportation）是指按照多式联运合同，以集装箱为媒介，使用至少两种不同的运输方式，由多式联运经营人将货物从一国境内接管货物的地点运至另一境内指定交付货物的地点。

发货人通过一次托运、一次计费、一份单证、一次投保，由各运输区段的承运人共同完成货物的全程运输。联运经营人接受货主的委托后，自己办理一部分运输工作，其余各段的运输工作再委托给其他的承运人。与单一的运输方式不同，其他的承运人只是依照运输合同关系对联运经营人负责，与货主并不发生任何业务关系。因此，多式联运经营人可以是实际承运人，也可以是“无船承运人”（Non - vessel Operating Carrier，简称 NVOC）。

1. 国际多式联运的必备条件

（1）多式联运经营人与托运人之间必须签订多式联运合同。

（2）必须使用全程多式联运单据。

（3）必须是全程单一运价。

（4）必须由一个多式联运经营人对全程运输负总责。

（5）必须是两种或两种以上不同运输方式的连贯运输。

（6）必须是跨越国境的国际货物运输。

2. 多式联运提单

多式联运提单（Multimodal Tranoportation B/L，简称 MT B/L）是多式联运经营人按照多式联运合同签发给托运人的提单，和海运提单的性质一样，是物权证明，可以通过背书流通转让。

## 四、OCP 运输

OCP（Overland Common Points）称为内陆公共点或陆上公共点，是指使用两种运输方式将卸至美国西海岸港口的货物通过铁路转运抵美国的内陆公共点地区，并享有优惠运价。美国的 OCP 地区只限于美国的中部和东部各州，它以落基山脉为界，在其之东的各州均为 OCP 地区，在其之西的各州均为非 OCP 地区。从远东至美国西岸港口，而后再向东运往 OCP 地区的货物，不仅其海运运费可享受优惠的 OCP 运费率（每吨运费低 3 ~4 美元），而且进口方在支付从西岸至最终目的地的铁路（或公路）运费也较其本地运输费率低 3% ~5%。

OCP 运输与多式联运不同，海运、陆运段分别由两个承运人签发单据，运输与责任风险也是分段负责。

## 五、合同中国际货物运输条款的内容

货物通过各种运输方式来实现地域上的转移，买卖双方在签订合同时需就运输问题拟定合理的装运条款。以海洋运输为例，合同的装运条款主要包括运输方式、装运时间、装运港、目的港、是否分批装运和转运、装运通知等内容。

### （一）装运时间

装运时间（Time of Shipment），也称装运期，是卖方将合同规定的货物装上运输工具或交给承运人的期限。装运期是合同的一项重要条款，若卖方违反合同的规定，则买方有权拒收、解除合同和要求损害赔偿。生产中各种不可预见的因素容易导致卖方无法按约定的装运时间交货，从而产生由海运改走空运的高昂运输费用或买方要求延迟交货赔偿。所以卖方应根据实际情况慎重拟定装运实际时间。常见的装运期规定方法有以下几种：

（1）约定一段交货时间。

示例 6 -3：

装运期为 2014 年 12 月。

Shipment during Dec，2014.

示例 6 -4：

装运期为 2015 年 1 月 20 日左右。

Shipment on or about Jan. 20，2015.

（2）约定收到信用证后若干天装运。

示例 6 -5：

买方需在 2015 年 3 月 10 日前将信用证开到卖方，卖方在收到信用证后 40 天内装运。

The buyer shall establish a L/C and reach the seller before Mar. 10，2015，and shipment must be effected by the seller within 40 days after receipt of L/C.

注意：为了避免买方拖延开证，订立此条款需同时规定信用证的开立期限。

（3）约定最迟交货日，这种方法在实务中使用最多。

示例6-6：

装运期不迟于2014年10月15日。

Shipment on or before Oct. 15，2014.

示例6-7：

装运期为2015年2月1日前。

Shipment before Feb. 1，2015.

【知识链接】

**《UCP600》第3条对装运时间的规定**

（1）除非要求在单据中使用，否则诸如“迅速地”“立刻地”或“尽快地”等词语将被不予理会。

（2）“在或大概在（on or about）”或类似用语将被视为规定事件发生在指定日期的前后五个日历日之间，起讫日期计算在内。

（3）“至（to）”“直至（until，till）”“从……开始（from）”及“在……之间（between）”等词用于确定发运日期时包含提及的日期，使用“在……之前（before）”及“在……之后（after）”时则不包含提及的日期。

（4）“从……开始（from）”及“在……之后（after）”等词用于确定到期日期时不包含提及的日期。

（5）“前半月”及“后半月”分别指一个月的第一日到第十五日及第十六日到该月的最后一日，起讫日期计算在内。

（6）一个月的“开始（beginning）”“中间（middle）”及“末尾（end）”分别指第一日到第十日、第十一日到第二十日及第二十一日到该月的最后一日，起讫日期计算在内。

### （二）装运港和目的港

在采用F组和C组术语成交、运输方式为海运的合同中，需要确定装运港和目的港，这不仅关系到卖方的交货点和货物风险转移点问题，还关系到运费、保险费以及成本和售价的计算等问题。

（1）装运港（Port of Loading）一般由卖方提出，买方同意后确定。应选择接近货源地、费用合理和船期较多的港口。一般只规定一个装运港，如在深圳港装运（Shipment from Shenzhen）；也可以笼统规定“中国港口”（Chinese Port）或“中国主要港口”（China Main Port）。

（2）目的港（Port of Destination）一般由买方提出，卖方同意后确定。通常只规定一个目的港，如美国洛杉矶（Los Angeles，USA）。

（3）若目的港暂时无法确定，买方可规定两个或两个以上目的港作为选择港，如汉堡/伦敦/鹿特丹（Hamburg/London/Rotterdam），由此产生的选港费应由买方承担。

(4) 选择目的港时需考虑有无直达班轮航线、港口的装卸条件及运费、附加费水平等。

(5) 注意国外港口有无重名问题。重名的港口如维多利亚(Victoria)、乔治敦(Georgetown)、普列茅斯(Plymouth)、波特兰(Portland)等。为了避免产生歧义，合同中应明确注明目的港所在国家或地区的名称。

(6) 避免选择内陆城市为目的港(多式联运除外)。对内陆国家应选择距离该国目的地最近的港口为目的港，以免支付额外的从卸货港到内陆目的地的运费。

### (三) 分批装运和转船

1. 分批装运

分批装运(Partial Shipment)，也称部分装运，是指一个合同项下的货物分成若干批次分别装于不同航次的船上。通常在大宗商品交易中，根据交货数量、交货时间、运输条件和货源等因素可在合同中规定允许分批装运。凡信用证中未明确禁止分批装运，则视为可以分批装运。

《UCP600》第31条b款规定："表明使用同一运输工具并经由同次航程运输的数套运输单据在同一次提交时，只要显示相同目的地，将不视为部分发运，即使运输单据上标明的发运日期不同或装卸港、接管地或发送地点不同。假如交单由数套运输单据构成，其中最晚的一个发运日将被视为发运日。含有一套或数套运输单据的交单，假如表明在同一种运输方式下经由数件运输工具运输，即使运输工具在同一天出发运往同一目的地，仍将被视为部分发运。"

《UCP600》第32条规定："如信用证规定在指定的时间段内分期支款或分期发运，任何一期未按信用证规定期限支取或发运时，信用证对该期及以后各期均告失效。"

2. 转船

转船(Transshipment)是指货物在运输途中在中转港口卸下后换装到其他船只上继续运往目的港的行为。转船不仅延误时间和增加额外费用，而且加大了货损货差的风险，买方一般不愿转运。一般在装运港到目的港没有直达船或船期不定或航次较少的情况下，应在合同中规定"允许转船"(Transshipment Allowed)。凡信用证中未明确禁止转船，则视为可以转船。

**【案例】**

**在不同港口分别将货物装上同一航次同一船上是否属分批装运案**

深圳中恒进出口公司和日本大和贸易公司以CIF TOKYO, JAPAN的方式签订了10 000箱积木玩具的出口合同，合同规定禁止分批装运。中恒进出口公司于广东和福建找了两家工厂，各生产5 000箱积木。货物备妥后，中恒进出口公司于2014年6月2日在深圳港把5 000箱积木装上"女王"号轮，6月3日由同一艘轮在厦门继续装5 000箱积木开往东京，并分别取得了深圳港和厦门港签发的两套提单。请问：这样是否属于分批装运呢?

分析要点：不属于分批装运。根据《UCP600》第31条b款规定："表明使用同一运输工具并经由同次航程运输的数套运输单据在同一次提交时，只要显示相同目的地，将视为部分发运。"本案中，中恒进出口公司于6月2日将5 000箱积木在深圳港装上“女王”号轮，6月3日又由同一艘轮在厦门港续装5 000箱积木，虽然在不同的港口分别装货，但是由同一艘船开往同一目的地东京，所以不属于分批装运。

## 六、海洋货物运输单据

### （一）海运提单

海运提单（Ocean Bill of Lading；B/L），简称提单，是承运人或其代理人收到货物后出具给托运人的货物收据，也是承运人与托运人之间的运输契约的证明，是承运人保证凭以交付货物的物权凭证。提单的合法持有人凭提单可在目的港向轮船公司提取货物，也可以在载货船舶到达目的港之前，通过转让提单而转移货物所有权，向银行办理押汇贷款。提单可以从不同的角度分类，具体如下：

1. 按签发时货物是否已装船划分

（1）已装船提单（On Board B/L），是指承运人或其代理人在货物装船后签发的提单。提单上必须列明船名、航次和装船日期（On Board Date），买方一般都要求卖方提供已装船提单。

（2）备运提单（Received for Shipment B/L），也称收妥待运提单，是指承运人或其代理人收到货物后，应托运人的要求在货物尚未装船时签发的提单。待货物装船完毕，托运人可用备运提单换取已装船提单，承运人也可以在收货待运提单上加注承运船舶的船名和装船日期，加注后的收货待运提单视为已装船提单。集装箱提单就属于备运提单。由于备运提单没有船名和装船日期，风险较大，所以银行和买方一般不接受备运提单。

2. 按提单有无不良批注划分

（1）清洁提单（Clean B/L），是指承运人未加有关货损或包装不良之类批语的提单。为了规避风险，银行和买方都要求卖方提供清洁提单。

（2）不清洁提单（Unclean B/L），是指承运人加注了货物外表包装不良或存在缺陷等不良批语的提单。如“包装破损”“外包装有水渍”。银行和买方一般不接受这种提单。

3. 按提单收货人抬头划分

（1）记名提单（Straight B/L），是指在提单收货人栏内填写指定收货人名称的提单。这种提单不能通过背书流通转让，只能由指定收货人去提货。在汇付和托收的支付方式下，多采用记名提单。

（2）不记名提单（Open B/L；Blank B/L），是指提单收货人一栏不填写收货人名称而留空，或只写“To The Bearer”，故又称空白提单。货物到港后承运人向提单持有人交付货物。这种提单不需背书即可转让，风险较大，故在我国禁止使用。

（3）指示提单（Order B/L），是在收货人栏内填写凭指示（To Order）或凭某人指示字样（To Order of ×××）的提单。指示提单兼具流通性和安全性，可通过指示人的背书流通转让，故在实务中使用较多。尤其在信用证结算方式下，指示提单被普遍使用。

【小贴士】

根据美国法律，采用记名提单或不可转让提单交付货物时，不要求收货人提供正本提单，只需要证明自己是提单载明的收货人即可。

【知识链接】

背书方式

(1) 记名背书（经过背书后，提单成为记名提单性质）。

背书方法：Y&D CO.

| |
|---|
| ALPHA CO.<br>陈星 |

(2) 不记名背书（经过背书后，提单成为不记名提单性质）。

背书方法：

| |
|---|
| ALPHA CO.<br>陈星 |

(3) 指示背书（经过背书的指示提单还可以继续背书，但背书必须连续）。

背书方法：TO ORDER OF Y&D CO.

| |
|---|
| ALPHA CO.<br>陈星 |

4. 按运输方式划分

(1) 直达提单（Direct B/L），是指载货船舶直接开往目的港所签发的提单，中途没有经过中转港。例如：From Shanghai, China to Pusan, Korea。

(2) 转船提单（Transshipment B/L），是指货物需经中途转船才能到达目的港，在装运港所签发的提单。提单上应注明转运港，例如：From Shenzhen, China to Naples, Italy via Singapore。

(3) 联运提单（Through B/L），是指由海运和其他运输方式联合运输时，在装运港所签发的全程提单。如海空、海陆、海海联运提单等。

5. 其他提单

(1) 先期提单（Stale B/L），是指提单签发日期早于信用证开证日期的提单。根据《UCP600》第14条i款规定，单据日期可以比信用证的开立日期早，不得晚于信用证规定的最迟交单日。

(2) 倒签提单（Anti-dated B/L），是指货物实际装船日期迟于信用证规定的装运期，为了顺利结汇，托运人要求承运人按信用证的装运日期出具提单。在实务中，承运人会要求托运人出具一份免责声明，视情况是否出具倒签提单。这是一种带有欺骗性质的非法提单。

(3) 预借提单（Advanced B/L），也称无货提单，是指信用证规定的装运期已到而货物还未装船，托运人要求承运人签发的已装船提单。预借提单也是一种非法提单。

（4）过期提单（Stale B/L），主要包括两种：一种是指提单晚于货物到达目的港，因为在近洋运输中容易出现货比单先到的情况，需在合同中签订“过期提单可以接受”的条款；另一种是指向超过信用证的有效期或提单日期后21天才向银行交单的提单。银行一般不接受这种提单。

（5）舱面提单（On Deck B/L），也称甲板提单，指货物装在甲板上所签发的提单。如一些危险品、活牲畜或货物体积过大的货物只能装于甲板上，提单上会标注“货装舱面”字样。由于货物的承运风险较大，银行一般不接受甲板提单，但集装箱舱面提单除外。

（6）电子提单（Electronic B/L），是指在每个环节包括签发、通知、放货都以传送电讯报文“密码”和回执确认方式进行的非书面化提单。它通过EDI程序处理，承运人收到货物后发给发货人一个收货确认的电子报文，发货人收到后确认该项收讯，承运人以此确认发货人为提单持有人。电子提单可以转让，须经承运人同意向新收货人发出一个新“密码”，每转让一次，都须换一个新密码。

（7）电放提单（Telex Release B/L），是指应托运人的要求，承运人或代理人不出具正本提单或在已出具正本提单情况下（须回收整套正本提单），以电传、电邮等方式通知其在目的港的代理直接放货给提单收货人。电放提单省却了寄送正本提单的手续，在货物已到港或已安全收汇的情况下，托运人会选择使用电放提单。

### （二）海运单

海运单（Seaway Bill）是海上运输货物已由承运人接管装船，并保证将货物交给指定收货人的证明单据。它不是物权凭证，不可流通转让，也不能提货，收货人凭到货通知和身份证明提货。海运单在放货方式上类似于电放提单，手续简单，节省费用，方便提货，20世纪70年代以后，越来越多的国家使用海运单。主要应用如下：

（1）跨国公司的总、分公司或相关的子公司间的业务往来。

（2）在赊销或卖方已收到货款的业务。

（3）合作已久、充分信任、关系密切的贸易伙伴间的业务。

（4）没有商业价值的样品，价值较低、数量较少的商品。

## 项目2　填制托运单

托运单（Shipping Note，简称S/N或Booking Note，简称B/N），是托运人根据贸易合同内容填制的，向承运人或其代理办理租船订舱手续、委托运输货物的单据。托运单是外运公司向船公司定舱配载的依据，也是制作提单的主要背景资料。

## 一、托运单的内容及填制方法

托运单主要包括海运出口托运单、杂货班轮托运单和集装箱托运单三种，填制方法大致相同。实务中，每个船公司或其代理的托运单格式不尽相同，一般会要求托运人用其专有格式来填制托运单。由于集装箱运输在国际运输中使用广泛，因此，我们主要介绍集装箱托运单的填制。

### （一）集装箱托运单的填制

1. 托运人（Shipper）

填写托运人的公司全称和地址，以及联系人的姓名和联系方式。托运人的填写方式分为三种：

（1）托运人为实际货主，在实务中使用较多。

（2）托运人为货主的出口代理公司。对于一些没有进出口经营权的工厂来说，一般会委托出口公司代理出口业务，这时托运人就填写出口代理公司的名称。

（3）托运人为货主的货运代理人。

2. 收货人（Consignee）

对收货人的规定常有两种表示方法：

（1）记名收货人。

直接填写收货人的公司全称和地址，一般是进口商。记名提单不能流通转让，只能由指定收货人提货，在电汇方式下使用较多。

（2）指示收货人。

不列明具体的收货人，只填写“To order”（凭指示）或“To order of ×××”（凭×××指示）。不记名提单不列明具体的收货人，并可以通过背书流通转让，有利于托运人控制物权，在实务中应用较多。尤其在对美国的出口贸易中，采用记名提单交付货物时，承运人并不需要收货人提供正本提单，只需证明是提单上的收货人即可，可采用指示提单来规避风险。

3. 通知人（Notify Party）

填写通知人的公司全称和地址，以及联系人的姓名、联系电话和传真号等，以便货物到达目的地后通知到货信息和提货通知。通知人一般为实际收货人或收货人委托的代理人。

4. 装运港（Port of Loading）

填写装货港口全称，必要时加上港口所在国家（地区）的名称。

5. 卸货港（Port of Discharge）

填写卸货港口全称，为了避免港口重名引起的混淆，需加上港口所在国家（地区）的名称。

卸货港一般是最终收货人所在国家的港口，但有时候仅仅是靠近收货人所在城市或地区的港口。这时要依照合同规定和实际承运人的航线和挂靠港口情况来确定卸货港。

6. 目的地（Final Destination）

填写货物最终交货地的名称。目的地有时候与卸货港相距甚远，从卸货港到目的地的费用需要明确支付人，才可以填制目的地。实务操作中，承运人提单显示卸货港，货运代理人分单显示卸货港和最终目的地，由货代海外代理协助收货人将货从卸货港承运人处提取后，再用其他运输工具运至目的地。

7. 货物名称与包装种类（Kind of Packages; Description of Goods）

填写与合同一致的货物名称和包装种类。此栏允许只写大类名称或统称，若出口不同的商品，则应分别列明。

8. 箱数与件数（No. of Containers or Packages）

填写货物的最大包装的件数，分别用小写和大写同时表示。

如出口毛衣 2 000 件，100 箱，则这栏填写小写“one hundred ctns only”，大写“ONE HUNDRED CTNS ONLY”。

若不同包装种类的货物，混合在一个整箱内，则分别列明每种货物的最大包装件数。

对于集成包装的托盘货，一般除了显示托盘数以外，还要在括号里显示小件数。如 6 Pallets（S. T. C. 40 Cartons）。

9. 铅封号、标记与号码（Seal No. or Marks & Nos.）

此栏填写与货物外包装上正唛的全部内容。如果没有唛头，则填写 N/M。

铅封号是装箱人装箱完毕后在集装箱箱门上加上铅封，每个铅封都有独立的号码，只有破开铅封后才能打开箱门。铅封一般有承运人的专用封志和普通封志。如同时使用，允许一个集装箱有两个封志。进港后的集装箱，若海关开箱查验，则会更换新的铅封号。

10. 毛重（Gross Weight）

填写货物的毛重，以公斤为计量单位。实际毛重应不超过集装箱最大限重，否则由此造成的运输过程中的因超重而产生的损失，均由托运人承担。

11. 体积（Measurement）

填写货物的总体积，一般以立方米为计量单位。

12. 装运期（Time of Shipment）

填写最晚装船日期，如 Latest Jan. 6，2015。

13. 存货地点（Goods in）

填写仓库地址。

14. 转船（Transshipment）

按照合同填写允许转船或不允许转船。

15. 分批（Partial Shipment）

按合同填写允许分批装运或不允许分批装运。

16. 运费的支付（Payment of Freight）

运费是由托运人对承运人安全运送和交付货物支付的酬劳，也是合同成立的对价条件。托运人根据合同中签订的贸易术语来填写运费的缴付方式。常用的有两种缴付方式：运费预付（Freight Prepaid）和运费待付（Freight Collect）。

17. 提单正本份数（No. of Original B/L）

填写要求承运人或其代理签发正本提单的份数，一般要求出具 3 份正本提单。

18. 提单副本份数（No. of Copy B/L）

填写要求承运人或其代理签发副本提单的份数，一般要求出具 2～3 份副本提单。

19. 特别条款

以上若有未尽事项，可以在这里补充填写，如合同号码、到仓库装货时间等。

20. 签字

由托运人签名盖章。

### （二）集装箱托运的流程

（1）托运人填写托运单，留下货主留存联。

（2）外轮代理公司加注编号和所配船名。

（3）海关审核认可后，加盖海关放行章。

（4）货代理安排将集装箱号/铅封号/件数填入托运单，在集装箱进入指定的港区、场站完毕后，在 24 小时内交场站签收。

（5）场站的业务员在集装箱进场后，加批实际收箱数并签收。

（6）场站业务员在装船前 24 小时分批送外轮理货员，理货员于装船时交大副。然后第一联收据由场站业务员交还托运人，作为向外轮代理公司换取收货待运提单的凭证，或装船后换取装船提单。

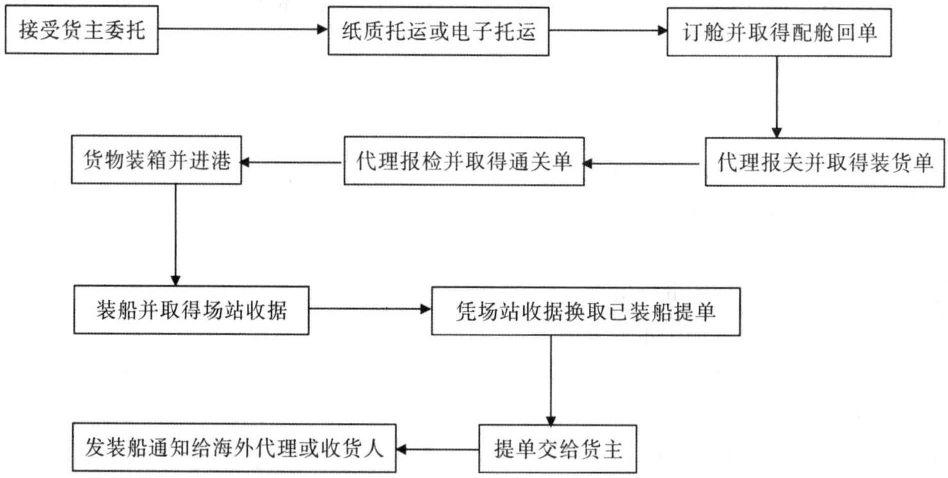


图 6－3 集装箱托运流程

### （三）散装海运托运单

散装海运托运单是散装货物在托运所需的装货单（S/O）和收货单（M/R）的基础上发展而成的一种综合单据。一套完整的散装海运托运单共有十二联，其中 S/O 和 M/R 是最重要的两联。

第一联：外轮代理公司留存。

第二、三联：船代理收取运费用联和船代理留底联。
第四联：装货单（S/O）。
第五联：收货单即大副收据（M/R）。
第六联：货运代理留底。
第七、八联：用于货运代理配船留存和货运代理配船后退给货主。
第九联：货主留底。
第十联：港务部留存，用于收取港务费。
第十一、十二联：备用联（为空白）。

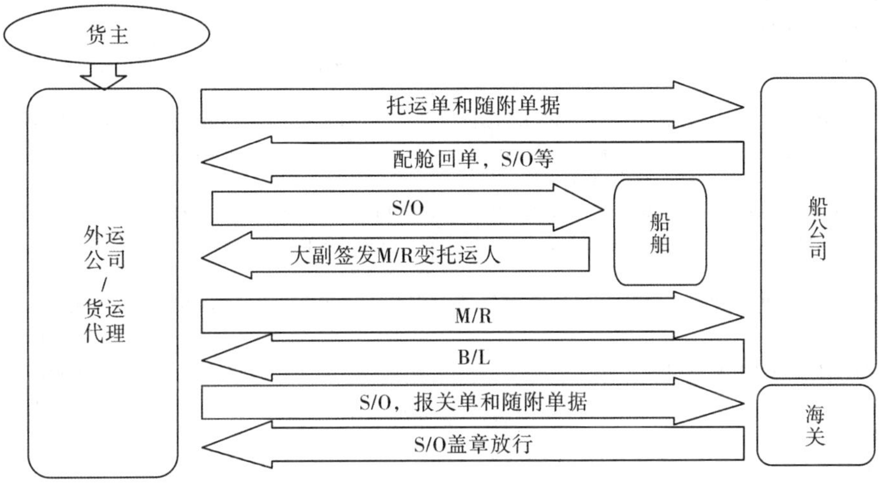


**图 6－4　散货海运托运流程**

## 二、在 T/T 项下托运单的填制

### （一）根据合同填制托运单

（1）广州美菱电器贸易有限公司和加拿大长盛进出口贸易有限公司签订的数量、包装和运输条款的内容如下：

①QUANTITY：4 560PCS
②UNIT PRICE：USD106.00/PC CIF MONTREAL
③PACKING：1PC/BOX，30PCS/CTN，0.164CBM/CTN，TOTAL：152CTNS
④LATEST DATE OF SHIPMENT：AUG.15，2014
⑤LOADING PORT：GUANGZHOU. DESTINATION PORT：MONTREAL

（2）根据合同填制托运单。

<table>
<tr><td colspan="2">SHIPPER'S NAME AND ADDRESS（发货方名址）<br>GUANGZHOU MEILING ELECTRIC TRADING CO. LTD.<br>NO. 551, XIAOBEI ROAD, GUANGZHOU, CHINA<br>TEL: 86-020-67438900 FAX: 86-020-67438999</td><td colspan="2" rowspan="3">SINOTRANS<br>SINOTRANS GUANGDONG COMPANY<br>中国外运广东公司</td></tr>
<tr><td colspan="2">CONSIGNEE'S NAME AND ADDRESS（收货方名址）<br>CANADA SWATOW IMPORT & EXPORT TRADING CO. LTD.<br>NO. 22, AVENUE CLAREMONT, MONTREAL, CANADA<br>TEL: 001-417-39056322 FAX: 001-417-39056333</td></tr>
<tr><td colspan="2" rowspan="2">NOTIFY PARTY（通知人）<br>SAME AS CONSIGNEE</td></tr>
<tr><td colspan="2">ACCOUNTING REF. 账号</td></tr>
<tr><td>PORT OF LOADING 装运港<br>GUANGZHOU, CHINA</td><td>PORT OF DISCHARGE 卸货港<br>MONTREAL, CANADA</td><td colspan="2">OCEAN FRIGHT PREPAID 预付 ☑ COLLECT 到付 □<br>OTHER CHARGES PREPAID 预付 □ COLLECT 到付 □</td></tr>
<tr><td>FINAL DESTINATION 目的港<br>MONTREAL, CANADA</td><td>VOYAGE/VESSEL 航次/船名<br>HAIOU V. 2556</td><td colspan="2">INSURANCE 是否购买保险 YES 是 ☑ NO 否 □<br>AMOUNT OF INSURANCE 保险金额: USD531 696.00</td></tr>
<tr><td colspan="3">NO. OF PACKAGE & MARKS（箱数 & 箱唛） DESCRIPTION OF GOODS（品名描述）<br>152 CTNS<br>ARROW ELECTRIC HAND DRYER<br>SWATOW<br>MONTREAL<br>NOS: 1-152</td><td>GROSS WEIGHT & MEASUREMENT<br>（毛重 & 体积）<br>22 800 KGS<br>24.928 CBMS</td></tr>
<tr><td>FCL 整柜: 20GP ☑ 40GP □ 40HQ □<br>LCL 散货: □ AF（空运）: □</td><td colspan="2">M B/L NO. 主单号<br>H B/L NO. 分单号<br>MAWB NO. HAWB NO.</td><td>CARGO READY DATE: 可交货时间<br>2014-7-20</td></tr>
<tr><td colspan="3">SPECIAL INSTRUCTIONS（特别提示）<br>请出三正三副提单，贸易术语为 CIF MOTREAL, CANADA</td><td>CLOSING DATE AND TIME 截关时间</td></tr>
<tr><td colspan="4">I/We here by expressly declare that the above particulars furnished by me/us are correct and complete that I/We will be fully responsible for the contents of such declarations.<br>I/We further undertake to reimburse you with all charges and expenses incurred on the above shipment and shall assume full responsibility for the ocean freight of the goods herein mentioned or in case of freight being payable at destination, to reimburse you with any amount incurred should be consignee fall to pay same.<br><br>Received for Sinotrans Guangdong Company　　Signature and Stamp of Shipper（签名 & 盖章）<br>广州美菱电器贸易有限公司<br>GUANGZHOU MEILING ELECTRIC TRADING CO. LTD.<br>CHEN MING<br>By: ________ Date: ________ Business Reg. No. ________ Date: 2014 年 7 月 15 日<br>All business accepted without engagement and subject to printed conditions of carries involved.</td></tr>
</table>

## 样单 6－1　集装箱货物托运单

| Shipper（发货人） | D/R NO.（编号） | |
|---|---|---|
| ZHEJIANG CEREALS.OILS & FOODSTUFFS IMP. & EXP CO.,LTD. | APLU025055972 | APL |

**集装箱货物托运单**

**船代留底**

第二联

**Consignee（收货人）**

GOYO FOODS CO.,LTD.

**Notify Party（通知人）**

GOYO FOODS CO.,LTD.

SO011100071

| Pre-carriage by（前程运输） | Place of Receipt（收货地点） | |
|---|---|---|
| Ocean Vessel（船名） Voy. No.（航次）<br>MOL DISCOVERY 008E | Port of Loading（装货港）<br>SHANGHAI | |
| Port of Discharge（卸货港）<br>TOKYO | Place of Delivery（交货地点）<br>TOKYO | Final Destination for the Merchant's Reference（目的地） |

（托运人提供详细情况）

| Container No.（集装箱号） | Seal No.（封志号）Marks & Nos.（标记与号码） | No. of containers or p'kgs.（箱数或件数） | Kind of Packages: Description of Goods（包装种类与货名） | Gross Weight 毛重（公斤） | Measurement 尺码（立方米） |
|---|---|---|---|---|---|
| N/M | 40'RH X 1 | 1320 CASES<br>CY-CY | FRESH BROCCOLI<br>西兰花<br>TEM：0℃<br>通风口开30% | 22440 KGS | 58.000 CBM<br>FREIGHT COLLECT |

TOTAL NUMBER OF CONTAINERS OR PACKAGES(IN WORDS) 集装箱数或件数合计（大写）

SHIPPER'S LOAD COUNT & SEAL

~~SAY TOTAL ONE THOUSAND THREE HUNDRED AND TWENTY CASES ONLY~~

| FREIGHT & CHARGES（运费与附加费） | Revenue Tons（运费吨） | Rate（运费率） | Per（每） | Prepaid（运费预付） | Collect（到付） |
|---|---|---|---|---|---|
| | To：黄玮's<br>请配12月3日班船 到付 Tks!<br>76588183<br>Fm：运通/吴珍燕 | | | | |

| Ex Rate:（兑换率） | Prepaid at（预付地点） | Payable at（到付地点） | Place of Issue（签发地点） |
|---|---|---|---|
| | | | |

## 样单 6－2 海运委托书

托运单号：

| 委托日期 | 2014 年 4 月 12 日 |
| --- | --- |

| | |
| --- | --- |
| 委托单位名称 | DESUN TRADING CO. , LTD.<br>HUARONG MANSION RM2901 NO. 85 GUANJIAQIAO, NANJING 210005, CHINA |
| 提单 B/L 项目要求 | 发货人：<br>Shipper：DESUN TRADING CO. , LTD.<br>HUARONG MANSION RM2901 NO. 85 GUANJIAQIAO, NANJING 210005, CHINA |
| | 收货人：<br>Consignee：ORDER OF AL RAJHI BANKING AND INVESTMENT CORP. |
| | 通知人：<br>Notify Party：NEO GENERAL TRADING CO.<br>P. O. BOX 99552, RIYADH 22766, KSA |

| | | | | | |
| --- | --- | --- | --- | --- | --- |
| 海洋运费（√）<br>Ocean fieght： | 预付√ 或 到付<br>Prepaid or Collect： | 提单份数 | 3/3 | 放单方式： | 电放 __ 正本 _3_ |

| | | | | | | | |
| --- | --- | --- | --- | --- | --- | --- | --- |
| 起运港 | SHANGHAI PORT, CHINA | 目的港 | DAMMAM PORT, SAUDI ARABIA | 可否转船 | NOT ALLOWED | 可否分批 | NOT ALLOWED |
| 集装箱预配数 | 20GPx 40'GPx 40HQx | | | 装运期限 | Not Later Than Apr. 30, 2014 BY VESSEL | 预定船期 | |

| 标记唛头 | 件数及包装式样 | 中英文货号<br>Description of goods<br>(In Chinese & English) | 毛重 | 尺码（立方米） | 成交条件（总价） |
| --- | --- | --- | --- | --- | --- |
| ROSE BRAND<br>178/2009<br>RIYADH | 1 700 CARTONS | 1 700 CARTONS CANNED MUSHROOM PIECES & STEMS 24 TINS × 425 GRAMS NET WEIGHT (D. W. 227 GRAMS) AT USD7. 80 PER CARTON.<br>ROSE BRAND. | 19074. 44 KGS | | CFR USD13 260. 00 |
| | | | 特种货物<br>冷藏品<br>危险品 | 重件： 每件重量 | |
| | | | | | |
| | | | | 大件：<br>（长×宽×高） | |

| | | |
| --- | --- | --- |
| 内装箱（CFS）地址 | HUARONG MANSION RM2901 NO. 85 GUANJIAQIAO, NANJING 210005, CHINA | 是否委托我司报关：是__否__ |

（续上表）

<table>
<tr><td rowspan="2">门对门<br>装箱点</td><td>地址</td><td colspan="4">HUARONG MANSION RM2901 NO. 85 GUANJIAQIAO, NANJING 210005, CHINA</td><td colspan="2">是否委托我司安排拖车：是__否__</td></tr>
<tr><td>电话</td><td>0086－25－4715004</td><td>联系人</td><td colspan="2">DESUN TRADING CO., LTD.</td><td colspan="2">是否需要转关：是__否__</td></tr>
<tr><td rowspan="7">随附单证份</td><td>出口货物报关单</td><td></td><td>商业发票</td><td>√</td><td rowspan="7">委托方</td><td>委托人</td><td>DESUN TRADING CO., LTD.</td></tr>
<tr><td>出口收汇核销单</td><td></td><td>装箱清单</td><td>√</td><td>电 话</td><td>0086－25－4715004</td></tr>
<tr><td>进来料加工手册</td><td></td><td>出口许可证</td><td></td><td>传 真</td><td>0086－25－4711363</td></tr>
<tr><td>原产地说明书</td><td>√</td><td>出口配额证</td><td></td><td>地 址</td><td>HUARONG MANSION RM2901 NO. 85 GUANJIAQIAO, NANJING 210005, CHINA</td></tr>
<tr><td>危险货物说明书</td><td></td><td>商检证</td><td></td><td rowspan="4">委托单位盖章</td><td rowspan="4"></td></tr>
<tr><td>危险货物包装证</td><td></td><td>动植物检疫证</td><td></td></tr>
<tr><td>危险货物装箱申明书</td><td></td><td></td><td></td></tr>
<tr><td colspan="5">备注：</td><td></td></tr>
</table>

### 样单6－3 货运委托单

| | | |
|---|---|---|
| SHIPPER EXPORTER/托运人<br>GUANGDONG SILIQUE INTERNATIONAL GROUP GARMENT CO. , LTD<br>3/F, NO. 198 DONGFENG ROAD WEST, GUANGZHOU, CHINA<br>TEL: 020－83334648 FAX: 020－83338898 | 海程邦达国际货运代理有限公司广州分公司<br>AIR SEA TRANSPORT INC<br>地址：海珠区琶洲大道东1号保利国际广场5楼<br>电话：020－87313315；传真：020－87313161/89<br>EMAIL：GZO－OP17@ AIRSEAGROUP. COM. CN | 货运委托单 |
| CONSIGNEE/收货人<br>CATISE INC<br>6067 CYPIHOT<br>VIL LEST－LAURENT, QUEBEC, H4S 1RS CANADA<br>ATTN: ane<br>TEL: (514) 3334333 | 出货形式：☐ CY TO CY ；☐ CFS TO CFS<br>☐ CFS TO CY ；☐ CY TO CFS<br>订仓数量： x 20 FT ； x 40 FT ； x 40 HQ<br>可否转船：☐ 可 ☑ 否 ；可否分批：☐ 可 ☑ 否<br>要求船东： 要求船期：2014－5－10前<br>运费发票抬头：<br>运费结算方式：运费待付<br>拖车地点：<br>时间： 月 日 上午/下午 时<br>联络人： 联络电话：<br>送货时间：2014－4－30 送货方式：托运人送货入仓<br>送单时间： 送单方式： | |
| NOTIFY PARTY/通知人<br>6144781 CANADA INC.<br>9310 SAINT LAURENT ST 1028 MONTREAL, P. Q. H2N1N4<br>TEL: (514) 3334333 | | |
| PORT OF LOADING/装货港 GUANGZHOU | | |
| PORT OF DISCHARGE/卸货港 ST LAURENT | | |
| PLACE OF DELIVERY/目的地 CANADA | | |

PARTICULARS FURNISHED BY SHIPPER（以下内容由发货人提供）

| MKS & NOS. 唛头 | NO. OF PKG 件数 | DESCRIPTION OF PACKAGES AND GOODS 货名 | GROSS WEIGHT 毛重 | MEASUREMENT 体积 |
|---|---|---|---|---|
| CARTISE P. O. #<br>CA#10183<br>STYLE:<br>COLOR:<br>SIZE<br>QUANTITY<br>MEASUREMENTS | 5 CTNS | (1) STRECH MESH JACKET W/PU PIECES SEWN ALL OWVER (PO#1012269, STYLE #12565)<br>(2) STRECH MESH SKIRT W/PU PIECES SEWN ALL OAVER (PO#12268, STYLE# 12566)<br>FOB GUANGZHOU | 88KGS | 0. 45CBM |
| ＊拼箱货物请务必提供唛头 | | | | |

TOTAL NUMBER OF PACKAGES（总件数）：FIVE CARTONS ONLY.

（续上表）

<table>
<tr><td colspan="2" rowspan="2">注意事项：<br>为使贵司货物顺利出运，请详细认真填写以上有关资料，并对所填资料负全部责任。货物经订仓后，以上资料若有修改，请在开船前 36 小时书面通知我司。由于以上资料不全，造成贵司延误船期、错运、提单内容不合要求等一切责任均由托运人承担。</td><td>NUMBER OF ORIGINAL B/L<br>3/3</td></tr>
<tr><td>SHIPPER REFERENCE</td></tr>
<tr><td>约定运价：<br>杂费：<br>FREIGHT：□ PREPAID ；☑ COLLECT<br>其他特约事项：</td><td>委托单位盖公章：</td><td>电话：020－83334648<br>传真：020－83338898<br>联络人：JANE</td></tr>
</table>

# 项目 3　填制海运提单

## 一、海运提单的内容及填制方法

### （一）海运提单的内容

海运提单一般包括正反两面内容。正面内容主要包括托运人名称、收货人名称、通知人名称、装运港、卸货港、目的地、船名、航次、唛头、包装件数、货物名称、毛重、体积、运费、提单签发地点时间、签发人、签发份数等，为可变内容。在提单的正面和反面还印有承运人条款，包括提单正面的确认条款、不知条款、承诺条款、签署条款和提单背面的承运人赔偿责任条款，一般固定不变。这些条款对托运人和承运人双方均有约束力。不同提单的条款略有不同，但基本条款大致一样。

### （二）海运提单的填制

承运人或其代理根据托运人的托运单制作海运提单，传送给托运人确认后出具正本提单或按指示做电放处理。

1. 托运人（Shipper/Consignor）

与托运单相应栏目相同。

2. 收货人（Consignee）

即提单的抬头，这是提单中的重要栏目，与托运单相应栏目相同。

（1）记名收货人。

直接填写收货人的公司全称和地址，一般是进口商。记名提单不能流通转让，只能由指定收货人提货，在电汇方式下使用较多。

（2）指示收货人。

不列明具体的收货人，只填写“To order”（凭指示）或“To order of ×××”（凭

×××指示）。不记名提单不列明具体的收货人，并可以通过背书流通转让，有利于托运人控制物权，在实务中应用较多。尤其在对美国的出口贸易中，采用记名提单交付货物时，承运人并不需要收货人提供正本提单，只需证明是提单上的收货人即可，可采用指示提单来规避风险。

3. 被通知人（Notify Party）

与托运单相应栏目相同。

4. 前程运输（Pre-carriage by）

若货物需转运，填写第一程船名；若货物不需转运，则此栏留空。例如黄埔港需要使用驳船运输货物，则驳船用“Lighter”字样填入此栏目。如无此栏目，应将驳船的名称写在船名之前，如“Lighter/Dongfeng”，但日本、美国例外。对多式联运单据，可填写运输工具统称，如填写“Train”或“Truck”。

5. 收货地（Place of Receipt）

若货物需转运，填写收货的港口名称或地点；若货物不需要转运，则此栏留空。

6. 船名、航次（Vessel & Voyage No.）

若货物不需转运，填写第一程船的船名和航次；若货物需转运，填写货物所装第二程船舶的船名和航次。

7. 装货港（Port of Loading）

填写具体装货的港口名称，如上海、天津、深圳、广州等，必要时加上港口所在国家（地区）的名称。即使合同规定为“Any Chinese Port”，也不能笼统的填中国港口，而要填写具体的装运港口名称。若货物需转运，则填写装运港/中转港的名称。例如，货物在深圳装运，需在香港转船，则填写“Shenzhen/Hongkong”。

8. 卸货港（Port of Discharge）

填写卸货港口全称，为避免港口重名引起的混淆，需加上港口所在国家（地区）的名称。

（1）如货物需转运，装运港后没有注明中转港，则可在目的港之后加注“With Transshipment at 中转港”，简写为“W/T 中转港”。例如，目的港在英国伦敦，通过香港中转，可填写为“London, U. K. W/T H. K.”。

（2）如属选择卸货港提单，如伦敦/鹿特丹/汉堡选卸，则在卸货港栏中填上“Option London/Rotterdam/Hamburg”，收货人必须在船舶到达第一卸货港船公司规定时间内通知船方卸货港，否则，船方可任意选择其中任何港口卸货。选择港最多不得超过三个，且应在同一航线上。

（3）若货物抵达卸货港后需运至内陆城市，或要利用别国港口过境，则须在目的港后加上“in Transit to 内陆城市”，例如，卸货港为鹿特丹，目的地为绍恩多夫，应填写为“Rotterdam in Transit to Schorndorf”。

9. 交货地点（Place of Delivery）

填写最终目的地的名称，若最终目的地就是卸货港，则此栏留空。

10. 集装箱号（Container No.）

填写集装箱号码，一般由承运人或其代理填写，包括四个字母的箱主代号，六位数顺序号和一位核对数字。例如 TTNU2113112，其中 U 为海运集装箱代号。

（1）箱主代号。国际标准化组织规定，箱主代号由四个大写的拉丁文字母表示，前三位由箱主自己规定，第四个字母一律用 U 表示，为海运集装箱代号。

（2）顺序号，又称箱号。由 6 位阿拉伯字母组成，如数字不是 6 位时，则在有效数字前用“0”补足 6 位，如 053842。

（3）核对数字。核对数字是用来对箱主代号和顺序号记录是否准确的依据。它位于箱号后，以 1 位阿拉伯数字加一方框表示。

例如：COSU8001215，COSU 为箱主代码，由 4 位拉丁字母表示，前 3 位由箱主自己规定，并向国际集装箱局登记，每 4 位字母为 U，表示海运集装箱代号。800121 为顺序号，为集装箱编号，按国家标准的规定，用 6 位阿拉伯数字表示，不足 6 位，以 0 补充。5 为核对数，用于计算机核对箱主号与顺序号记录的正确性，一般位于顺序号之后，用 1 位阿拉伯数字表示，并加方框以醒目。

【知识链接】

**常见的船公司名称**

| | |
|---|---|
| MSK—Maersk | 马士基航运有限公司 http：//www. maerskline. com |
| EVG—EverGreen | 长荣海运股份有限公司 http：//www. evergreen - marine. com |
| PNL—P&O Nedlloyd | 铁行渣华 http：//www. ponl. com（现在归属于 MSK） |
| COS—COSCON | 中国远洋运输（集团）总公司 http：//www. cosco. com. cn |
| HJS—Hanjin | 韩进海运有限公司 http：//www. hanjin. com |
| MSC—Mediterrean | 地中海航运公司 http：//www. msc. com |
| MOL—MOSK LINE | 大阪商船三井船舶株式会社 http：//www. mol. co. jp |
| NYK—NYK LINE | 日本邮船公司 http：//www. nykline. com |
| HMM—Hyundai | 韩国现代商船株式会社 http：//www. hmm. co. kr |
| ZIM—Zim Israel | 以色列以星轮船公司 http：//www. zim. com |
| YML—Yang Ming | 阳明海运股份有限公司 http：//www. yml. com. tw |
| CMA—CMA&CGM | 法国达飞轮船有限公司 http：//www. cma - cgm. com |
| OOL—OOCL | 东方海外货柜航运有限公司 http：//www. oocl. com |
| KKK—K - LINE | 川崎汽船株式会社 http：//www. kline. co. jp |
| APL—APL | 美国总统轮船有限公司 http：//www. apl. com |
| HLC—Hapag - Lloyd | 德国赫伯罗特公司 http：//www. hapag - lloyd. com |
| CSCL—China Shipping | 中国海运（集团）总公司 http：//www. cnshipping. com |
| NCL—Nor Aisa | 北欧亚船公司 http：//www. csavnorasia. com（现在归属于 CSAV） |
| IL—Lloyd Triestino | 意大利邮船公司 http：//www. lloydtriestino. it（现在归属于长荣） |
| KMT—KMTC | 高丽海运株式会社 http：//www. kmtc. co. kr |
| SITC—SITC | 山东海丰国际货运 http：//www. sitc. com. cn |
| RCL—RCL | 宏海箱运 http：//www. rclgroup. com |

| | |
|---|---|
| CNI - CCNI | 智利航运国际有限公司 http：//www. ccni. cl |
| DMS - DELMAS | 达贸轮船公司 http：//www. delmas. com（现在归属于 CMA） |
| NOL - NOL | 海皇东方航运 http：//www. nol. com. sg（现在归属于 APL） |
| WHL - WANHAI | 万海航运股份有限公司 http：//web. wanhai. com |
| MIS - MISC | 马来西亚航运 http：//www. misc. com. my |
| PIL - PIL | 太平船务 http：//www. pilship. com |

11. 铅封号，标记与号码（Seal No. or Mark and/Nos. ）

此栏填写与货物外包装上正唛的全部内容。如果没有唛头，则填写“N/M”或“In Buck”。提单上的唛头必须与发票等其他单据上的相一致。

铅封号按实际情况填写。一般由五位数组成，如“SEAL 34673”。

12. 货物包装及件数（Number and Kind of Package）

按货物装船的实际情况填写最大包装数量和包装单位，并在大写合计栏内填上英文的大写总件数。若一张提单的货物有几种不同包装也应分别列明，在总数及大写部分则可以使用 Packages。

（1）包装货物。

本栏应注包装数量和单位，如填写为“2 000 Bales”“3 000 Drums”等。提单下面应加大写数量，大小写数量应一致。

（2）散装货。

散装货物如煤炭、原油、泥沙等，此栏可填写为“In Buck”，数量无须加大写。

（3）裸装货物。

裸妆货物应加上件数，如 5 辆汽车，填写为“5 Units”，3 架飞机应填写为“Three Planes”，200 头牛应填写为“200 Heads”等，并加大写数量。

（4）集装箱运输。

由托运人装箱的整箱货可只注集装箱数量，如填写为“1 Container”等。只要海关已对集装箱封箱，承运人就对箱内的内容和数量不负责任，提单内应加注“Shipper's Load and Count”（托运人装货并计数）。如需注明集装箱箱内小件数量时，数量前应加“Said to Contain”。

13. 货物描述（Description of Goods）

填写与合同一致的货物名称。除非另有规定外，否则一般用英文表示。冷藏货物要注明所要求的温度。凡危险品必须写明化学名称，注明国际海上危险品运输规则号码（Imdg Code Page）、联合国危规号码（Un Code No. ）、危险品等级（Class No. ）。运到巴林岛的货物必须加注出产国，即在货物品名栏下加注“Made in China”。

14. 货物毛重（Gross Weight）

按报关时实际过磅重量填写，装箱单上的毛重要和提单一致。一般以千克为计量单位，如果是裸装货，应在净重前加注“N. W. ”。

15. 尺码（Measurement）

填写货物总体积，一般以立方米为体积单位，小数点后一般保留三位。

16. 运费条款

常用的有两种缴付方式：运费预付（Freight Prepaid）和运费待付（Freight Collect），需和合同中的贸易术语保持一致。使用 CIF 或 CFR 时，采用运费预付（Freight Prepaid）；使用 FOB 时，则采用运费待付（Freight Collect）。

17. 货物总包装件数的大写［Total Number of Containers or Packages（in Words）］。

此栏的内容要与第 12 栏一致。

18. 提单的签发地点和签发日期（Place and Date of Issue）

海运提单签发时间表示货物实际装运的时间或已接受船方、船代理等有关方面监管的时间。除备运提单外均为装货完毕日期，装货日期不得迟于合同规定的装运期。

提单的签发地点应按装运地点填列。

19. 正本提单份数（Number of Original B/L）

承运人一般签发 3 份正本，以大写"Three"表示。正本提单上一般会印上"Original"（正本）字样，并有承运人或其代理的签名盖章。

20. 提单签署（Signed for or on Behalf of the Carrier or Master）

根据《UCP600》第 20 条规定，提单可由承运人、承运人的代理人或船长签字。代表承运人或船长签署或被证明的代理人还必须表明被代理一方的名称和身份。签署可以用手写、盖章、符号的方式，如不违反提单签发国的法律，可用任何机械或电子的方式。

（1）承运人签字。

如果承运人为 EVER GREEN，则提单签字处显示：

EVER GREEN

（承运人签字）As Carrier 或 The Carrier

（2）代理人签字。

①代表承运人签署提单。

如果承运人为 EVER GREEN，代理人为 ZHONGHENG SHIPPING CO.，则提单签字处显示：

ZHONGHENG SHIPPING CO.

（代理人签字）As Agent for the Carrier EVER GREEN

②代表船长签署提单。

如果船长姓名为 CANDY，代理人为 ZHONGHENG SHIPPING CO.，则提单签字处显示：

ZHONGHENG SHIPPING CO.

（代理人签字）As Agent for the Master CANDY

（3）船长签字。

如果承运人为 EVER GREEN，则提单签字处显示：

EVER GREEN（不注或注船名）

（船长签字）As Master 或 The Master

21. 提单号码（B/L No.）

一般填在提单右上角。装货单、大副收据或场站收据的提单号码是一致的。

22. 装船批注的日期和签署（Date，By）

根据《UCP600》规定，如果提单上没有预先印上“已装船”（Shipped on Board）字样的，则必须在提单上加注装船批注（On Board Date），装船批注中所显示的日期即视为货物的装运日期。

实务中常采用盖上“Shipped on Board”印章并加注实际装船日期处理。

## 二、在 T/T 项下海运提单的填制

### （一）根据合同填制海运提单

（1）广州美菱电器贸易有限公司和加拿大长盛进出口贸易公司签订的数量、包装和运输条款的内容如下：

①QUANTITY：4 560PCS

②UNIT PRICE：USD106. 00/PC CIF MONTREAL

③PACKING：1PC/BOX，30PCS/CTN，0. 164CBM/CTN，TOTAL：152CTNS

④LATEST DATE OF SHIPMENT：AUG. 15，2014

⑤LOADING PORT：GUANGZHOU. DESTINATION PORT：MONTREAL

（2）根据合同填制海运提单。

| Shipper | | B/L No. | HAI1139 |
|---|---|---|---|

| | |
|---|---|
| GUANGZHOU MEILING ELECTRIC TRADING CO. LTD.<br>NO. 551, XIAOBEI ROAD, GUANGZHOU, CHINA | 中国外运广东公司<br>SINOTRANS SHANGHAI COMPANY<br>**OCEAN BILL OF LADING**<br>SHIPPED on board in apparent good order and condition (unless otherwise indicated) the goods or packages specified herein and to be discharged at the mentioned port of discharge or as near thereto as the vessel may safely get and be always afloat.<br>The weight, measure, marks and numbers, quality, contents and value, being particulars furnished by the Shipper, are not checked by the Carrier on loading.<br>The Shipper, Consignee and the Holder of this Bill of Lading hereby expressly accept and agree to all printed, written or stamped provisions, exceptions and conditions of this Bill of Lading, including those on the back hereof.<br>IN WITNESS whereof the number of original Bills of Lading stated below have been signed, one of which being accomplished the other(s) to be void. |
| Consignee | |
| CANADA SWATOW IMPORT & EXPORT TRADING CO. LTD.<br>NO. 22, AVENUE CLAREMONT, MONTREAL, CANADA | |
| Notify address | |
| SAME AS CONSIGNEE | |

| | |
|---|---|
| Pre-carriage by | Port of loading |
| | GUANGZHOU, CHINA |
| Vessel | Port of transshipment |
| HAIOU V. 2556 | |
| Port of discharge | Final destination |
| MONTREAL, CANADA | |

| Container. seal No. or marks and Nos. | Number and kind of package | Description of goods | Gross weight | Measurement |
|---|---|---|---|---|
| SWATOW<br>MONTREAL<br>NOS: 1-152<br><br>1×20' FCL/FCL CY/CY<br>TGHU4807450-6<br>SEAL 85412 | 152 CTNS<br><br>TOTAL: ONE HUNDRED AND FIFTY TWO CARTONS ONLY. | ARROW ELECTRIC HAND DRYER AGY509<br><br>SHIPPED ON BOARD DATE:<br>JUL. 28, 2014 | 14 000.00KGS | 39.20 CBMS |

| | |
|---|---|
| Freight and charges | REGARDING TRANSSHIPMENT INFORMATION PLEASE CONTACT |
| FREIGHT PREPAID | |

| Ex. rate | Prepaid at | Freight payable at | Place and date of issue |
|---|---|---|---|
| | | | GUANGZHOU JUL. 28, 2014 |
| | Total prepaid | Number of original B/L | Signed for or on behalf of the Master |
| | | THREE (3) | SINOTRANS GUANGDONG COMPANY AS CARRIER<br>周远德 |

## 样单 6－4 电放提单

Limited Liability Company Fesco Integrated Transport

MULTIMODAL TRANSPORT BILL OF LADING

SHIPPER (Name and Full Address)
GUANG DONG SILIQUE INTERNATIONAL GROUP GARMENT CO., LTD
3/F NO. 198 DONG FENG ROAD WEST, GUANGZHOU, CHINA

BILL OF LADING No. FITGZVA630N765

FESCO Integrated Transport

COPY
NON - NEGOTIABLE

CONSIGNEE (Non-Negotiable Unless Consigned to Order)
OOO "KOMPANIYA PELICAN",
OKPO 81114926, TIN 5405343358.
ADD: 630102, INSKAYA ST. 56, NOVOSIBIRSK, RUSSIA

NOTIFY PARTY (Name and Full Address)
1.FESCO BROKER,
TEL: +7(423)279-10-10, 279-10-11, 279-10-12
2.FESCO INTEGRATED TRANSPORT LLC, MOSCOW
3.OOO FIT (FESCO INTEGRIROVANYI TRANSPORT)
TEL. (423) 230169
ATTN: MR. DENIS GERMANOVICH MOB. + 79147903064 MR. VICTOR GAVRILYUK
MOB. + 79147901663

ALSO NOTIFY (Name and Full Address/DOMESTIC ROUTING)
EXPORT INSTRUCTIONS/PIER-TERMINAL/ONFORWARD ROUTING
FROM POINT OF DESTINATION

| | | |
|---|---|---|
| INITIAL CARRIAGE (Mode)* | ON-CARRIAGE VOYAGE | |
| PLACE OF RECEIPT* HUANGPU,CHINA | PLACE OF DELIVERY* MOSCOW | BOOKING No. |
| EXPORT CARRIER (Vessel & Flag) FESCO DIOMID | VOYAGE 630 | QUOTE No. |
| PORT OF LOADING HONG KONG | PORT OF DISCHARGE VLADIVOSTOK | NUMBER OF ORIGINAL BILLS OF LADING 3 / THREE |

BELOW PARTICULARS OF THE GOODS FURNISHED BY THE SHIPPER

| MARKS AND NUMBERS | NUMBER OF PACKAGES | DESCRIPTION OF PACKAGES AND GOODS | WEIGHT (KGS) N.W. | WEIGHT (KGS) G.W. | MEASUREMENT (CBM) |
|---|---|---|---|---|---|
| PELICAN<br>STYLE<br>ART NO<br>COLOR<br>SIZE<br>QTY<br>CTN NO | 141 Cartons | PART OF 1X40'HC(COC)S.T.C:<br>KINTTING GARMENTS<br>40HC/COC/TGHU 9869667/ F673137/ | | 642.100 | 4.5180 |
| TOTAL: | 141 Cartons | 1 Container | | 642.100 | 4.5180 |

B/L SURRENDERED & TELEX RELEASED
DATE: ..........

CONTAINER DEMURRAGE/DETENTION FEE AT PLACE OF DELIVERY: 15 CONTAINER DEMURRAGE/DETENTION FEE AT RFE PORT OF DISCHARGE FOR C.O.C. DRY CONTAINERS: FROM 11TH TO 20TH DAY DAYS PERIOD IS GRANTED FOR C.O.C. DRY CONTAINERS; FROM 16TH TO 25TH DAY RUB 250/20', RUB 400/40' PER DAY; FROM RUB250/20', RUB 400/40' PER DAY; FROM 21ST DAY - RUB 450/20', RUB 750/40' PER DAY. 10 FREE DAYS PERIOD IS

LCL/LCL
CYFOR

SHIPPER LOAD, COUNT, STOW & SEAL
CARGO WEIGHT DECLARED WITHOUT ISO CONTAINER (TARE) WEIGHT

| FREIGHT + CHARGES | PREPAID | COLLECT |
|---|---|---|
| FREIGHT COLLECT | | |
| TOTAL | | |
| PLACE OF ISSUE: | HONG KONG | |
| DATE OF ISSUE: | 01.11.2014 | |

The undersigned Ocean Carrier hereby acknowledges receipt on board of the sealed container or packages or other shipping units said to contain the Goods described above in apparent external good order and condition unless otherwise stated. All particulars (weight, measure, marks, numbers, quantity, contents, value, etc) thereof being as stated by the Merchant but unknown to the Ocean Carrier.

In accepting this Bill of Lading the Merchant accepts and agrees that the receipt, custody, carriage and delivery of the goods is subject to all the terms and conditions set forth and incorporated by reference on this side and reverse hereof, whether written, stamped or printed.

The Ocean Carrier has signed the above mentioned number of originals of this Bill of Lading all of the same tenor and date, one of which being accomplished, the others to be void.

Signed on behalf of the Ocean Carrier by:

as agent for the Ocean Carrier,
FESCO INTEGRATED TRANSPORT LLC

*APPLICABLE ONLY WHEN USED AS A MULTIMODAL BILL OF LADING

1001540

样单 6－5　海运提单 1

# UNI－STAR SHIPPING LINES　　0003364　　BILL OF LADING

| | |
|---|---|
| EXPORTER(principal or seller, licensee and address including ZIP Code)<br>GUANGDONG SILTQUE INTERNATIONAL GROUP GARMENT CO., LTD.<br>3/F. NO.198, DONG FENG ROAD WEST, GUANGZHOU CHINA.<br>ZIP CODE | DOCUMENT NUMBER TUSATL09A12514<br>B/L NUMBER ZHS12090046<br>EXPORT REFERENCES |
| CONSIGNED TO<br>NEW MAGMA LIMITED<br>UNIT A, 15/F, CHEUK NANG PLAZA<br>NO.250 HENNESSY ROAD, WANCHAI, HONG KONG. | FORWARDING AGENT(Name and address – references)<br>THE JANEL GROUP OF LOS ANGELES INC.<br>TEL: (310) 670.7623<br>FAX: (310) 645.8516<br>POINT(STATE)OF ORIGIN OR FTZ NUMBER |
| NOTIFY PARTY/INTERMEDIATE CONSIGNEE(Name and address)<br>NEW MAGMA LIMITED AND<br>REFRIGIWEAR INC.,<br>54 BREAKSTONE DR.,<br>DAHLONEGA, GA 30533-6698,<br>USA. | DOMESTIC ROUTING/EXPORT INSTRUCTIONS<br><br>**ORIGINAL** |

| | | |
|---|---|---|
| PRE－CARRIAGE BY | PLACE OF RECEIPT BY PRE－CARRIER | |
| EXPORTING CARRIER<br>[illegible] ATLANTA V.55E36 | PORT OF LOADING/EXPORT<br>YANTIAN, CHINA | LOADING PIER/TERMINAL |
| PORT OF DISCHARGE<br>LONG BEACH, CA | PLACE OF DELIVERY BY ON－CARRIER<br>DAHLONEGA GA, USA | TYPE OF MOVE<br>CONTAINERIZED(vessel only) □YES □NO |

| MARKS AND NUMBERS | NUMBER OF PACKAGES | DESCRIPTION OF COMMODITIES in schedule B detail | GROSS WEIGHT (KGS) | MEASUREMENT (CBM) |
|---|---|---|---|---|
| | | SHIPPER'S LOAD & COUNT | | |
| CARTON#<br>STYLE:<br>COLOUR:<br>DATE:<br>SIZE:<br>QUANTITY: PCS<br>NET WT: KG<br>GROSS WT: KG<br>MADE IN CHINA<br><br>HLXU4412707/AHL4823762/40GP | 244<br>CARTONS | MEN'S CLOTHING AND ACCESSORIES<br>MEN'S 100% NYLON WOVEN OVERALL<br><br>THIS SHIPMENT CONTAINS NO SOLID WOOD PACKING MATERIALS.<br>SHIPMENT#43<br>FREIGHT PREPAID<br><br>CY-CY<br>TOTAL: TWO HUNDRED AND FORTY FOUR CARTONS ONLY. | 3841.8 KGS<br><br>SHIPPED ON BOARD<br><br>08 SEP 2012 | 55CBM |

THESE COMMODITIES, TECHNOLOGY, OR SOFTWARE WERE EXPORTED FROM THE UNITED STATES IN ACCORDANCE WITH THE EXPORT ADMINISTRATION ON REGULATIONS.

Carrier has a policy against payment, solicitation, or receipt of any rebate, directly or indirectly, which would be unlawful under the United States Shipping Act, 1984 as amended.

DECLARED VALUE　　READ CLAUSE 29 HEREOF CONCERNING EXTRA FREIGHT AND CARRIER' S LIMITATIONS OF LIABILITY.

| FREIGHT RATES, CHARGES, WEIGHTS AND/OR MEASUREMENTS SUBJECT TO CORRECTION | PREPAID | COLLECT |
|---|---|---|
| | | |
| GRAND TOTAL | | |

Received by Carrier for shipment by ocean vessel between port of loading and port of discharge, and for arrangement or procurement of pre－carriage from place of receipt and on－carriage to place of delivery, where stated above, the goods as specified above in apparent good order and condition unless otherwise stated. The goods to be delivered at the above mentioned port of discharge or place of delivery, whichever is applicable, subject always to the exceptions, limitations, conditions and liberties set out on the reverse side hereof, to which the Shipper and/or Consignee agree to accepting this Bill of Lading.

IN WITNESS WHERE OF three(3) original Bills of Lading have been signed, not otherwise stated above, one of which being accomplismed the others shal be void.

DATED AT 08 SEP 2012

TIANJIN

BY

UNI-STAR SHIPPING AGENCY CO., LTD.

by ………… AS AGENT FOR THE CARRIER UNI-STAR SHIPPING LINES

MO.　DAY　YEAR　THREE　B/L NO.

样单 6-6 海运提单 2

Shipper
~~GUANG DONG SILIQUE INTERNATIONAL~~
GROUP GARMENT CO.,LTD.
NO.198 DONG FENG ROAD WEST,
GUANGZHOU CHINA

REGISTRY NO.
证书编号：MOC-NV 05131

**OperAsia Forwarding (Shanghai) Company Limited**

Consignee (if "To Order" indicate)
BANDOLLI,S.L.,
C/DE LA AVENA 33-37,P.I. POLVORANCA
28914 LEGANES (MADRID) SPAIN

Notify party (No claim shall attach for failure to notify)
BANDOLLI,S.L.,
C/DE LA AVENA 33-37,P.I. POLVORANCA
28914 LEGANES (MADRID) SPAIN

# ORIGINAL BILL OF LADING

(FOR COMBINED TRANSPORT AND PORT TO PORT SHIPMENT)

No. Ref.: HKHKG665020104
665020104

| Pre-carriage by | Port of loading | Place of receipt | Number of Original TBL's |
|---|---|---|---|
| | CHIWAN,SHENZHEN* | | |
| Ocean vessel: CMA CGM NORMA | Voy. no.: MEB47W | Place of receipt: CHIWAN,SHENZHEN* | |
| Port of discharge: VALENCIA, SPAIN | Place of delivery: VALENCIA, SPAIN | Freight payable at: DESTINATION | Number of Original TBL's: 3/THREE |

| Marks & Nos. | No. of Pkgs. or Shipping Units | Description of goods | Gross weight | Measurement |
|---|---|---|---|---|
| SHIPPER'S LOAD & COUNT & SEAL(S)<br>1/2 PART OF 1X40' DV S.T.C | | | | |
| BANDOLLI<br>NUMERO<br>MEDIDAS<br>PESO NETO<br>PESO BRUTO | 748 CTNS | LADIES' WOVEN SHIRT HS CODE:620630<br>LADIES' WOVEN JACKET HS CODE:620432<br>LADIES' WOVEN TROUSERS HS CODE:620462<br>LADIES' WOVEN SHORTS HS CODE:620462<br>LADIES' WOVEN SKIRTS HS CODE:620452<br>MEN'S WOVEN JACKET HS CODE:620332<br>MEN'S WOVEN TROUSERS HS CODE:620342<br>*CHINA | 10540.00KG | 44.880 |
| Container No. /Seal No. /Pcks/Size/Type/ShpmType/Weight /Volume<br>CCLU 4743979 /V928500 748 40 DV FCL-FCL 10540.00/ 44.880 | | | | |
| TOTAL:1/2 PART OF 1X40'DV ONLY<br>FREIGHT COLLECT | | description of goods and gross weight according to the declaration of the merchant | SHIPPED ON BOARD<br>15.02.2015 | |

For particulars of delivery apply to:

OPERINTER MADRID S.A.
AUDA DE ITALIA 2,
1 PLANTA, EDIFICIO FERROLI,
28821 COSLADA MADRID, SPAIN
TEL34902224006 FAX34916712294

"Received by the Carrier, the goods,containers, vans, trailers, palletized units or other Packages said to contain the goods specified herein, in apparent good order and condition, unless otherwise indicated herein to be transported by the vessel named herein or by any substitute at the Carrier's option and/or by other means of transport including feeder vessels, truck, barge, rail or air from the port of loading or place of receipt to the port of discharge or place of delivery as applicable, and there to be delivered, on payment of the charges thereon and on due performance of all obligations of the Merchant. When the place of receipt is an inland point, any notation on this Bill of Lading of on board, loaded on board, shipped on board, or words to like effect, shall be deemed to mean on board the truck, railcar, aircraft or other inland conveyance (as the case may be) performing carriage from the place of receipt to the port of loading.

In accepting this Bill of Lading, the Merchant agrees to be bound by all the stipulations, exceptions, terms and conditions on the face and back hereof, whether written, typed, stamped or printed, as if signed by the Merchant, any local custom or privilege to be contrary notwithstanding, and agrees that all agreements or freight engagements for the shipment of the goods are superseded by this Bill of Lading."

If required by the carrier, one of the original bills of lading duly endorsed must be surrendered in exchange for the goods or delivery order.

Excess Value Declaration: Refer to Clause 6(4)(B) + (C) on reverse side

IN WITNESS WHEREOF, the undersigned has signed three bills of lading, all of the same tenor and date, one of which being accomplished, the others to stand void.

Place and date of issue
SHENZHEN 15.02.2015

FOR AND BEHALF OF / on behalf of
"AS AGENT FOR THE CARRIER" 深圳市华商通运国际货运代理有限公司 SHENZHEN VANOCEAN INTERNATIONAL FREIGHT LIMITED
OPERASIA FORWARDING (SHANGHAI)
COMPANY LIMITED

(4)

## 样单 6-7　海运提单 3

PYRAMID LINES

ORIGINAL

Bill of Lading for Port to Port or Combined Transport

**(1) SHIPPER/ EXPORTER**
GUANGDONG SILIQUE INTERNATIONAL
GROUP GARMENT CO.,LTD
3F,198, DONG FENG ROAD WEST,
GUANGZHOU,CHINA

**(4) DOCUMENT NUMBER**
EZOA148-0051404

**(5) B/L NUMBER**
SZX157677628

**(6) REFERENCES NOS:**
FREIGHT COLLECT

**(2) CONSIGNEE** (This bill is non-negotiable unless marked "To order" or "To the order of ....").
GOLF&CO.GROUP LTD.
PINCHAS ROSEN 57,TEL AVIV
6951279,ISRAEL

**(7) FORWARDING AGENT** *(Name and address – references) FMC NO.*
CEVA FREIGHT (SHENZHEN) LTD
FLOOR 20 GOLDEN CENTURY BLDG
NO 6033 SHENNAN RD. FUTIAN DISTRICT
SHENZHEN GUANGDONG 518040
CHINA

**(3) NOTIFY PARTY** (No liability shall attach to the Carrier or to his Agent for failure to notify. See Clause 20).
SAME AS CONSIGNEE

**(8) FOR DELIVERY OF THE GOODS APPLY TO:**
CARGO LINK INTERNATIONAL LP
13 YAD HARUTZIM ST
POB 14224,VAT 550211544
TEL AVIV 61142
ISRAEL

**(9) VESSEL / VOYAGE**
HONGKONG BRIDGE　　0031W

**(10) PLACE OF RECEIPT** (Combined Transport only)
SHENZHEN

**(11) PORT OF LOADING**
SHENZHEN

**(14) POINT (STATE) OF ORIGIN OR FTZ NUMBER**

**(12) PORT OF DISCHARGE**
ASHDOD

**(13) PLACE OF DELIVERY** (Combined Transport only)

**(15) TYPE OF MOVE**
CFS TO CFS

(16) BELOW PARTICULARS FURNISHED BY SHIPPER- CARRIER NOT RESPONSIBLE – (See Clause 9)

| (17) MKS. & NOS. CTR/ SEAL NO. | (18) NOS. OF PACKAGES | (19) DESCRIPTION OF PACKAGES AND GOODS | (20) GROSS WEIGHT | (21) MEASUREMENT |
|---|---|---|---|---|
| TGHU6000601<br>Seal # CH2771804<br>BLUE BIRD:<br>GPO:<br>STYLE:<br>COLOUR<br>SIZE:<br>QTY:<br>CTN: | 217 CARTON(S) | 40'HI CUBE CNTR(S) - LCL<br>STYLE:7537619 100% COTTON<br>MENS WOVEN BERMUDA<br>STYLE:7537620 100% COTTON<br>MENS WOVEN BERMUDA<br>STYLE:7539714 98% COTTON<br>2%SPANDEX LADIES WOVEN<br>SHORT<br>STYLE:7539721 100% COTTON<br>LADIES WOVEN SHORT<br>ON BOARD DATE:06/FEB 2015<br>SHIPPER'S LOAD, STOW, COUNT AND SEAL<br>SAID TO CONTAIN | 1594.300 KGS | 7.770 CBM |
| TOTALS | 217 x CTN | | 1594.300 KGS | 7.770 CBM |

**(22) CARRIER'S RECEIPT:** Total number of containers or packages received by Carrier:
217 x CTN

Carrier's standard terms and conditions are applicable to this Bill of Lading, available at Carrier's homepage www.pyramidlines.com.

**(23) FREIGHT CHARGES PAYABLE AT:**
ASHDOD

| (24) FREIGHT DETAILS,CHARGES, ETC. | (25) PREPAID | (26) COLLECT |
|---|---|---|
| | | |
| TOTAL CHARGES | | |

Received by the Carrier, as far as ascertained by reasonable means of checking, in apparent good order and condition unless otherwise herein stated, the total number or quantity of Containers or other packages or units indicated in the box entitled "Number of Packages" for carriage from the Port of Loading (or the Place of Receipt, if mentioned above) to the Port of Discharge (or the Place of Delivery, if mentioned above), such carriage being always subject to the terms, rights, defences, provisions, conditions, exceptions, limitations, and liberties hereof (INCLUDING ALL THOSE TERMS AND CONDITIONS ON THE REVERSE HEREOF NUMBERED 1-25 AND THOSE TERMS AND CONDITIONS CONTAINED IN THE CARRIER'S APPLICABLE TARIFF) and the Merchant's attention is drawn in particular to the Carrier's liberties in respect of on deck stowage (see clause 16) and the carrying vessel (see clause 19). Where the bill of lading is non-negotiable the Carrier may give delivery of the Goods to the named consignee upon reasonable proof of identity and without requiring surrender of an original bill of lading. Where the bill of lading is negotiable the Merchant is obliged to surrender one original, duly endorsed, in exchange for the Goods. The Carrier accepts a duty of reasonable care to check that any such document which the Merchant surrenders as a bill of lading is genuine and original. If the Carrier complies with this duty, it will be entitled to deliver the Goods against what it reasonably believes to be a genuine and original bill of lading, such delivery discharging the Carrier's delivery obligations. In accepting this bill of lading, any local customs or privileges to the contrary notwithstanding, the Merchant agrees to be bound by all Terms and Conditions stated herein whether written, printed, stamped or incorporated on the face or reverse side hereof, as fully as if they were all signed by the Merchant.. IN WITNESS WHEREOF the numbers of original Bills of lading stated on this side have been signed and wherever one original Bill of Lading has been surrendered any others shall be void.

**(27) DECLARED CARGO VALUE** (See Clause 7.4)
NVD

**(28) NUMBER OF ORIGINAL BILLS OF LADING**
3 (THREE)

**(29) PLACE AND DATE OF ISSUE OF B/L**
SHENZHEN　　06 Feb 2015

**(30) SIGNED AND ISSUED AS AGENTS FOR AND ON BEHALF OF PYRAMID LINES LTD. AS CARRIER BY:**
CEVA FREIGHT (SHENZHEN) LTD

17233233

## 样单6－8 海运提单4

No. 8408436

**C P LINES**

**SHIPPER:**
SHENZHEN HUAGUANSHUN IMPORT AND
EXPORT LIMITED CO., LTD.
NO.717 CHINA TRADE BLDG., NO.2002,
SHENNAN EAST ROAD, SHENZHEN, CHINA
TEL/FAX:0755-82686090

**CONSIGNEE:**
NEO TRANS LOGISTICS PVT LTD
L-47, 1ST FLOOR STREET NUMBER 7
MAHIPALPUR EXTN., NEW DELHI-110037
TEL: +91 11 40766100 FAX: +91 11 46666426

**C P WORLD PTE LTD**

**ORIGINAL**

**OCEAN BILL OF LADING**

**NOTIFY PARTY:**
SAME AS CONSIGNEE

**DATE OF ISSUE:**

**B/L NUMBER:** AXM-015665

**FOR DELIVERY OF GOODS PLEASE APPLY TO:**
C P WORLD LINES PVT.LTD
A-48, SECTOR-83
PH-II, NOIDA-201 305,
(U.P.) INDIA
TEL:91-120-3934415/16/462

**PLACE OF RECEIPT:** XIAMEN, CHINA
**PORT OF LOADING:** XIAMEN, CHINA

**OCEAN VESSEL:** MIN TAI NO.3
**VOYAGE NO.:** V.150326000000

**PORT OF DISCHARGE:** HONG KONG
**FINAL DESTINATION:** NEW DELHI PPG

**FREIGHT PAYABLE AT:**

**NUMBER OF ORIGINAL B/L:**

| MARKS & NUMBER CONTAINER & SEAL NUMBERS | NO. OF PACKAGES | DESCRIPTION OF PACKAGES AND GOODS PARTICULARS FURNISHED BY SHIPPER | GROSS WEIGHT KILOS | MEASUREMENT CBM |
|---|---|---|---|---|
| YF/NUG<br>(IN DIA.)<br>INDIA<br>NO.1-26<br><br>CNTR NO.:<br>GESU6739780/MHM6647474/40'HQ | 26CASES | LCL/LCL CFS/CFS<br>MOULD FOR FOOTWEAR<br>1-COLOUR AIR BLOWN PVC CLOSED SHOE MOULD<br>ART: NUG-005<br>SIZE: 6/1, 7/1, 8/1, 9/1, 10/1=5 PAIRS<br>MOULD FOR FOOTWEAR<br>1-COLOUR AIR BLOWN PVC CLOSED SHOE MOULD<br>ART: NUG-006<br>SIZE: 6/1, 7/1, 8/1, 9/1, 10/1=5 PAIRS<br>MOULD FOR FOOTWEAR<br>1-COLOUR PVC AIR BLOWN SOLE MOULD<br>ART: NUG-004<br>SIZE: 5/1, 6/1, 7/1, 8/1, 9/1, 10/1=6 PAIRS<br><br>ORIGINAL<br><br>SHIPPED ON BOARD<br>MAR 29, 2015<br><br>SAY TOTAL:TWENTY SIX CASES ONLY. | 2161.00KGS | 1.440CBM |

LAW AND JURISDICTION CLAUSE
THE CONTRACT EVIDENCED BY OR CONTAINED IN THIS BILL OF LADING SHALL BE GOVERNED BY THE LAW OF SINGAPORE AND ANY CLAIM OR DISPUTE ARISING HEREUNDER OR IN CONNECTION HEREWITH SHALL (WITHOUT PREJUDICE TO THE CARRIER'S RIGHT TO COMMENCE PROCEEDINGS IN ANY OTHER JURISDICTION) BE SUBJECT TO THE JURISDICTION OF THE COURTS OF SINGAPORE.

NOTE:
THE MERCHANT'S ATTENTION IS CALLED TO THE FACT THAT ACCORDING TO CLAUSES 10,11 AND 12 OF THIS BILL OF LADING, THE LIABILITY OF THE CARRIER IS, IN MOST CASES, LIMITED IN RESPECT OF LOSS OF OR DAMAGE TO THE GOODS AND DELAY.
* APPLICABLE ONLY WHEN DOCUMENT USED AS A THROUGH B/L.

ON BOARD DATE

| FREIGHT AND DISBURSEMENTS | RATE AT 1 CBM | PREPAID | COLLECT |
|---|---|---|---|
| | | FREIGHT | COLLECT |
| TOTAL: | | | |

RECEIVED IN APPARENT GOOD ORDER AND CONDITION FOR TRANSPORTATION FROM THE PLACE OF RECEIPT TO THE PLACE OF DELIVERY SUBJECT TO THE TERMS AND CONDITIONS OF C P LINES (SEE REVERSE) AS WELL AS TO THE CONDITIONS AND EXCEPTIONS OF THE STEAMSHIP COMPANIES, CARRIERS, ORGANIZATIONS OR FIRMS WHO HAVE PART IN RECEIVING, SHIPPING, CARRYING, FORWARDING, STORING, HANDLING AND DELIVERY OF THE SAID GOODS. THE ABOVE MENTIONED PACKAGES SAID TO BE MARKED AND NUMBERED AS IN THE MARGIN, WEIGHT, MEASUREMENT, QUALITY, CONTENTS AND VALUE UNKNOWN SUBJECT TO THE CONDITIONS CONTAINED IN THE BILL OF LADING. THE DELIVERY WILL BE EFFECTED AT THE ABOVE DESIGNATED PLACE OF DESTINATION THERETO VIA ANY ROUTE CARRIERS DESIGNATED BY THE FORWARDING AGENTS. ONE ORIGINAL BILL OF LADING DULY ENDORSED MUST BE SURRENDERED TO THE ABOVE AGENT IN EXCHANGE FOR THE GOODS OR THE DELIVERY ORDER IN WITNESS WHERE OF THE NUMBER OF ORIGINAL BILL OF LADING STATED ABOVE HAS BEEN SIGNED ALL OF THIS TENOR AND DATA, ONE OF WHICH BEING ACCOMPLISHED THE OTHER TO STAND VOID.

C P WORLD LIMITED

样单 6-9 海运提单 5

# HANJIN SHIPPING BILL OF LADING

Hanjin Internet Service
www.hanjin.com

| SHIPPER/EXPORTER(COMPLETE NAME AND ADDRESS) | BOOKING NO. / (DOCUMENT NO.) / EXPORT DEC |
|---|---|
| SHENZHEN HENTE TECHNOLOGY CO. , LTD<br>2206, ZHONGDIANXINXI BUILDING<br>NO.1, XINWEN RD<br>FU TIAN DISTRICT, SHENZHEN CHINA | SZP507150500 / SZP5012100033 / Y<br>EXPORT REFERENCES |
| CONSIGNEE(COMPLETE NAME AND ADDRESS/NON-NEGOTIABLE UNLESS CONSIGNED TO ORDER)<br>ENERGY INDUSTRIAL COMPANY LLC<br>P.O.BOX:24021 SHARJAH, U.A.E.<br>TEL:+971-6-5343488<br>FAX:+971-6-5343710** | FORWARDING AGENT REFERENCES(COMPLETE NAME AND ADDRESS) |
| NOTIFY PARTY(COMPLETE MAILING ADDRESS)<br>SAME AS CONSIGNEE | POINT AND COUNTRY OF ORIGIN<br>ALSO NOTIFY(NAME AND FULL ADDRESS)/DOMESTIC ROUTING |

| PIER OR PLACE OF RECEIPT • | PRE-CARRIAGE BY • | TYPE OF MOVE | CONTAINERIZED(Vessel only) |
|---|---|---|---|
| SHEKOU,SHEKOU | | | V Yes ☐ No |
| VESSEL VOY (FLAG): CONTI STOCKHOLM 0004W | PORT OF LOADING: SHEKOU,SHEKOU | | |
| PORT OF DISCHARGE: JEBEL ALI,U.A.E. | PLACE OF DELIVERY (BY ON CARRIER) •: JEBEL ALI,U.A.E. | FINAL DESTINATION(FOR THE MERCHANT' S REFERENCE ONLY) | |

PARTICULARS FURNISHED BY SHIPPER

| CONTAINER NO. SEAL NO MARKS & NOS. | NO OF PKGS. OR CONTAINERS | H M • • | KIND OF PACKAGES:DESCRIPTION OF GOODS | TOTAL GROSS WEIGHT KGS (POUNDS) | TOTAL MEASUREMENT CBM(CFT) |
|---|---|---|---|---|---|
| | | | =SHIPPER'S LOAD & COUNT= | 6,000.000 | 20.000 |
| TGHU1964689 D2 CY/CY<br>S/CH2753306 27CT<br>6000.000KGS 20.000CBM<br>N/M | 27<br>1X20ST | | CARTONS IN TOTAL<br>CONTAINER SAID TO CONTAIN:<br>COMPONENTS FOR VENTILATION<br>FANS<br>HS.CODE: 84149000<br><br>**CONTACT:SRIKANTH<br><br>HANJIN SHIPPING (UAE) LLC<br>M-01, SHARAF BUILDING, 318-429,<br>TARIQ BIN ZIYAD ROAD,<br>P.O.BOX 34653, AL KARAMA,<br>DUBAI - U.A.E.<br><br>* SEE ATTACHED RIDER * | | =FREIGHT PREPAID=<br>CY/CY |

ORIGINAL

Optional Declared Value for increased freight charges to avoid Package Limitation US$

TOTAL NO. OF PACKAGES OR CONTAINERS(IN WORDS): 1X20ST CONTAINER(S) ONLY

| FREIGHT AND CHARGES | RATED AS | RATE | PER | PREPAID | COLLECT |
|---|---|---|---|---|---|
| | | FREIGHT ALL AS ARRANGED | | | |

LADEN ON BOARD THE VESSEL
Date 22Jan2015
BY May CHEN

PLACE OF B(s)/L ISSUE: SHENZHEN, GUANGDONG, CN
NO.OF ORIGINAL B(s)/L SIGNED: THREE (3)
DATE OF B(s)/L ISSUE: 22Jan2015
BILL OF LADING NO.: HJSCSZP507150500

**RECEIVED** by the Carrier from the Shipper in apparent good order and condition unless otherwise indicated herein, the Goods, or the container(s) or package(s) said to contain the cargo herein mentioned, to be carried subject to all the terms and conditions provided for on the face and back of this Bill of Lading by the Vessel named herein or any substitute at the Carrier' s option and/or other means of transport, from the place of receipt or the port of loading to the port of discharge or the place of delivery shown herein and there to be delivered to Consignee or on-carrier on payment of all charges due thereon.

**If REQUIRED** by the Carrier, this Bill of Lading duly endorsed must be surrendered in exchange for the Goods or delivery order None of the terms of this Bill of Lading can be waived by or for the Carrier except by written waiver signed by a duly authorized agent of the Carrier.

TOTAL

AT

深圳联合国际船舶代理有限公司
SHENZHEN UNITED INTERNATIONAL SHIPPING AGENCY CO., LTD.
As Agent

**IN ACCEPTING THIS BILL OF LADING** the Merchant agrees to be bound by all the stipulations, exceptions, terms and conditions on the face and back hereof, whether written, typed, stamped or printed, as fully as if signed by the Merchant any local custom or priviege to the contrary notwithstanding.

**IN WITNESS WHEREOF**, the undersigned, on behalf of **Hanjin Shipping Co., Ltd.** the master and the owner of the Vessel has signed the number of Bill(s) of Lading stated above all of the same tenor and date, one of which being accomplished, the others to stand void. (Terms of Bill of Lading Continued on Back Hereof).

• Applicable only when used for multimodal or through transportation • • Check "HM" column if hazardous material.

**HANJIN SHIPPING CO., LTD.**
As Carrier
BY

# 项目4 填制航空运单

航空运单（Airway Bill，简称AWB），是航空公司及其代理人签发给托运人表示已收妥货物并接受托运的货物收据。航空运单是承运人与托运人之间的运输契约，也是核收运费的依据和海关查验放行的基本单据。与海运提单不同，航空运单不是物权凭证，不能通过背书转让，收货人凭承运人的到货通知提货。

航空运单按签发人分为两类：一类是由航空运输公司签发的提单，又叫主运单（Master Airway Bill，简称MAWB）；另一类是由航空货运代理签发的提单，又称分运单（House Airway Bill，简称HAWB）。两类运单内容大致相同，法律效力相当。

航空运单正本一式三份，每份背后都印有条款。第一份由承运人留存；第二份随货同行，在目的地交给收货人；第三份交给托运人。副本至少六份，由航空公司按规定和需要分发。

## 一、航空运单的内容和填制方法

每个航空公司的航空运单格式不尽相同，在此介绍一下主要的栏目内容。

1. 货运单号码（The Air Waybill Number）

货运单号码应清晰地印在货运单的左右上角以及右下角（中性货运单需自行填制）。货运单号码包括航空公司的数字代号（Airline Code Number），如我国的民航代码为999，以及货运单序号及检验号（Serial Number）。

2. 始发站机场（Airport of Departure）

填制始发站机场的IATA三字代号（如果始发地机场名称不明确，可填制机场所在城市的IATA三字代号）。

3. 货运单所属承运人的名称及地址（Issuing Carrier's Name and Address）

此处一般印有航空公司的标志、名称和地址。

4. 托运人栏（Shipper's Name and Address）

填制托运人全称、详细地址及联系方式。

5. 托运人账号（Shipper's Account Number）

除非承运人需要，此栏不需填写。

6. 收货人姓名和地址（Consignee's Name and Address）

填制收货人全称、详细地址及联系方式，包括联系人名字，电话、传真号码等。

7. 收货人账号（Consignee's Account Number）

此栏仅供承运人使用，一般不需填写。

8. 承运人代理的名称和城市（Issuing Carrier's Agent Name and City）

如果由承运人的代理签发提单，则填写代理人的名称和城市名称；如果由承运人直接签发提单，则空白补填。

9. 代理人国际航协代号（Agent's IATA Code）

一般不需填写。

10. 代理人账号（Account Number）

除非承运人需要，否则此栏不需填写。

11. 始发站机场和指定航线（Airport of Departure and Requested Routing）

一般填写始发机场名称或所在城市名称。

12. 运输路线和目的站（Routing and Destination）

（1）至（第一承运人）[To（By First Carrier）]。

填制目的站机场或第一个转运点的 IATA 三字代号（当该城市有多个机场，不知道机场名称时，可有城市代号）；由第一承运人填制其名称（全称与 IATA 两字代号皆可）。

（2）至（第二承运人）[To（By Second Carrier）]。

填制目的站机场或第二转点的 IATA 三字代号（当该城市有多个机场，不知道机场名称时，可用城市代号）；由第二承运人填制其 IATA 两字代号。若还有第三承运人，填制方法一样。

（3）目的站机场（Airport of Destination）。

填制最后承运人的目的地机场全称（如果该城市有多个机场，且不知道机场名称时，可用城市全称）。

（4）航班/日期（Flight/Date）。

仅供承运人用，本栏一般不需填写。

13. 财务说明（Accounting Information）

此栏填制有关财务说明事项。付款方式为现金支票或其他方式；用 MCO 付款时，只能用于作为货物运输的行李的运输，此栏应填制 MCO 号码，换取服务金额，以及旅客客票号码、航班、日期及航程；货物到达目的站无法交付收货人而需退运的，应将原始货运单号码填入新货运单的本栏内。

14. 货币（Currency）

填制始发国的国际标准组织（ISO）的货币代号；除目的站“国家收费栏”内的款项，货运单上所列明的金额均按上述货币支付。

15. 运费代号（CHGS Code）

一般不需要填写，仅供电子传送货运单信息时使用。

16. 航空运费和声明的价值费（Weight Charge/Valuation Charge，简称 WT/VAL）

航空运费（W/T）是根据货物计费重量乘以适用的运价收取的运费。

声明的价值费（VAL）是托运人向货物运输声明的价值金额；如果托运人没有声明价值，此栏必须打印“NVD（No Value Declared）”字样。

托运人预付运费时，在 PPD（Prepaid）栏打“×”；运费待付时，在 COLL（Collect）栏打“×”。

17. 其他费用（Other）

其他费用是指在始发站的其他费用预付或到付。

18. 供运输用声明价值（Declared Value for Carriage）

填制托运人声明的货物价值，一般按发票总额填写。若无，则填制“NVD（No Value Declared）”。

19. 供海关用声明价值（Declared Value for Customs）

填制货物通关时的商业价值金额，作为海关征税依据。若按商业发票征税时，可空白不填或填写“As per Invoice”。如果货物没有商业价值，例如展览用品或样品等，则此栏必须填制“NCV（No Value Declared）”。

20. 保险的金额（Amount of Insurance）

当承运人向托运人提供代办货物保险业务时，此栏打印托运人货物投保的金额；当承运人不提供此项服务或托运人不要求投保时，此栏内必须打印“×××”符号。

21. 运输处理注意事项（Handling Information）

填制承运航空公司的注意事项，包括托运货物为危险品、被通知人名称、飞机随带的相关单据名称、托运人对货物在途时的特别指示、海关规定等。

22. 货物运价细目（Consignment Rating Details）

（1）件数/运价组合点（No. of Pieces RCP）。

填制货物的包装件数；如果使用非公布直达运价计算运费时，在件数的下面还应打印运价组合点城市的 IATA 三字代号。

（2）毛重（Gross Weight）。

填制货物实际毛重（以公斤为单位时可保留至小数后一位）。

（3）重量单位（Kg/Lb）。

以公斤为单位用代号“K”；以磅为单位用代号“L”。

（4）运价等级（Rate Class）。

根据需要填制下列代号：

M——最低运费（Minimum Charge）。

N——45 公斤以下（或 100 公斤以下）运价（Normal Rate）。

Q——45 公斤以上运价（Quantity Rate）。

C——指定商品运价（Specific Commodity Rate）。

R——等级货物附减运价（Class Rate Reduction）。

S——等级货物附加运价（Class Rate Surcharge）。

U——集装化设备基本运费或运价（Unit Load Device Basic Charge or Rate）。

E——集装化设备附加运价（Unit Load Device Additional Rate）。

X——集装化设备附加说明（Unit Load Device Additional Information）。

Y——集装化设备折扣（Unit Load Device Discount）。

（5）商品品名编号（Commodity Item No. ）。

使用指定商品运价时，此栏填制指定商品品名代号。填制位置应与运价代号保持水平。

使用等级货物等级运价时，此栏填制附加或附减运价的比例（百分比）。如果是集装货物，则填制集装货物运价等级。

（6）计费重量（Chargeable Weight）。

填制与运价相应的货物计费重量。航空运费的计费标准为 W/M，按重量或体积从高价者计算运费。如果是集装货物则与运价代号“U”对应填制适合集装货物基本运费的运价点重量，与运价代号“E”对应填制超过使用基本运费的重量，与运价代号“X”对应填制集装箱空重。

（7）运价/运费（Rate/Charge）。

当使用最低运费时，此栏与运价代号“M”对应打印最低运费；打印与运价代号“N”“Q”“C”等相应的运价；当货物为等级货物时，此栏与运价代号“S”或“R”对应打印附加或附减后的运价；如果货物是集装货物，则与运价代号“U”对应打印集装货物的基本运费，与运价代号“E”对应打印超过基本运费的集装货物的运价。

（8）运费总额（Total）。

填制计费重量与适用运价相乘后的运费金额；如果是最低运费或集装货物基本运费时，本栏与运价/运费内金额相同。

（9）货物品名和数量，含尺码或体积［Nature and Quantity of Goods（incl. Dimensions or Volume）］。

本栏应按合同要求填制，和别的商业单据（如箱单、发票等）保持一致。

①填制货物的品名（用英文大写字母）。

②当一票货物中含有危险货物时，应分别填制，危险货物应列在第一项。

③活动物运输，本栏内容应根据 IATA 活动物运输规定填制。

④对于集合货物，本栏应填制“Consolidation as per Attached List”。

⑤填制货物的体积，用长×宽×高表示，例如 50cm×30cm×30cm。

⑥可显示货物的原产地。

23. 计重运费，预付或待付（Weight Charge，Prepaid/Collect）

按重量计算的运费额，通常填制“如协议（As Arrange）”。

24. 声明价值费，税费（Valuation Charge，Tax）

声明价值费和适用的税款与货物计重运费，通常填制“如协议（As Arrange）”。

25. 其他费用（Other Charges）

填制始发站运输中发生的其他费用，按全部预付或全部待付。作为待付的其他费用，应视为代垫付款，托运人应按代垫付款规定支付手续费，否则，对其他运费应办理待付业务。

承运人收取的其他费用用“C”表示，代理人收取的其他费用用“A”表示。AWC 为承运人收取的货运单费，AWA 为代理人收取的货运单费。

打印其他费用金额时，应冠以下列代号：

AC——动物容器租费（Animal Container）。

AS——集中货物服务费（Assembly Service Fee）。

AT——押运员服务费（Attendant）。

AW——货运单费（Air Waybill）。

BR——银行放行（Bank Release）。

DB——代垫付款手续费（Disbursement Fee）。
DF——分发服务费（Distribution Service）。
FC——运费到付手续费（Charges Collect Fee）。
GT——政府捐税（Government Tax）。
HR——尸体、骨灰附加费（Human Remains）。
IN——代办保险服务费（Insurance Premium）。
LA——动物处理费（Live Animals）。
MA——代理人收取的杂项费用（Miscellaneous Due Agent）。
MC——填开货运单的承运人收取的杂项费用（Miscellaneous Due Carrier）。
PK——包装服务费（Packaging）。
RA——危险品处理费（Dangerous Goods Surcharge）。
SD——目的站地面运输费（Surface Charge Destination）。
SI——中途停运费（Stop in Transit）。
SO——始发站保管费（Storage Origin）。
SR——目的站保管费（Storage Destination）。
SU——地面运输费（Surface Charge）。
TR——过境费（Transit）。
TX——捐税（Taxes）。
UH——集装设备操作费（ULD Handling）。

26. 托运人或其代理人签名（Signature of Shipper or His Agent）

由托运人或其代理人在本栏内签字或盖章。

27. 承运人或其代理人填写栏

（1）日期［Executed on（Date）］，按日、月、年的顺序填写空运单的签发日期，也是货物的装运日期，例如：10 MAR 2015。

（2）地点［Executed at（Place）］，填写机场或城市的全称或缩写。

（3）承运人或其代理人签字（Signature of Issuing Carrier or Its Agent），由签发空运提单的承运人或其代理人在本栏内签字，并表明签单人的身份。由承运人签发时，加注“As Carrier”；由代理人签发时，加注“As Agent”。

## 二、在 T/T 项下航空运单的填制

### （一）背景资料

卖方：EDGE DENIM CO.
　　　NO. 76，TAOJIN ROAD，GUANGZHOU，CHINA
买方：TSI LLC
　　　BLD 10，BELORE STR.，MOSCOW，109387，RUSSIAN FEDERATION
品名：LAIDIES' AND MEN'S KNITWEAR
单价：USD 8.00/PC CPT MOSCOW，RUSSIAN FEDERATION

包装：50 CTNS，1 250 PCS，40CM×30CM×40CM/CTN ，VOL：2. 4CBMS

| | |
|---|---|
| 总毛重：275 KGS | 计费重量：400 KGS |
| 提单号码：IFS－48912 | 提单日期：2015 年 3 月 28 日 |
| 飞机航次：CX659 | 空运单注明没有声明价值 |
| 始发站：GUANGZHOU，CHINA | 目的地：MOSCOW，RUSSIA |
| 唛头：TSI/MOSCOW/CTN. NO.：1－50 | 计费货币：美元 |

### （二）根据以上资料填制航空运单

| Shipper's Name and Address | Shipper's Account Number | Not Negotiable<br>Air Waybill<br>Issued by<br>Martinair CARGO |
|---|---|---|
| EDGE DENIM CO.<br>NO. 76, TAOJIN ROAD,GUANGZHOU,CHINA | | P.O. BOX 7507,1118 ZG SCHIPHOL AIRPORT,THE NETHERLANDS<br>Phone 31-20-6011420, Fax 31-20-6011777, Telex 16379<br>Chamber of Commerce Haarlem, reg. nr. 29668, SITA CODE: SPL FH MP |
| | | Copies1, 2 and 3 of this Air Waybill are originals and have the same validity |

| Consignee's Name and Address | Consignee's Account Number | |
|---|---|---|
| TSI LLC<br>BLD 10，BELORE STR.,MOSCOW,109387，<br>RUSSIAN FEDERATION | | It is agreed that the goods described herein are accepted in apparent good order and condition (except as noted) for carriage SUBJECT TO THE CONDITIONS OF CONTRACT ON THE REVERSE HEREOF. ALL GOODS MAY BE CARRIED BY ANY OTHER MEANS INCLUDING ROAD OR ANY OTHER CARREIER UNLESS SPECIFIC CONTRARY INSTRUCTIONS ARE GIVEN HEREON BY THE SHIPPER, AND SHIPPER AGREES THAT THE SHIPMENT MAY BE CARRIED VIA INTERMEDIATE STOPPING PLACES WHICH THE CARRIER DEEMS APPROPRIATE. THE SHIPPER'S ATTENTION IS DRAWN TO THE NOTICE CONCERNING CARRIER'S LIMITATION OF LIABLITY. Shipper may increase such limitation of liability by declaring a higher value for carriage and paying a supplemental charge if required. |

| Issuing Carrier's Agent Name and City | | Accounting information |
|---|---|---|
| MARTNAIR CARGO | | |
| Agent's IATA Code | Account no. | |

| Airport of Departure (Addr. of First Carrier) and Requested Routing | Reference Number | Optional Shipping Information | |
|---|---|---|---|
| GUANGZHOU,CHINA | | | |

| To | By first Carrier (Routing and destination) | To | By | To | By | Currency | CHGS Code | WT/ VAL PPD | WT/ VAL COLL | Other PPD | Other COLL | Declared Value for Carriage | Declared Value for Customs |
|---|---|---|---|---|---|---|---|---|---|---|---|---|---|
| | | | | | | USD | | PP | | PP | | No Value Declared for Carriage | AS PER INVOICE |

| Airport of Destination | Requested Flight/Date | Amount of Insurance | INSURANCE – If Carrier offers insurance, and such insurance is requested in accordance with the condition thereof, indicate amount to be insured in figures in box marked "Amount of Insurance" |
|---|---|---|---|
| MOSCOW,RUSSIA | | | |

| Handling information | SCI |
|---|---|
| THIS SHPT CONTAINS NO SOLID WOOD PACKING MATERIALS | |
| (For U.S.A. USE only) These commodities, technology or software were expected from the United Stated in accordance with the Export Administration Regulations. Division contrary to USA law prohibited. | |

（续上表）

| No. of Pieces RCP | Gross Weight | Kg Lb | Rate Class / Commodity Item No. | Chargeable Weight | Rate / Charge | Total | Nature and Quantity of Goods (incl. Dimensions or Volume) |
|---|---|---|---|---|---|---|---|
| 50 CTNS | 275 | K | | 400 | | | LADIES' AND MEN'S KNITWEAR<br><br>SHIPPING MARK;<br>TSI<br>MOSCOW<br>CTN. NO.:1-50<br><br>VOL：2.4CBMS<br>(40*30*40)CM*50 |

| Prepaid | Weight Charge | Collect | Other Charges |
|---|---|---|---|
| AS ARRANGED | | | |
| | Valuation Charge | | |
| | Tax | | |
| Total Other Charge Due Agent | | | Shipper certifies that the particulars on the face hereof are correct and that insofar as any part of the consignment contains dangerous goods, such part is properly described by name and is in proper condition for carriage by air according to the applicable Dangerous Goods Regulations. |
| Total Other Charge Due Carrier<br>AS ARRANGED | | | Signature of Shipper or His Agent |
| Total Prepaid<br>AS ARRANGED | | Total Collect | MARTINAIR CARGO<br>JENNY |
| Currency Conversion Rates | | CC Charges in Dest. Currency | Executed on (Date) **28 MAR.2015** At(Place) **GUANGZHOU** Signature of Issuing Carrier or Its Agent |
| For Carrier's Use only at Destination | | Charges at Destination | Total Collect Charges — IFS-48912 |

样单6－10 航空运单

UTN:14 705 506482

| Shipper's Name and Address | Shipper's Account Number | Not Negotiable / Air Waybill / Issued by |
| --- | --- | --- |
| HAPPILY LTD<br>UNIT 1607 NEW EAST OCEAN CENTRE<br>9 SCIENCE MUSEUM ROAD<br>TSIM SHA TSUI EAST KOWLOON HK | 232982 | HKG 211855<br>PANALPINA CHINA LIMITED<br>TOP FLOOR, ATL LOGISTICS CENTER B<br>HONG KONG / CHINA<br>AS CARRIER |

Copies 1, 2 and 3 of this Air Waybill are originals and have the same validity

| Consignee's Name and Address | Consignee's Account Number |
| --- | --- |
| ABASIC S.L.<br>PASSEIG MARE NOSTRUM 15<br>08039 BARCELONA SPAIN | 822302 |

It is agreed that the goods described herein are accepted in apparent good order and condition (except as noted) for carriage SUBJECT TO THE CONDITIONS OF CONTRACT ON THE REVERSE HEREOF. ALL GOODS MAY BE CARRIED BY ANY OTHER MEANS INCLUDING ROAD OR ANY OTHER CARRIER UNLESS SPECIFIC CONTRARY INSTRUCTIONS ARE GIVEN HEREON BY THE SHIPPER, AND SHIPPER AGREES THAT THE SHIPMENT MAY BE CARRIED VIA INTERMEDIATE STOPPING PLACES WITH THE CARRIER DEEMS APPROPRIATE. THE SHIPPER'S ATTENTION IS DRAWN TO THE NOTICE CONCERNING CARRIER'S LIMITATION OF LIABILITY. Shipper may increase such limitation of liability by declaring a higher value for carriage and paying a supplemental charge if required.

Issuing Carrier's Agent Name and City:

Agent's IATA Code: | Account No.:

Accounting Information: FILE: 506482 0000
FREIGHT COLLECT / DSG
RAR NO. KC10299-0003 / SPX
VOLUME 1.210 M3

Airport of Departure (Addr. of first Carrier) and requested Routing: HKG HONG KONG

Reference Number | Optional Shipping Information

| To | By first Carrier (Routing and Destination) | to | by | to | by | Currency | CHGS Code | WT/VAL PPD | WT/VAL COLL | Other PPD | Other COLL | Declared Value for Carriage | Declared Value for Customs |
| --- | --- | --- | --- | --- | --- | --- | --- | --- | --- | --- | --- | --- | --- |
| LUX | QATAR AIRWAYS | | | | | HKD | CP | | X | X | | NVD | NCV |

| Airport of Destination | Requested Flight/Date | Amount of Insurance |
| --- | --- | --- |
| BARCELONA | QR8921/24 | XXX |

INSURANCE - If Carrier offers insurance and such insurance is requested in accordance with conditions thereof, indicate amount to be insured in figures in box marked "Amount of Insurance."

Handling Information:
TOTAL: 12 CARTONS ONLY
INVOICE & PACKING LIST ATTACHED

SCI

| No. of Pieces RCP | Gross Weight | kg lb | Rate Class / Commodity Item No. | Chargeable Weight | Rate / Charge | Total | Nature and Quantity of Goods (incl. Dimensions or Volume) |
| --- | --- | --- | --- | --- | --- | --- | --- |
| 12 | 219.5 | K | | 219.5 | AGREED | AS AGREED | GIRL'S 73% COTTON 25% POLYESTER 2% ELASTANE WOVEN SHORTS<br>PO# 30045<br>STYLE NO# 46D3079<br>HS CODE: 62046280 |
| 12 | 219.5 | K | | | | AS AGREED | SLAC-00012 |

MARKS:
STYLE: COLOUR:
SIZE: QUANTITY
SUPPLIER: INVOICE NO.:
PO NO.: BOX NO.:
NO. OF BOXES
G.W. ORIGIN
N.T.
DESTINATION:
DIMS(CM):
(12 X) 60 X 41 X 41

| Prepaid | Weight Charge | Collect |
| --- | --- | --- |
| | | AS AGREED |

Valuation Charge

Tax

Total other Charges Due Agent

Total other Charges Due Carrier

Other Charges

Shipper certifies that the particulars on the face hereof are correct and that insofar as any part of the consignment contains dangerous goods, such part is properly described by name and is in proper condition for carriage by air according to the applicable Dangerous Goods Regulations.

ON BEHALF OF SHIPPER
PANALPINA CHINA LIMITED
CE

Signature of Shipper or his Agent

| Total prepaid | Total Collect |
| --- | --- |
| | AS AGREED |

Currency Conversion Rates | CC charges in Dest. Currency

For Carrier's Use only at Destination | Charges at Destination | Total Collect Charges

AS CARRIER
PANALPINA CHINA LIMITED
23 MAY 2014

Executed on (date) at (Place) HKG Signature of Issuing Carrier or its Agent XXXXXX

157 8264 9615

ae0404s

**ORIGINAL 3 (FOR SHIPPER)**

# 项目5 制作装运通知

## 一、装运通知的内容和制作方法

### （一）装运通知的定义和作用

装船通知（Shipping Advice）是指按照合同的规定，出口商在装船完毕后及时把装船情况以传真或电邮等方式通知进口商或其指定的保险公司，以便其及时办理保险、申请进口许可证和准备进口清关等事宜。

以FOB、CFR或FCA、CPT条件成交的合同，卖方需在装船后及时发出装船通知，以便买方办理货物保险。如因卖方未能及时通知买方办理保险而产生的损失由过失方承担。以CIF或CIP价格成交的合同，卖方发出装船通知可便于买方了解货物装运情况、准备接货或筹措资金。

### （二）装船通知的主要内容

装运通知主要分为两种，具体如下：

一种是通知买方购买保险，其内容主要包括货名、数量、唛头、装运港名称、目的港名称、买方名称或买方指定的保险公司、预约保单号码、装船的具体时间、装载船名、航次和转船及开航时间等。

另一种是通知装船，以便买方报关接货或筹措资金，必须把装船详情电告买方，如合同号、信用证号、船名、装船日期、装运港、目的港、品名、规格、件数、重量、金额、唛头等，更改船名或开船日期也应通知买方。

## 二、在T/T项下装运通知的制作

### （一）装运通知的制作

装运通知的制作通常包括以下几个内容。

1. 出口公司的中文和英文名称
2. 传真号码
3. 商业发票号码
4. 抬头人名称和地址

（1）填写保险公司的名称和地址，即与买方签发了预约保险单的保险公司的名称与地址。当进口商与保险公司签订了预约保险合同，可要求出口公司在装运时直接向进口国的保险人发出装船通知。主要内容包括保险公司名称、预保合同号、出口公司名称、发票号、船名、品名、数量、重量、发票和金额等装运项目。当保险公司收到装船通知后，可以将预约保单及时转为一份正式的保险单。

（2）填写进口商的名称与地址。

5. 商品名称

填写商品的总称。

6. 数量

填写商品的包装总数量，而不是计价单位的总数量。

7. 发票总金额

8. 船名、航次

根据提单内容来填写船名、航次。若中途转船，必须列明中转港的名称。

9. 开航日期

10. 唛头

11. 预约保单号码

12. 出口公司名称及签章

**（二）广州美菱电器贸易有限公司及广东省丝丽国际集团服装有限责任公司制作的装运通知**

广州美菱电器贸易有限公司

**GUANGZHOU MEILING ELECTIRIC TRADING CO. , LTD.**

NO. 551, XIAOBEI ROAD, GUANGZHOU, CHINA

# SHIPPING ADVICE

TO: CANADA SWATOW IMPORT & EXPORT TRADING CO. LTD.
NO. 22, AVENUE CLAREMONT, MONTREAL, CANADA

ISSUE DATE: JUL. 28, 2014
INVOICE NO.: 1405AGY509
S/C NO.: 20140621
S/C NO.: 20140621

Dear Sirs,

WE HEREBY INFORM YOU THAT THE GOODS UNDER THE ABOVE MENTIONED CONTRACT HAVE BEEN SHIPPED. THE DETAILS OF THE SHIPMENT ARE STATED BELOW.

DESCRIPTIONOF GOODS: ARROW ELECTRIC HAND DRYER

NUMBER OF PKGS: 152 CTNS

TOTAL G. W.: 22.8 MTS

OCEAN VESSEL: HAIOU V. 2556

DATE OF DEPARTURE: JUL. 28, 2014

B/L NO.: HAI1139

PORT OF LOADING: GUANGZHOU, CHINA

PORT OF DESTINATION: MONTREAL, CANADA

SHIPPING MARKS: SWATOW

MONTREAL

NOS: 1－152

广州美菱电器贸易有限公司
GUANGZHOU MEILING ELECTIRIC TRADING CO. , LTD
**CHEN MING**

广东省丝丽国际集团服装有限责任公司

**GUANGDONG SILIQUE INTERNATIONAL GROUP GARMENT CO. , LTD.**

NO. 198 DONG FENG ROAD WEST, GUANGZHOU, CHINA

传真：FAX：+86 - 20 - 83182668

# ADVICE OF SHIPMENT

TO MESSRS：MODELO TRADING CO.

ROOM 502, 10018 BROADWAY, NY. , U. S. A.

(1) NAME OF COMMODITY：LADIES' 100% COTTON DRESS

(2) QUANTITY：173 CARTONS

(3) INVOICE VALUE：USD32 000.00

(4) NAME OF CARRYING STEAMER：MAREN MAERSH

(5) B/L NO. ：MA89452

(6) PORT OF LOADING：SHENZHEN, CHINA

(7) PORT OF DISCHARGE：NEW YORK, U. S. A.

(8) DATE OF DEPARTURE：OCT. 20, 2014

(9) SHIPPING MARKS：MODELO
NEW YORK
NO. 1 - 173

广东省丝丽国际集团服装有限责任公司

GUANGDONG SILIQUE INTERNATIONAL GROUP GARMENT CO. , LTD.

**ANDREW**

模块七

# 出口贸易流程及其单证之五——结汇

【知识目标】

1. 掌握汇票、支票和本票等支付工具的含义、种类和基本内容
2. 掌握汇付、托收和信用证支付方式的含义、特点、基本内容及业务操作流程
3. 掌握汇票、商业发票、装箱单、提单、保险单和原产地证书的填制规范

【技能目标】

1. 会对汇票、支票与本票进行比较，能根据实际业务具体情况正确选择相应票据
2. 会正确分析不同结算方式对各当事人的利弊，能根据实际业务的需要合理选择结算方式
3. 运用所学知识，能起草合同中的支付条款
4. 能正确阅读信用证条款，会根据信用证要求制作常用结汇单据

【业务背景】

2014 年 9 月 8 日，广州威盛工艺品进出口有限公司业务员吴晓在互联网上发现美国 SUNFLOWER 公司发布了求购信息，有意采购 12 万件圣诞系列礼物，该产品正是威盛公司当前主要出售的产品，吴晓很快与美国 SUNFLOWER 公司取得联系，双方就各项交易条件进行洽商，洽谈过程中，双方的焦点集中在价格和支付方式方面。吴晓就不同采购量、不同结算方式下，给出不同的报价，双方通过多次往来函电的磋商，最终达成 80 万美元的订单，其中，支付条件是：30% 前 T/T，70% L/C。

猜一猜，吴晓谈判过程中提出的结算方式可能有哪些？最终确定的这种支付方式，产品的出售价格是偏高，还是偏低？卖方的收汇风险是大，还是小？要回答以上问题，我们必须知道什么是前 T/T，什么是 L/C。

本模块将以本项目背景中的信用证为范例，结汇单据为样单，带领大家认识国际支付工具，学习出口业务货款支付相关内容。

国际支付是指在国际经济活动中的当事人以一定的支付工具和方式，清偿因各种经济活动而产生的国际债权债务的行为。国际贸易中货款支付又称货款结算，传统贸易中主要支付工具有汇票、支票和本票，主要支付方式有汇付、托收及信用证。

# 项目 1　国际结算工具的基本知识

支付工具是用于资金清算和结算过程中的一种载体，可以是记录和授权传递支付指令和信息发起者的合法金融机构账户证件，也可以是支付发起者合法签署的可用于清算和结算的金融机构认可的资金凭证。它是加快资金周转、提高资金使用效率的保障。

最初的支付工具是货币，随着全球经济的高速发展，支付工具也越来越多，但传统贸易中运用较多的是汇票、本票和支票。

**【知识链接】**

**虚拟支付工具**

随着电子商务的高速发展，支付工具越来越多，逐渐产生一批虚拟支付工具，开始向电子化支付工具转变。现在流行的网上银行、支付宝、财付通、百付宝、手机支付、快钱、手机充值卡、微信支付等都是一些新的虚拟支付工具，这些支付工具可以分为三大类：电子货币类，如电子现金、电子钱包等；电子信用卡类，包括智能卡、借记卡、电话卡等；电子支票类，如电子支票、电子汇款（EFT）、电子划款等。

## 一、汇票

汇票（Bill of Exchange；Draft）是进出口业务中使用最多的票据，不同的票据法对汇票的定义略有不同，但意思相同。

《英国票据法》对汇票的定义：汇票是一个人向另一个人签发的，要求在见票时或在将来的时间，或可以确定的时间，对某人或其指定的人或持票人支付一定金额的无条件的书面支付命令。

《中华人民共和国票据法》对汇票的定义：汇票是出票人签发的，委托付款人在见票时或在指定日期无条件支付确定的金额给收款人或持票人的票据。

在国际贸易中，汇票一般签发两份，都属于正本，使用的原则是：付一不付二（Second of Exchange Being Unpaid），付二不付一（First of Exchange Being Unpaid），先到先付。

**【任务互动】**

汇票是出票人指定付款人支付给收款人的无条件支付承诺书，对吗？

分析：上述说法不正确。汇票是出票人指定付款人支付给收款人的无条件支付命令，而非承诺。

**【任务互动】**

根据《中华人民共和国票据法》，如果汇票上加注"货物到达后付款"，则构成支付的附加条件，该汇票无效。

分析：汇票是一种无条件的支付命令，如果汇票上加注"货物到达后付款"，则构成支付的附加条件，该汇票无效。

### （一）汇票的基本内容

汇票的内容主要包括票据名称（"汇票"或者"Bill of Exchange"）、无条件的支付命令、一定的金额、付款期限、付款地点、出票人（Drawer）、受票人/付款人（Drawee/Payer）、受款人/收款人（Payee）、出票日期和出票地点等。

**样单 7－1 汇票样单**

凭
Drawn under CITIBANK NEW YORK BRANCH
信用证 第 号
L/C No. DC-K1560
日期 年 月 日
dated SEPT. 16, 2014

1

按 息 付 款
Payable with interest @ ________ % per annum
号码 汇票金额 中国．广州 年 月 日
No ________ Exchange for USD560 000.00 Guangzhou, China NOV.06, 2014
见票 日后（本汇票之副本未付）付交
At *** sight of this FIRST of Exchange (Second of exchange being unpaid)
Pay to the order of BANK OF CHINA, GUANGZHOU BRANCH 或其指定人
金额
the sum of SAY U.S.DOLLARS FIVE HUNDRED SIXTY THOUSAND ONLY.
此致
To CITIBANK NEW YORK BRANCH
JOH,－PHIL.－PALM-STR. 39 D-73614 , U.S.A.

GUANGZHOU WINSIN ARTS&CRAFTS IMPORT & EXPORT CO., LTD
吴晓

**【任务互动】**

请根据上面这张汇票样单，找出该汇票的金额、出票人、受票人/付款人、受款人/收款人、付款期限，并指出汇票的类型。

分析：

（1）汇票的金额：USD560 000.00。

（2）出票人：GUANGZHOU WINSIN ARTS & CRAFTS IMPORT & EXPORT CO., LTD（经办人：吴晓）。

（3）受票人或付款人：CITIBANK NEW YORK BRANCH（地址：JOH, -PHIL. -PALM-STR. 39D-73614, U.S.A.）。

（4）受款人或收款人：BANK OF CHINA, GUANGZHOU BRANCH。

（5）付款期限：见票即付。

（6）汇票的类型：即期商业汇票。

### （二）汇票的当事人

1. 出票人

签发汇票的人。托收和信用证支付方式下，汇票的出票人通常是出口商；票汇方式下，汇票的出票人是银行。

2. 受票人/付款人

出票人在汇票中指定的、在收到汇票提示时进行付款的当事人。托收方式下汇票的付款人通常是进口商，信用证支付方式下，汇票的付款人通常是开证行或其指定的银行。

3. 受款人/收款人

受领汇票款项的当事人。进出口业务中通常是出口商或其指定的银行。

**【任务互动】**

汇票的抬头人是汇票当事人的哪一方？

分析：汇票的抬头人即汇票的收款人。

### （三）汇票的分类

根据不同的划分标准，即有不同类型的汇票。

1. 按出票人的不同情况划分

（1）银行汇票（Banker's Draft）是指银行签发的汇票。票汇方式中使用的汇票属于银行汇票。

（2）商业汇票（Commercial Draft）是指企业或个人签发的汇票。信用证和托收方式中使用的汇票属于商业汇票。

【任务互动】

在国际贸易中，汇票是卖方开给买方的无条件支付命令。

分析：上述说法不正确。汇票是出票人命令付款人向收款人或持票人支付一定款项的无条件命令，因不同类型汇票的出票人和付款人不同，所以不能简单地用卖方和买方指代出票人和付款人。信用证和托收方式下，汇票的出票人都是出口商，托收项下的付款人是买方，但信用证项下的付款人是开证行或开证行指定的付款行；票汇中使用的汇票的出票人是银行，付款人是买方。

2. 按付款期限划分

（1）即期汇票（Sight Draft）是指在提示或见票时立即付款的汇票。

（2）远期汇票（Time Draft）是指在一定期限或特定日期付款的汇票。

3. 按汇票是否附带商业单据划分

（1）光票（Clean Draft）是指不附带商业单据的汇票。银行汇票多为光票。

（2）跟单汇票（Documentary Draft）是指附带有商业单据的汇票。商业汇票一般为跟单汇票。

4. 按承兑人划分

（1）商业承兑汇票是指企业或个人承兑的远期汇票。托收中使用的远期汇票即属于此种汇票。

（2）银行承兑汇票是指银行承兑的远期汇票。信用证中使用的远期汇票即属于此种汇票。

### （四）汇票的票据行为

1. 出票（Draw；Issue）

出票是指出票人签发汇票、填写汇票内容并将其交给收款人的行为。

2. 提示（Presentation）与见票（Sight）

提示指持票人将汇票提交给付款人要求承兑或付款的行为，包括付款提示和承兑提示。

付款提示指持票人向付款人提交汇票，要求付款的行为；承兑提示指远期汇票的持票人向付款人提交汇票，付款人见票后办理承兑手续，到期时付款的行为。

付款人见到汇票叫做见票。

3. 承兑（Acceptance）

承兑指付款人对远期汇票表示承担到期付款责任的行为。承兑的方法是在汇票上盖“承兑”戳记，写上承兑日期，经承兑人签字并交还持票人。汇票经承兑意味着承兑人对于汇票的付款作了进一步的保证。

【任务互动】

承兑是汇票哪一方当事人做出的行为？可以附有条件吗？

分析：承兑是付款人的行为。承兑是无条件的，附有条件的承兑，是拒绝承兑，即拒付。

4. 付款（Payment）

付款指付款人向持票人支付汇票金额的行为。即期汇票，在持票人提示汇票时，付款人即应付款；远期汇票，付款人经过承兑后，在汇票到期日付款。

【任务互动】

假如你是一张远期汇票的付款人，请模拟你在履行付款义务时的流程。

分析：持票人提示承兑—付款人承兑—汇票到期，持票人提示付款—付款人付款。

5. 拒付（Dishonour）

持票人提示汇票要求承兑时，遭到拒绝承兑，或持票人提示汇票要求付款时，遭到拒绝付款，均称为拒付。拒付又称为退票，拒付情况包括付款人拒绝付款、付款人拒绝承兑、付款人拒而不见、付款人死亡或宣告破产等。

6. 背书（Endorsement）

在国际市场上，汇票是一种流通工具，汇票的抬头通常是指示式抬头，指示式抬头汇票可以通过背书在票据市场上流通转让。

（1）背书的含义。

背书是转让汇票的法定手续，是由汇票持有人在汇票背面签上自己的名字，或再加上受让人（被背书人）的名字，并把汇票交给受让人的行为。

（2）背书的方法。

记名背书：由汇票持有人在汇票背面签上自己的名字，再加上受让人（被背书人）的名字，并把汇票交给受让人的行为。

空白背书：由汇票持有人在汇票背面签上自己的名字，并把汇票交给受让人的行为。

指示背书：背书人在汇票背面写明“凭×××指示”的字样，同时由背书人签名的背书形式。经过指示背书的汇票还可以继续进行背书，但背书必须连续。

汇票经背书后，汇票的收款权力便转移给受让人。汇票可以经过背书不断转让下去，对受让人来说，所有在他以前的背书人以及原出票人都是他的“前手”；对出让人来说，所有在他让与以后的受让人都是他的“后手”。“前手”对“后手”负有担保汇票必然会被承兑或付款的责任。

【任务互动】

所有的汇票都可以背书转让吗？请举例说明。

分析：背书是转让汇票的法定手续，只有指示式抬头汇票才可以通过背书在票据市场上流通转让（来人抬头汇票无须背书即可转让）。

| 汇票抬头 | 举例 | 特点 |
| --- | --- | --- |
| 限制性抬头 | pay to ABC Co. only/not transferable<br>仅付 ABC 公司，不可转让 | 不能转让 |
| 指示性抬头 | pay to the order of ABC Co.<br>付给 ABC 指示的人<br>pay to ABC Co. or order<br>付给 ABC 公司或其指定人 | 可背书转让 |
| 持票人/来人抬头 | pay bearer/pay holder | 无须背书即可转让<br>（我国法律不允许） |

7. 追索（Recourse）

（1）追索的含义。

汇票被拒付后，持票人要求其“前手”（背书人、出票人、承兑人）清偿汇票金额及有关费用的行为。

（2）追索权行使条件。

① 持票人按期向付款人提示，且提示遭拒。

② 遭拒后持票人按期向“前手”发出拒付通知书，按期做成拒绝证明。

③ 在有效期内追索。

## （五）汇票的填制规范

1. 汇票名称

汇票名称多数表示为“Bill of Exchage”“Exchange”“Draft”。一般已印妥。

2. 出票依据（Drawn under）

信用证项下，出票依据表明汇票是根据某银行在某日开立的编号是×××的信用证签发的，即出票依据包括开证行名称，信用证编号（L/C No.）和开证日期（Dated）。

3. 年利率（Payable with interest @ …% per annum）

按信用证规定的年利率填写，如无规定，可空白不填。

4. 汇票号码（No.）

由出票人自行编号填入，一般使用发票号码兼作汇票的编号。实务操作中，此栏一般空白不填。

5. 汇票金额（Exchange for）

填写汇票的小写金额，由货币代码和阿拉伯数字构成，如 USD1 000.00。

6. 出票日期和地点（Place and Date ）

填写汇票的签发日期，地点一般已印妥。

7. 付款期限（At…sight）

汇票根据付款期限分为即期付款汇票和远期付款汇票两类。即期付款汇票只需在“at sight”处填写“×××”。

远期付款汇票一般有四种填法：

（1）见票后××天付款，则填写“At ×× days after sight”，即以付款人见票承兑日为起算日，××天后到期付款。

（2）出票后××天付款，则填写“At ×× days after date”，即以汇票出票日为起算日，××天后到期付款，将汇票上印就的“sight”划掉。

（3）提单日后××天付款，则填写“At ×× days after B/L”，即付款人以提单签发日为起算日，××天后到期付款。将汇票上印就的“sight”划掉。

（4）指定日期付款，指定×年×月×日为付款日。例如“On Feb. 25，2015”，汇票上印就的“sight”应划掉。

8. 受款人或收款人（Pay to the order of…）

此栏称为汇票的抬头人，通常有三种填法：

（1）指示性抬头。例如“付给ABC公司或其指定的人”（Pay ABC Co.，or order，或 Pay to the order of ABC Co.）。

（2）限制性抬头。例如“仅付ABC公司（Pay ABC Co. only）”或“付ABC公司，不准流通”（Pay ABC Co. not negotiable）。

（3）持票人或来票人抬头。例如“付给来人”（Pay to Bearer）。这种抬头的汇票无须持票人背书即可转让。

过去进出口业务中，此栏一般填写议付行的名称，如填写“BANK OF CHINA，GUANGZHOU BRANCH”，目前实际业务中填写受益人自己，即填写“OURSELVES”。

9. 汇票金额（The sum of）

填写汇票大写金额，包括货币全称，金额的数目文字，句首以“SAY”开头，句尾加“ONLY”结尾，相当于中文的“合计……整”。如填写“SAY U. S. DOLLARS TWO THOUSAND TWO HUNDRED AND FIFTY FOUR ONLY”。另外，汇票的大小写金额必须一致。除非信用证另有规定，否则汇票金额不得超过信用证金额，而且汇票金额应与发票金额一致，汇票币别必须与信用证规定和发票所使用的币别一致。

10. 付款人（To）

在信用证业务中，汇票付款人是按信用证“draw on ××”“draft on ××”或“drawee”确定。例如“… available by draft(s) drawn on us”条款表明，以开证行为付款人。根据《UCP600》规定，信用证项下汇票应以开证行或其指定银行为付款人，不应开立以申请人为付款人的汇票。如果信用证未明确规定付款人名称，应以开证行为付款人。

11. 出票人（Authorized Signature）

出票人在右下方空白栏签章。信用证项下汇票的出票人为信用证的受益人，即合同的出口公司名称。

## 二、本票

### （一）本票的含义

本票是一个人向另一个人签发的，保证于见票时或定期或在可以确定的将来时间，对某人或其指定人或持票人支付一定金额的书面承诺，即本票是出票人对受款人承诺无条件支付一定金额的票据。

**【任务互动】**

本票的出票人和付款人有何关系？

分析：本票是出票人签发的，承诺出票人本人在见票时无条件支付确定的金额给收款人或持票人的票据，因此，本票的付款人是出票人本人。

### （二）本票的种类

1. 按出票人划分

（1）银行本票（Banker's Promissory Note）是指银行签发的本票。国际贸易结算中使用的大都是银行本票。按《中华人民共和国票据法》，本票仅限于银行本票，工商企业和个人不能签发本票。

（2）商业汇票（Commercial Promissory Note）是指企业或个人签发的本票。

2. 按付款时间划分

（1）即期本票，见票即付。

（2）远期本票，承诺在未来某一确定日期支付。

本票根据出票人可分为银行本票和商业本票，银行本票属于即期本票，商业本票可以分为即期本票和远期本票，远期本票无须承兑。

## 三、支票

### （一）支票的含义

支票是以银行为付款人的即期汇票，即存款人签发给银行的无条件支付一定金额的委托或命令。出票人在支票上签发一定的金额，要求受票银行于见票时立即支付一定的金额给特定人或持票人。

如果出票人签发支票时，在付款银行的存款低于票面金额，支票持有人在向银行提示支票要求付款时，就会遭到银行的拒付，这种支票称为空头支票。支票的出票人在签发支票后，应负票据上的责任和法律上的责任。票据上的责任指出票人对收款人担保支票的付款；法律上的责任指出票人签发支票时，应在付款银行存有不低于票面金额的存款。

**【任务互动】**

A公司向B公司签发了一张票面金额是5万美元的支票，B公司持票去银行提款，银行拒付，理由是A公司在该银行的存款仅有4万美元，如果你是B公司，你如何处理？

分析：出票人签发支票时，应在付款银行存有不低于票面金额的存款。如果存款低于票面金额，这种支票被称为空头支票。出票人签发空头支票需承担法律责任，持票人B公司可以持票向A公司要求付款。

### （二）支票的种类

实务中使用的支票可以分为现金支票和转账支票。现金支票是开户单位用于向开户银行提取现金的凭证。转账支票是用于单位之间的商品交易、劳务供应或其他款项往来的结算凭证。它只能用于转账结算，不能用于提取现金。

**【任务互动】**

汇票、支票和本票的不同体现在哪些方面？

分析：汇票、支票和本票的不同主要体现在票据的性质、当事人、种类及使用方式等方面，区分如下：

| 票据类型 | 性质 | 当事人 | 期限类型 | 是否需要承兑 |
|---|---|---|---|---|
| 汇票 | 付款命令 | 三个：出票人、受票人、收款人 | 即期、远期 | 远期要承兑 |
| 支票 | 付款命令 | 三个：出票人、付款人（银行）、收款人 | 即期 | 不需承兑 |
| 本票 | 付款承诺 | 两个：出票人、收款人 | 即期、远期 | 均不需承兑 |

# 项目2　拟定汇付条款

## 一、汇付的含义

汇付（Remittance）又称汇款，指汇款人主动通过银行或其他途径将款项汇交收款人的结算方式。进出口业务中，进口商作为付款人，按合同条件主动通过银行将货款交付给收款人出口商。

## 二、汇付的当事人

（1）汇款人（Remitter）：支付货款的人，即付款人，国际贸易中通常为进口商。

（2）收款人（Payee）：收取货款的人，国际贸易中通常为出口商。

（3）汇出银行（Remitting Bank）：根据汇款人的申请汇出货款的银行，国际贸易中通常为进口地银行。

（4）汇入银行（Paying Bank）：根据汇出行的指示解付货款的银行，国际贸易中通常为出口地银行。

## 三、汇付的种类

1. 电汇——T/T（Remittance by Telegraphic Transfer）

电汇是指汇出行应汇款人的申请，采用电报、电传或SWIFT等电讯方式向汇入行发出委托，指示解付一定金额给收款人的一种汇款方式。

2. 信汇——M/T（Remittance by Mail Transfer）

信汇是指汇出行应汇款人的申请，将信汇委托书寄给汇入行，授权解付一定金额给收款人的一种汇款方式。

3. 票汇——D/D（Remittance by Banker's Demand Draft）

票汇是汇出行应汇款人的申请，代汇款人开立以其分行或代理行为付款人的银行即期汇票（Banker's Demand Draft），由汇款人自行寄交收款人，收款人持票收取货款的一种汇款方式。

**【任务互动】**

你认为票汇、信汇与电汇的异同体现在哪些方面？

分析：

相同点：①汇款人在委托汇出行办理汇款时，均要出具汇款申请书，这就形成了汇款人和汇出行之间的一种契约关系。②支付工具的传递方向与资金流向相同，均属顺汇。③都属于商业信用。

不同点：①票汇是收款人主动持票索款，而信汇、电汇的收款人要等到汇入行通知才能收款。②票汇使用的是银行汇票，其收款权经背书可以转让，而信汇或电汇用汇款通知取款，收款人不能转让收款权。③电汇费用较高，但速度快；信汇费用较低，但速度慢。

【知识链接】

**前T/T与后T/T**

在国际货物买卖中，汇付不论采用信汇、电汇还是票汇，都可以分为预付货款和货到付款两种方式。

预付货款通常称作“前T/T”，是指买方（进口商）先将货款的全部或者一部分通过银行汇交卖方（出口方），卖方收到货款后，根据合同的规定，在一定时间内或立即将货物发运给进口商。

货到付款通常称作“后T/T”，是出口商先发货，进口商后付款的结算方式。这种方式实际上是属于赊账交易或者延期付款性质。

预付货款对出口商有利，货到付款对进口商有利，在实际操作中，采用哪一种方式是由市场形势等造就的买卖双方力量对比决定的，为了避开这种明显不利于一方的结果，贸易结算方式向托收演进。

## 四、汇付业务流程

买卖双方在合同中约定汇付支付方式时，业务中涉及的当事人有汇款人、收款人、汇出行和汇入行，电/信汇和票汇业务流程分别如下：

1. 电/信汇业务流程图

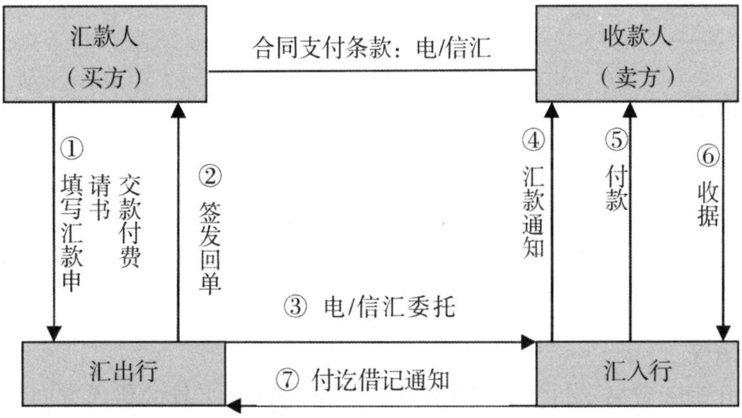


图7-1 电/信汇业务流程

2. 票汇业务流程图

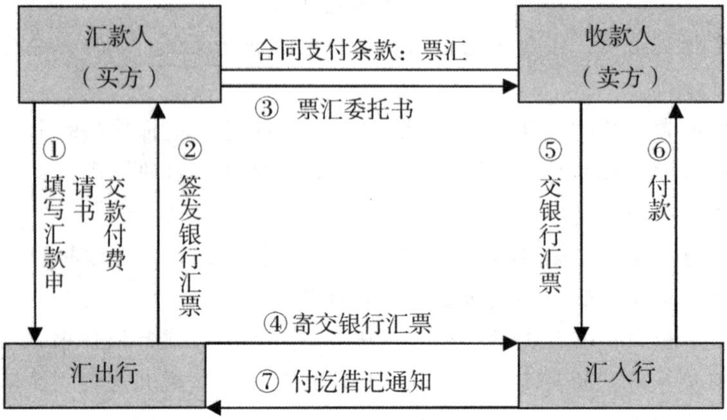


图 7－2　票汇业务流程

【任务互动】

中国 A 公司与英国 B 公司签署了一份出口童鞋的合同，合同约定支付方式为电汇，请分组模拟 A、B 公司和各银行的角色，完成汇款，指出该笔汇款业务中当事人的角色。

分析：A 公司——收款人；B 公司——汇款人；A 公司所在地银行——汇入银行；B 公司所在地银行——汇出银行。

## 五、汇付的特点

1. 汇付属于商业信用

汇付用于货款结算，通常采用货到付款和预付货款两种方式。无论货到付款还是预付货款，买卖双方相互提供信用，银行只提供服务，不能实现钱货的当面两清，所以，汇付属于商业信用。

2. 汇付属于顺汇

顺汇是指在国际贸易支付中，资金的流动方向与结算工具的传递方向相同。逆汇是指在国际贸易支付中，资金的流动方向与结算工具的传递方向相反。汇付方式属于顺汇。

【案例】

我国某企业以 D/D in advance 结算方式与外商达成出口合同，因为船期将过，出口方收到客户寄来的银行汇票后，便发运了货物，然后将汇票交给当地银行代其收款。一个月后，银行告知此汇票下的付款账户是空的，此时进口方已凭出口方直接寄去的单据提货。出口方联系进口方，但进口方已经不见音讯。请问：出口方在此笔交易中的失误在哪里？

分析要点：出口方的失误在于，没有收到款就出货。票汇是汇付方式的一种，因此也属于商业信用。虽然使用了银行汇票，但银行不保证付款。本案例中，采用 D/D in advance 结算方式，出口方在拿到银行汇票后，应到银行去办理收款，然后出货，这样才能确保收汇安全。

## 六、合同中汇付条款的内容及拟定

国际货物买卖合同中支付方式如果采用汇付，支付条款的主要内容有付款时间、支付金额、汇款种类等。

示例 7-1：

买方应不迟于 2014 年 10 月 31 日前将 100% 货款用票汇/电汇支付给卖方。

The buyers shall pay 100% of the sales proceeds through sight (demand) draft/by T/T to the sellers not later than Oct. 31, 2014.

示例 7-2：

买方应在本合同签字之日起，15 天内将本合同总金额 30% 的预付款，以电汇方式汇交卖方，并在收到本合同所列单据后 7 天之内电汇其余货款。

30% of the total contract value as advance payment shall be remitted to the seller through T/T within 15 days after signing this contract by the buyer. Payment to be effected by the buyer shall not be later than 7 days after receipt of the documents listed in the contract by T/T.

# 项目 3　拟定托收条款

## 一、托收的含义

进出口业务中，托收（Collection）是指出口商在货物装运后，开具以进口商为付款人的汇票，委托当地银行通过它在进口地的分行或代理行代出口商收取货款的一种结算方式。托收就是出口商委托银行收取货款。

## 二、托收的当事人

（1）委托人（Principal）：通常为进出口业务中的出口方。

（2）托收行（Remitting Bank）：接受委托人的委托向付款人收款的银行。一般为出口地银行。

（3）代收行（Collecting Bank）：接受托收行的委托向付款人收款的银行。一般为进口地银行。

（4）付款人（Drawee）：通常为进出口业务中的进口方。

## 三、托收业务流程

买卖双方在合同中约定托收支付方式时，业务中涉及的当事人有委托人、付款人、托收行和代收行，基本流程如下：

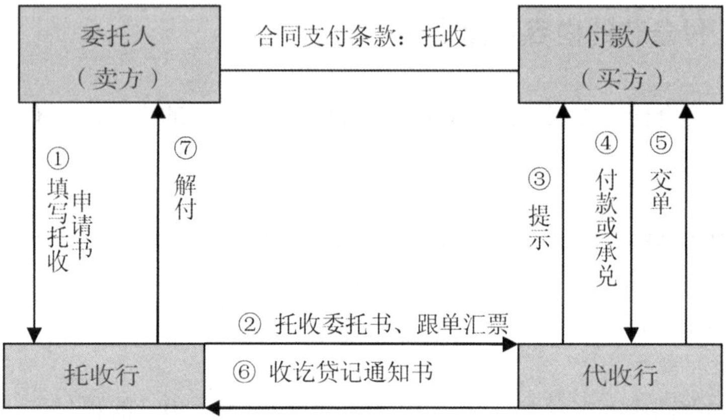


**图 7－3　托收业务流程**

**【任务互动】**
请小组分角色模拟托收业务过程。

## 四、托收的种类

（1）根据托收项下汇票是否附有商业单据，可将托收分为光票托收和跟单托收。

光票托收（Clean Collection）指汇票不附带货运单据的一种托收方式。主要用于货款的尾数、样品费用、佣金、代垫费用、贸易从属费用、索赔以及非贸易的款项。

跟单托收（Documentary Collection）指出口商签发汇票，并随附商业单据向进口行收取款项的一种托收方式。国际贸易中大多使用跟单托收。

（2）跟单托收根据交单条件的不同，又可分为付款交单和承兑交单。

①付款交单（Documents against Payment，简称 D/P）。

付款交单指出口人的交单是以进口人的付款为条件。即只有在进口人付清货款后，代收行才能把装运单据交给进口人。按付款时间的不同，付款交单又可分为即期付款交单和远期付款交单。

即期付款交单（D/P Sight）指出口人发货后开具即期汇票连同货运单据，通过银行向进口人提示，进口人见票后立即付款，进口人在付清货款后向银行领取货运单据。

远期付款交单（D/P after Sight）指出口人发货后开具远期汇票连同货运单据，通过银行向进口人提示，进口人审核无误后即在汇票上进行承兑，于汇票到期日付清货款后再领取货运单据。

**【任务互动】**

在远期付款交单情况下，货物已经到达目的港，且单据也已经到达代收银行，但汇票的付款时间未到，若买方欲抓住有利行市提前提货，应如何操作?

分析：通常可采取两种操作方法：

（1）在付款到期日之前提前付款赎单。

（2）凭信托收据借单。即代收行对于资信较好的进口人，允许进口人凭信托收据（Trust Receipt）借取货运单据，先行提货。原则是“谁放单，谁负责”。信托收据是指进口人借单时提供一种书面信用担保文件，用来表示愿意以代收行的受托人身份代为提货、报关、存仓、保险，出售并承认货物所有权仍属银行。

**【案例】**

中国某外贸公司与美国某商达成一笔出口合同，付款条件为 D/P 30 天，当汇票及所附单据通过托收行寄抵进口地代收行后，美国某商在汇票上履行了承兑手续时，货物已到达目的港，且行情较好，但付款期限未到。为及时提货销售取得资金的周转，买方出具信托收据直接向代收行借得单据，先行提货转售。汇票到期时，由于美商经营不善，失去偿付能力。代收行以汇票付款人拒付为由通知托收行，并建议我外贸公司径向美商索取款项。对此，中国的外贸公司应如何处理?

分析要点：中国外贸公司应通过托收行要求代收行承担付款责任。因为在本案中，出口商是以 D/P 30 天方式成交，代收行凭信托收据将单据借给进口人，未经出口人（委托人）授权，到期后进口人失去偿付能力应由代收行负责。因此，我外贸公司不能接受代收行要我公司径向 A 商索取货款的建议，而应通过托收行责成代收行付款。

（3）承兑交单（Documents against Acceptance，简称 D/A）。

承兑交单指出口人的交单以进口人在汇票上承兑为条件。与付款交单相比，承兑交单方式下，出口人在付款人对汇票做出承兑后已交出了物权凭证及有关的单据，其收款的保障依赖于进口人的信用，一旦进口人到期不付款，出口人便会遭到货物与货款全部落空的损失。因此，承兑交单的风险比付款交单的风险大。

【案例】

我某公司向非洲某公司出口一批冻野味食品。合同规定6月份装船，付款条件为D/A见票后30天付款。卖方6月6日装船完毕，6月15日向托收银行办理D/A 30天托收。6月18日买方在汇票上履行了承兑手续。货抵目的港后，买方提取货物并售出，但亏损严重。7月18日汇票到期，买方因此借故提出拒付。我方只好委托我驻外机构直接与买方谈判，最终该批货物以折价30%、货款在第二年分三次偿还而结案，我公司损失严重。请问：我方应从此事件中吸取什么教训？

分析要点：本案中，付款方式为D/A，在D/A托收方式下，出口人在付款人对汇票做出承兑后就交出了有关单据，其收款的保障依赖于进口人的信用，一旦进口人到期不付款，出口人便会遭到货物与货款全部落空的损失。可见，采有D/A方式付款，一定要调查买方的资信，在不了解买方资信的情况下不要轻易接受D/A结算方式。

【任务互动】

付款交单与承兑交单的不同体现在哪些方面？

分析：付款交单与承兑交单在交单条件、所使用的汇票类型及出口商收汇风险方面有明显的不同，具体如下表：

| 跟单托收类型 | 交单条件 | 所使用的汇票类型 | 出口商收汇风险 |
|---|---|---|---|
| 付款交单 | 进口商付款后 | 即期、远期 | 小 |
| 承兑交单 | 进口商承兑汇票后 | 远期 | 大 |

## 五、托收的特点

（1）托收属于商业信用。与汇付相比，托收在一定程度上实现了钱货的当面两清，进口方在未履行付款或承兑前，无法取得货运单据，提取货物；出口方通过掌握单据控制货物，但托收依然属于商业信用，出口商收汇存在较大风险。

（2）托收属于逆汇。托收支付方式下，资金流向与支付工具的传递方向相反。

## 六、合同中托收条款的内容及拟定

国际货物买卖合同中如果支付方式采用托收，支付条款的主要内容为付款时间、支付金额、托收种类等。

示例7－3：

买方应凭卖方开立给买方的即期跟单汇票付款，付款时交单。

The buyers shall dully make the payment against documentary draft made out to the buyers at sight by the sellers.

示例7－4：

买方应凭卖方开立给买方的跟单汇票，在承兑后交单，并于见票后30天付款。

The buyers shall dully accept the documentary draft made out to the buyers at presentation and pay at 30 days after sight by the sellers.

【任务互动】

出口商采用托收方式应注意什么事项？

分析：出口商采用托收方式的注意事项：

(1) 要事先做好客户的资信调查，掌握适当的授信额度。

(2) 代收行一般应由托收行指定，避免进口商指定代收行，联合进行诈骗活动。

(3) 如选用托收方式，则应争取即期付款交单，而慎用远期付款交单或承兑交单。

(4) 要了解托收的国际惯例，即《托收统一规则》(The Uniform Rules for Collection，简称URC) 的有关内容。

# 项目4　拟定信用证条款

在国际贸易活动中，买卖双方可能互不信任，买方担心预付款后，卖方不按合同要求发货；卖方也担心在发货或提交货运单据后买方不付款。因此需要银行作为买卖双方的保证人，代为收款交单，以银行信用代替商业信用，信用证就应运而生。

## 一、信用证的含义

信用证是开证行根据开证申请人的要求和指示或为其自身业务需要，向受益人开立的一定条件下保证付款的凭证，即信用证是银行开立的有条件的付款承诺。进出口业务中，银行付款的条件是受益人做到相符交单，即单证相符、单单相符、单据与有关贸易惯例相符。

【知识链接】

**信用证与合同的关系**

合同是买卖双方意思一致的书面表达形式，是当事人双方之间设立、变更、终止民事关系的协议。合同主要条款包括合同标的、品质、数量、包装、价格、装运、保险、支付、检验、索赔理赔、纠纷解决方式等。其中支付条款中，规定了货款的支付方式。如果双方选择信用证支付，才有信用证的出现。

信用证的相关条款，来自合同要件，但又独立于合同之外。《UCP600》规定："就性质而言，信用证与可能作为其依据的销售合同或其他合同，是相互独立的交易。"信用证一经开出，相当于一个独立的新的合同，体现了受益人和开证行之间的一种契约关系，因此，信用证一旦被接受，哪怕它与合同并不完全相符，双方都得按信用证的规定行事，方能确保收汇的安全。

合同是开立信用证的基础。作为出口方，在审证时就应该严格按照合同的规定来审核信用证，凡是有合同之外对受益人不利的要求，都要要求买方修改信用证，即信用证是根据合同开立的，审证的依据也是合同。

【任务互动】

信用证是一种银行开立的无条件承诺付款的书面文件吗？

分析：信用证是银行开立的有条件的付款承诺，是一种银行信用。

## 二、信用证的关系人

信用证业务涉及的关系人主要有开证申请人、开证行、通知行、受益人、议付行、付款行等，但信用证的当事人只有受益人和开证行。

（1）开证申请人（Applicant）是指向银行申请开立信用证的人，即进口商或实际买主，在信用证中又称开证人。

（2）受益人（Beneficiary）是指信用证上所指定的有权使用该证的人，即出口商或实际供货商。

（3）开证行（Opening Bank；Issuing Bank）是指接受开证申请人的委托，开立信用证的银行，它承担保证付款的责任，一般为进口商所在地的银行。按《UCP600》规定，开立信用证时不应以申请人作为汇票的付款人。

【任务互动】

信用证上若未注明汇票的付款人，汇票的付款人应是谁？

分析：根据《UCP600》的规定，信用证上若未注明汇票的付款人，汇票的付款人应是开证行。

（4）通知行（Advising Bank）是指受开证行的委托，将信用证转交出口商的银行，一般是出口商所在地的银行。通知行只证明信用证的表面真实性，不承担其他义务。

（5）议付行（Negotiating Bank）是指愿意买入收益人交来跟单汇票的银行，可以指定，也可以非指定，由信用证的条款规定。议付行议付后，开证行倒闭或借口拒付，可向受益人追回垫款，因此，议付行具有追索权。

（6）付款行（Paying Bank）是指信用证上指定的付款银行。一般是开证行，依信用证的条款规定。

（7）由于信用证类型不同及银行业务关系不同，还会涉及保兑行和偿付行等。

保兑行（Confirming Bank）是指应开证行或受益人的请求在信用证上加批保证兑付的银行。保兑行和开证行处于相同的地位，即承担不可撤销的付款责任。付款后只能向开证行索偿；若开证行拒付或倒闭，则无权向受益人和议付行追索。

偿付行（Reimbursement Bank）是指根据开证行的授权向议付行或付款行偿付货款的银行。

【任务互动】

保兑行保兑信用证后，对随后接到的修改书能否自行决定是否将保兑责任扩展至修改书？

分析：根据《UCP600》规定，可以这样做。

【知识链接】

**信用证各关系人之间的关系**

信用证关系有广义和狭义之分。狭义信用证关系是指基于开证行开出的信用证而产生的关系，包括开证行与受益人之间的关系、开证行与通知行之间的关系、开证行与指定行之间的关系、指定行与受益人之间的关系、保兑行与开证行的关系、保兑行与受益人的关系等。广义信用证关系，除上述关系外，还包括开证行与申请人之间的关系。不同当事人之间具有不同的法律关系，其权利义务受不同协议的约束。在中国，中国开证行与受益人、指定行之间的关系按涉外关系处理，中国开证行与申请人之间按国内信贷关系处理。

**（一）开证申请人与受益人**

开证申请人与受益人之间是买卖合同关系。开证申请人即为国际贸易合同的买方，受益人即为合同的卖方，双方订立的合同中约定以信用证方式支付货款，则买方应依合同的规定开立信用证，卖方则应依合同发货并提供约定的单据。

**（二）开证行与开证申请人**

开证行与开证申请人之间是以开证申请书及其他文件确定的委托合同关系。在此合同关系中，开证行的主要义务是依开证申请书开立信用证并谨慎地审核一切单据，确定单据在表面上符合信用证。开证申请人则应缴纳开证押金或提供其他保证，缴纳开证费用并付款赎单。开证行与申请人之间的关系受开证申请书的调整。

**（三）开证行与受益人**

当信用证送达受益人时，在开证行与受益人之间即形成了对双方有约束力的独立合同。受益人是信用证中指定的接受信用证并有权享用信用证利益的人，一般是买卖合同中的卖方，在可转让信用证的情况下，除直接卖方外，还包括货物的实际供应商（第二受益人）。开证行是对受益人承担付款义务的银行，自开立信用证之时起，开证行即不可撤销地承担承付责任。开证行偿付指定行的责任，独立于开证行对受益人的责任。开证行一般是申请人所在地的银行或其开户行。开证行与受益人的关系受信用证调整。

**（四）通知行与开证行**

通知行与开证行之间是委托代理关系，通知行接受开证行的委托，代理开证行将信用证通知受益人，并由开证行支付佣金给通知行。

**（五）通知行与受益人**

通知行与受益人之间不存在合同关系。通知行通知受益人是因其对开证行负有义务，不是因为通知行与受益人之间有合同关系而对受益人负有此项义务。《UCP600》规定，信用证可经通知行通知受益人，通知行无须承担责任。但鉴于国际贸易中伪造信用证的问题，该条又规定，如通知行决定通知信用证，则应合理谨慎地审核所通知信用证的表面真实性。

【案例】

我某公司向国外A商出口货物一批。A商按时开来不可撤销即期信用证，该证由设在我国境内的外资B银行通知并加具保兑。我公司在货物装运后，将全套合格单据交B银行议付，收妥货款。但B银行向开证行索偿时，得知开证行因经营不善已宣布破产。于是，银行要求我公司将议付款退还，并建议我方直接向买方索款。请问：我方应如何处理？

分析要点：我方无须还货款。因为本案中B行既是通知行又是保兑行，根据《UCP600》，信用证一经保兑，保兑行与开证行同样承担第一性付款责任，对受益人履行保证付款的责任。

【知识链接】

世界著名银行

| 中文名称 | 英文名称 | 国家或地区 |
| --- | --- | --- |
| 中国银行 | Bank of China | 中国 |
| 第一洲际银行 | First Interstate Bancorp | 美国 |
| 花旗银行 | Citibank | |
| 摩根大通公司 | JPMorgan Chase & Co. | |
| 巴黎国民银行 | Banque Nationale de Paris | 法国 |
| 里昂信贷银行 | Credit Lyonnais | |
| 农业信贷国民银行 | de Caisse Nationale Credit Agricole | |
| 德累斯顿银行 | Dresdner Bank | 德国 |
| 德意志银行 | Deutsche Bank | |
| 汇丰银行 | Hongkong and Shanghai Banking Corp. | 中国香港 |
| 第一劝业银行 | Dai－Ichi Kangyo Bank | 日本 |
| 富士银行 | Fuji Bank | |
| 三和银行 | Sanwa Bank | |
| 三井银行 | Mitsui Bank | |
| 三菱银行 | Mitsubishi Bank | |
| 住友信托银行 | Sumitomo Trust & Banking | |
| 瑞士联合银行 | Union Bank of Switzerland | 瑞士 |
| 瑞士信贷银行 | Credit Suisse | |
| 瑞士银行公司 | Swiss Bank Corp. | |

## 三、信用证的开立方式与基本内容

### （一）信用证的开立方式

信用证的开立可以用信函的方式，也可以用电文方式，因此信用证可以分为信开和电开两种形式。

1. 信开

信开是指以信函格式开立，并用航空挂号等方式寄给受益人或通知行的信用证。信开信用证是早期信用证的主要形式。

2. 电开

电开是指采用电文格式开立并以电讯方式传递的信用证。通常采用的电讯方式主要有电报、电传（Telex）和 SWIFT。电开信用证按照电文内容的详细与否，又可以分为简电本和全电本。全电本是指电文内容较简单扼要的信用证；目前，全电本信用证大多采取电传、SWIFT 两种形式开具。电传开具的信用证因费用较高，手续烦琐，条款文句缺乏统一性容易造成误解等原因，在实务中已被方便、迅速、安全、格式统一、条款明确的 SWIFT 信用证取代。

### （二）信用证的基本内容

《UCP600》规定，信用证的内容必须完整、明确和简洁。信用证基本内容一般包括：

（1）对信用证本身的说明，包括信用证的种类、性质、金额、效期、到期地点等。

（2）货物要求，包括品名、品质、数量、包装、价格。

（3）运输说明，包括运输方式、装运期限、装运港、目的港、是否允许分批装运、转运等。

（4）单据要求，包括单据的种类、份数等。

（5）特殊条款，根据进口国政治、经济、贸易情况的变化或每一笔具体业务的需要，可能作出不同的规定。

（6）责任文句，开证行对受益人及汇票持有人保证付款的责任文句。

### （三）信用证范例

ISSUE OF DOCUMENTARY CREDIT

| | | |
|---|---|---|
| FORM OF DOC. CREDIT | *40A: | IRREVOCABLE |
| DOC. CREDIT NUMBER | *20: | DC－K1560 |
| DATE OF ISSUE | 31C: | 140916 |
| EXPIRY | *31D: | DATE 141130 PLACE CHINA |
| APPLICANT | *50: | AMERICA SUNFLOWER CO.<br>RM1006, SS STREET WINK NEW YORK, U. S. A. |

（续上表）

| | | |
|---|---|---|
| BENEFICIARY | *59: | GUANGZHOU WINSIN ARTS&CRAFTS IMPORT & EXPORT CO., LTD<br>NO. 18 WUYI ROAD HAIZHU DISTRICT GUANGZHOU, CHINA |
| AMOUNT | *32B: | CURRENCY USD AMOUNT 800 000. 00 |
| POS. /NEG. TOL. (%) | 39A: | 5/5 |
| AVAILABLE WITH/BY | *41D: | ANY BANK<br>BY NEGOTIATION |
| DRAFT AT…… | 42C: | DRAFTS AT SIGHT FOR 70% INVOICE VALUE |
| DRAWEE | 42A: | CITIBANK NEW YORK BRANCH |
| PARTIAL SHIPMENTS | 43P: | ALLOWED |
| TRANSSHIPMENT | 43T: | ALLOWED |
| LOADING IN CHARGE | 44E: | CHINESE MAIN PORTS |
| FOR TRANSPORT TO… | 44F: | NEW YORK |
| LATEST DATE OF SHIP. | 44C: | 141108 |
| DESCRIPTION OF GOODS | 45A: | |
| | CHRISTMAS GIFTS<br>SPEC QNTY UNIT PRICE<br>WS001 50 000PCS USD 2. 00/PCS<br>WS002 40 000PCS USD 5. 00/PCS<br>WS0201 20 000PCS USD 15. 00/PCS<br>WS0202 10 000PCS USD 20. 00/PCS<br>TRADE TERMS: CIF NEW YORK<br>AS PER SALES CONFIRMATION NO. 201409080116 OF SEPT. 08 2014 | |
| DOCUMENTS REQUIRED | 46A : | |
| | + COMMERCIAL INVOICE IN 3 COPIES DATED THE SAME DATE AS THAT OF L/C ISSUANCE DATE INDICATING COUNTRY OF ORIGIN OF THE GOODS AND CERTIFIED TO BE TRUE AND CORRECT, INDICATING SALES CONFIRMATION NO. 201409080116 AND L/C NO.<br>+ NEUTRAL PACKING LIST INDICATING QUANTITY, N. W. AND G. W. OF EACH PACKAGE, TTL QUANTITY, N. W. AND G. W., AND PACKING CONDITIONS AS REQUIRED BY L/C.<br>+ FULL SET OF CLEAN ON BOARD OCEAN BILLS OF LADING MADE OUT TO ORDER OF SHIPPER AND BLANK ENDORSED AND MARKED "FREIGHT PREPAID" AND NOTIFY THE APPLICANT. | |

（续上表）

| | | |
|---|---|---|
| | +INSURANCE POLICY/CERTIFICATE COVERING F. P. A OF PICC, INCLUDING WAREHOUSE TO WAREHOUSE CLAUSE UP TO FINAL DESTINATION AT GOTHENBURG , FOR AT LEAST 110 PCT OF CIFVALUE. SHOWING CLAIMS PAYABLE IF ANY IN SWEDEN.<br>+GSP CERTIFICATE OF ORIGIN FORM A, CERTIFYING GOODS OF ORIGIN IN CHINA, ISSUED BY COMPETENT AUTHORITIES<br>+ BENEFICIARY'S CERTIFICATE STATING THAT ONE SET OF ORIGINAL SHIPPING DOCUMENTS HAS BEEN SENT DIRECTLY TO THE APPLICANT.<br>+SHIPPING ADVICE IN FULL DETAILS INCLUDING SHIPPING MARKS, MERCHANDISE, SHIPMENT DATE, INVOICE VALUE, NAME AND VOYAGE OF VESSEL, CARRIER'S NAME, PORT OF LOADING AND PORT OF DISCHARGE IMMEDIATELY ON THE DATE OF SHIPMENT. | |
| DETAILS OF CHARGES | 71B： | ALL BANKING CHARGES OUTSIDE JAPAN ARE FOR ACCOUNT OF BENEFICIARY |
| PRESENTATION PERIOD | 48： | DOCUMENTS TO BE PRESENTED WITHIN 15 DAYS AFTER THE DATE OF SHIPMENT, BUT WITHIN THE VALIDITY OF THE CREDIT. |

## 四、信用证业务流程

买卖双方在合同中约定信用证支付方式时，信用证使用中会涉及开证申请人、受益人、开证行、通知行、付款行和议付行等，基本流程如下：

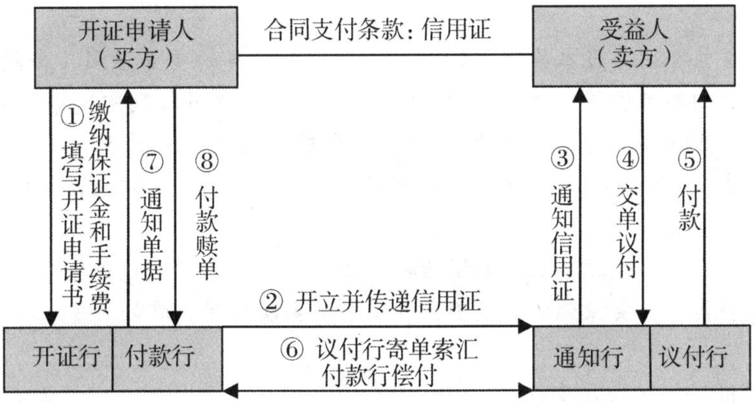


图7-4 信用证支付流程

【任务互动】

汇付、托收与信用证中使用的汇票类型相同吗?

分析:进出口业务中,托收方式下汇票的付款人通常是进口商,信用证支付方式下,汇票的付款人通常是开证行或其指定的银行;托收和信用证支付方式下,汇票的出票人通常是出口商,属于商业汇票;票汇方式下,汇票的出票人是银行,属于银行汇票。具体如下:

| 支付方式 | 汇票的出票人 | 汇票的付款人 | 汇票类型 |
|---|---|---|---|
| 汇付 | 银行 | 进口商 | 银行汇票 |
| 托收 | 出口商 | 进口商 | 商业汇票 |
| 信用证 | 出口商 | 开证行或其指定的银行 | 商业汇票 |

## 五、信用证的特点

根据《UCP600》第2条,信用证意指一项约定,无论其如何命名或描述,该约定不可撤销并因此构成开证行对于相符提示予以兑付的确定承诺。第4条a款,就性质而言,信用证与可能作为其依据的销售合同或其他合同,是相互独立的交易,即使信用证中提及该合同,银行亦与该合同完全无关,且不受其约束。因此,一家银行做出兑付、议付或履行信用证项下其他义务的承诺,并不受申请人与开证行之间或与受益人之间在已有关系下产生的索偿或抗辩的制约。以及第5条,银行处理的是单据,而不是单据所涉及的货物、服务或其他行为的规定。信用证的特点可归纳如下:

(1)信用证是一种银行信用,开证行承担第一性付款责任。

信用证是银行开立的有条件的付款承诺,受益人只要做到相符交单,开证行就要履行付款责任,即使开证申请人破产倒闭,开证行也要付款。

【案例】

我国某贸易公司与日本某公司签订了一份出口银耳的贸易合同,合同规定10月份装运,凭即期不可撤销信用证付款。9月18日,我公司收到中国银行转来的由日本东京银行开立的不可撤销即期信用证,证中规定付款银行为开证行。10月9日,我方装运完毕,此时收到日本贸易公司倒闭的消息。请问:我方能否凭单从付款银行得到货款?

分析要点:我方能凭单从付款银行得到货款。因为信用证是银行开立的有条件的付款承诺,受益人只要做到相符交单,开证行就要履行付款责任。

(2)信用证是一种自足文件。

信用证是开证行根据开证申请人的申请开立的付款承诺,而开证申请人的申请书又是根据贸易合同填写的,因此,信用证的开立是以合同为依据的,但信用证一经开立,便独立于合同，信用证各有关当事人间的权利与义务均以信用证为依据。

【案例】

我某外贸公司出口大米一批，合同规定信用证支付方式。买方在规定的时间内开来信用证，证中规定：100 公吨大米，杂质及水分与第 AZ856 号合同规定一致。我公司完成装运后随即向议付银行交单议付，单据中表明大米的杂质含量最高 2%，水分最高 10%。不久，开证行来电称：我信用证规定货物的杂质和水分必须与第 AZ856 号合同规定一致，从你方发票和其他有关单据上都无法确定杂质和水分的含量已符合上述合同规定，因而拒付。我公司即去电反驳。开证银行回电仍然拒付，称：虽然你方解释发票上所表明的杂质含量最高 2%，水分最高 10%，实际与合同规定相符，但我行处理的是单据，单据上表现不出与合同相符的记载文字，就是单证不符。我行不管你方货物的实际情况或合同如何规定。请问：本案中银行的拒付是否有理，为什么？

分析要点：银行的拒付有理。信用证一经开立，便独立于合同的自足文件，信用证各有关当事人间的权利与义务均以信用证为依据，不受买卖合同约束。

（3）信用证是一种单据买卖。

信用证是一项纯粹的单据业务，银行处理单据遵循“表面一致”原则，并不过问货物的实际情况，如果实际所交货物与合同规定不符，进口商就可凭单据向有关责任方索赔。

【案例】

我国 A 公司从国外 B 公司进口某种商品。合同规定：分两批交货，分批开证，买方应于货到目的港后 60 天内进行复验，若与合同规定不符，A 公司凭所在国的商检证书向 B 公司索赔。A 公司按照合同规定，申请开证银行开具首批货物的信用证。B 公司履行装船并凭合格单据向议付银行议付，开证银行也在单证相符的情况下，对议付行偿付了货款。在第一批货物尚未到达目的港之前，第二批货物的开证日期临近，A 公司又申请银行开出信用证。此时，首批货物到达了目的港，经检验发现货物与合同规定不符，A 公司当即通知开证银行：拒付第二份信用证项下的货款，并请听候指示。但开证银行收到议付银行寄来的第二批单据后审核无误，再次偿付议付行。当开证银行要求 A 公司付款赎单时，该公司拒绝付款赎单。请问：开证银行和 A 公司的处理是否合理？A 公司应如何处理此事？

分析要点：

（1）开证行要求 A 公司付款赎单完全有理。因为信用证业务，开证行处理的是单据，只要是单证相符、单单相符、单据与有关贸易惯例相符，开证行便履行付款义务。

（2）A 公司拒绝付款赎单无理。因为根据《UCP600》规定，开证行在受益人提供的单据与信用证规定表面相符的情况下，必须承担付款责任。B 公司提交的货物与合同规定严重不符的情况下，A 公司应根据合同规定，向 B 公司提出索赔。A 公司无权指令开证行拒付。

【知识链接】

**结算方式的合理选用**

1. 信用证与汇付相结合

这种方式通常的做法是部分货款用信用证支付，余数用汇付方式结算。通常的做法是：信用证凭装运单据先付发票金额若干成，余数待货到目的地后，根据检验的结果，按实际品质或重量计算出确切的金额，另用汇付方式支付。

2. 信用证与托收的结合

这种方式通常的做法是部分货款用信用证支付，余数用托收方式结算。通常做法是：信用证规定出口人开立两张汇票，属于信用证项下的货款凭光票付款，而全套单据随付在托收部分汇票项下，按即期或远期付款交单的方式托收。

3. 托收与备用信用证相结合

这种方式通常的做法是出口人在收到符合合同规定的备用信用证或银行保证书后，就可凭光票与声明书向银行收回货款。

4. 汇付、托收和信用证相结合

在成套设备、大型机械产品和交通工具的交易中，因为成交金额较大，产品生产周期较长，一般采用按工程进度和交货进度分若干期付清货款，即分期付款和延期付款方式。采用此类付款方式时，往往将汇付、托收和信用证付款方式结合使用。

## 六、信用证的种类

（1）按信用证项下的汇票是否附有货运单据划分，信用证分为跟单信用证和光票信用证。

跟单信用证（Documentary Credit）是开证行凭跟单汇票或仅凭单据付款的信用证。此处的单据指代表货物所有权的单据（如海运提单等），或证明货物已交运的单据（如铁路运单、航空运单、邮包收据）和信用证中提到的其他单据。根据《UCP600》第 3 条的规定，信用证是不可撤销的，即使信用证中对此未作指示也是如此。因此，在业务中，我们一般使用的信用证为不可撤销跟单信用证。

光票信用证是指开证行仅凭受益人出具的汇票付款的信用证。

（2）根据付款时间不同，信用证可分为即期信用证和远期信用证。

即期信用证（Sight Credit）是指开证行或付款行收到符合信用证条款的跟单汇票或装运单据后，立即履行付款义务的信用证。

远期信用证（Usance Credit）指开证行或付款行收到信用证的单据时，在规定期限内履行付款义务的信用证。远期信用证又分为承兑信用证和延期付款信用证。承兑信用证（Acceptance Credit）是指要使用汇票的远期信用证，汇票的付款人在收到符合信用证规定的汇票和单据时，先在汇票上履行承兑手续，待汇票到期日再行付款。承兑信用证的汇票付款人可以是开证行或其他指定的银行，不论由谁承兑，开证行均负责该汇票的承兑及到期付款。因规定以开证行或其他银行为汇票付款人，故这种信用证又称为银行承兑信用证(Bankers Acceptance Credit)。这种信用证的汇票，由于承兑人是银行，较易到贴现市场去转让，因此对受益人比较有利。延期付款信用证（Deferred Payment Credit）是指开证行在信用证中规定货物装船后若干天付款，或开证行收单后若干天付款的信用证。延期付款信用证无须出具汇票。

【知识链接】

**假远期信用证**

在实际业务中，有时会使用到即期付款的远期信用证，即假远期信用证。假远期信用证（Usance Credit Payable at Sight）是指开证银行应进口企业请求，在信用证中规定受益人开立远期汇票，由付款行进行贴现，并规定一切利息和费用由进口企业承担的信用证，即远期汇票即期付款，并由进口企业向融资银行支付贴现费用。

1. 使用假远期信用证的原因

（1）进口商利用银行信用和较低的贴现息来融通资金，减轻费用负担，降低进口成本。

（2）有的国家由于外汇紧张，法令规定进口交易必须一律远期付款，银行只能开立远期信用证，或对银行开立即期信用证有严格限制。

2. 假远期信用证与一般远期信用证的区别

（1）买卖合同规定的支付条件不同。假远期信用证项下的买卖合同规定的支付条件一般为即期信用证付款，远期信用证项下的买卖合同的支付条件则明确规定以远期信用证方式付款。

（2）贴现息及费用负担者不同。假远期信用证规定远期汇票的贴现息及承兑手续费等费用，概由开证人负担，而远期信用证的远期汇票由于远期收汇而发生的利息、贴现息，一般由受益人负担。

（3）收汇时间不同。假远期信用证能即期收汇，而远期信用证不能即期收汇。

（3）按使用方式不同，信用证可分为付款信用证、承兑信用证和议付信用证。

付款信用证（Payment Credit）是指受益人只能直接向开证行或其指定的付款行交单索款的信用证。付款信用证一般不要求受益人出具汇票，仅凭受益人提交的单据付款。

承兑信用证（Acceptance Credit）是指要使用汇票的远期信用证，汇票的付款人在收到符合信用证规定的汇票和单据时，先在汇票上履行承兑手续，待汇票到期日再行付款。

议付信用证（Negotiation Credit）是指开证行允许受益人向某一指定银行或任何银行交单议付的信用证。根据《UCP600》第 2 条的规定，议付意指被指定银行在其应获得偿付的银行日或在此之前，通过向受益人预付或者同意向受益人预付款项的方式购买相符提示项下的汇票（汇票付款人为被指定银行以外的银行）和（或）单据。因此，议付是由议付行对汇票和（或）单据付出对价，只审单据而不支付对价，不能构成议付。

**【任务互动】**

如何区分付款信用证、承兑信用证和议付信用证?

分析：在信用证中看 AVAILABLE WITH…BY…，如果该项表述为 AVAILABLE WITH…BY PAYMENT，即为付款信用证；如果该项表述为 AVAILABLE WITH…BY ACCEPTANCE，即为承兑信用证；如果该项表述为 AVAILABLE WITH…BY NEGOTIATION，即为议付信用证。

（4）按信用证有没有另一家银行加以保兑，信用证可分为保兑信用证和不保兑信用证。

保兑信用证（Confirmed Credit）是指开证行开出的信用证，由另一银行保证对符合信用证条款规定的单据履行付款义务。对信用证加以保兑的银行，称为保兑行。保兑行通常由通知行担任，保兑行和开证行一样，承担第一性付款责任，保兑行付款后，即使开证行倒闭或拒付，也不能向受益人追索。

不保兑信用证（Unconfirmed Credit）是指开证行开出的信用证没有经另一家银行保兑。

（5）按信用证能否转让，信用证可分为可转让信用证和不可转让信用证。

可转让信用证（Transferable Credit）是指信用证的受益人（第一受益人）可以将信用证全部或部分转让给一个或数个受益人（第二受益人）使用的信用证。可转让信用证只能转让一次，即只能由第一受益人转让给第二受益人，第二受益人不得要求将信用证转让给其后的第三受益人。但是，再转让给第一受益人，不属于被禁止转让的范畴。在实际业务中，要求开立可转让信用证的第一受益人，通常是中间商。为了赚取差额利润，中间商可将信用证转让给实际供货商，由供货商办理出运手续。但信用证的转让并不等于买卖合同的转让，如第二受益人不能按时交货或单据有问题，第一受益人（即原出口人）仍要负买卖合同上的卖方责任。

不可转让信用证（Non - transferable Credit）是指受益人不能将信用证的权利转让给他人的信用证。凡信用证中未注明“可转让”，即是不可转让信用证。

（6）循环信用证（Revolving Credit）。

循环信用证是指信用证被全部或部分使用后，其金额又恢复到原金额，可再次使用，直至达到规定的次数或规定的总金额为止。

循环信用证又分为按时间循环信用证和按金额循环信用证。按时间循环的信用证，受益人在一定的时间内可多次支取信用证规定的金额。按金额循环的信用证，在信用证金额议付后，仍恢复到原金额可再次使用，直至用完规定的总额为止。如果每期用完一定金额，不需要等待开证行的通知，即可自动恢复到原金额，称作自动循环信用证；如果每期用完一定金额后，必须等待开证行通知到达，信用证才恢复到原金额继续使用，称作非自动循环信用证；如果每次支款后若干天内，开证行未提出停止循环使用的通知，自第×天起即可自动恢复到原金额，称作半自动循环信用证。

循环信用证一般用于长期分批交货的贸易合同。使用循环信用证的优点在于：①进口方可不必多次开证而节省开证费用。②简化出口方的审证、改证等手续，有利于合同的履行。

(7) 对开信用证（Reciprocal Credit）。

对开信用证是指两张信用证的开证申请人互以对方为受益人而开立的信用证。多用于易货交易或来料加工和补偿贸易业务。

(8) 背对背信用证（Back to Back Credit）。

背对背信用证又称转开信用证，指受益人要求原证的通知行或其他银行以原证为基础，另开一张内容相似的新信用证。背对背信用证的开立通常是中间商转售他人货物，或两国不能直接办理进出口贸易时，通过第三者以此办法来沟通贸易。原信用证的金额（单价）应高于背对背信用证的金额（单价），背对背信用证的装运期应早于原信用证的规定。

(9) 预支信用证（Anticipatory Credit）。

预支信用证是指开证行授权议付行（通常是通知行）向受益人预付信用证金额的全部或一部分，由开证行保证偿还并负担利息。其特点是开证行付款在先，受益人交单在后。预支信用证又称红条款信用证。

(10) 备用信用证（Standby Credit）。

备用信用证又称商业票据信用证（Commercial Paper Letter of Credit）、担保信用证或保证信用证（Guarantee Letter of Credit），是指开证行根据开证申请人的请求对受益人开立的承诺承担某项义务的凭证。即开证行保证在开证申请人未履行其应履行的义务时，受益人只要凭备用证的规定向开证行开具汇票（或不开汇票），并提交开证申请人未履行义务的声明或证明文件，即可取得开证行的偿付。

备用信用证属于银行信用，备用信用证一般用在投标、还款或履约保证、预付货款和赊销等业务中。开证银行保证在开证申请人未履行其义务时，即由开证银行付款。因此，备用信用证对受益人来说是备用于开证申请人发生毁约时，取得补偿的一种方式。

备用信用证与跟单信用证有相同之处，但又有不同之处，主要是：

① 付款的条件不同。在跟单信用证下，受益人只要履行信用证所规定的条件，即可向开证银行要求付款。在备用信用证下，受益人只有在开证申请人未履行义务时，才能行使信用证规定的权利。如开证申请人履行了约定的义务，则备用信用证就成为备而不用的文件。

② 适用的交易不同。跟单信用证一般只适用于货物的买卖；而备用信用证可适用于货物以外的多方面的交易。例如，在投标业务中，可保证投标人履行其职责；在借款、垫款中，可保证借款人到期还款；在赊销交易中，可保证赊购人到期付款等。

③ 所需要的单据不同。跟单信用证一般以符合信用证规定的代表货物的货运单据为付款依据；而备用信用证一般只凭受益人出具的说明开证申请人未能履约的证明文件，开证银行即保证付款。

**【任务互动】**

在国际贸易中，背对背信用证、对开信用证、循环信用证、可转让信用证及备用信用证分别用于哪些交易？

分析：背对背信用证、可转让信用证常用于中间商转售货物的交易；对开信用证用于易货交易、来料加工、来件装配、补偿贸易；循环信用证主要用于长期供货，实行分批均匀交货和分批收款的贸易；备用信用证是在开证申请人违约时受益人获得开证行补偿的一种方式，一般用于投标、履约、还款、预付和赊销等业务。

## 七、合同中信用证支付条款的内容及拟定

国际货物买卖合同中支付方式如果采用信用证，支付条款的主要内容为信用证开立日期及送达受益人的时间、信用证的效期、开证银行、支付金额、信用证种类等。

### （一）信用证支付方式条款举例

示例7－5：

买方应于2014年6月18日前，通过卖方可接受的银行开立以卖方为受益人的见票后30天付款的不可撤销信用证，有效期至装运后20天在中国议付，并注明合同号。

The buyers shall issue an irrevocable L/C at 30 days after sight through a bank acceptable to the seller before JUN. 18, 2014 and in favour of the seller. The L/C shall be valid in China by negotiation within 20 days after the shipment effected and must mention the contract number.

示例7－6：

买方应通过双方都接受的银行向卖方开出以卖方为受益人的不可撤销、可转让的即期付款信用证并允许分批装运、转船。信用证必须在装船前30天开到卖方，信用证有效期延至装运日期后21天在中国到期。

The buyers shall open with a bank to be accepted by both the buyers and sellers an irrevocable transferable letter of credit, allowing partial shipment, transshipment in favor of the sellers and addressed to sellers payable at sight against first presentation of the shipping document to opening bank. The covering letter of credit must reach the sellers 30 days before shipment and remain valid in China until the 21st day (inclusive) from the date of shipment.

### （二）广州欣悦工艺品进出口有限公司程晨拟定的支付条款

支付条款：30%前T/T，70%信用证即期付款。买方须于2014年9月20日前将不可撤销的即期付款信用证开到卖方。该信用证于装运日后21天在中国议付有效。买方未在规定的时间内开出信用证，卖方有权发出通知取消本合同，或对因此遭受的损失提出索赔。

Payment Term: 30% T/T in advance and 70% L/C at sight, L/C to reach the seller before SEPT. 20, 2014, and to remain valid for negotiation in China until 21 days after the time of shipment. The buyer shall establish a letter of credit before the above－stipulated time. Failing which, the seller shall have the right to rescind this contract upon the arrival of the notice at buyer, or to lodge a claim for the direct losses sustained, if any.

【知识链接】

**分期付款与延期付款**

1. 分期付款

买卖双方在合同中规定，在产品投产前，买方可采用汇付方式，先交部分货款作为订金，卖方在买方付出订金前，应向买方提供出口许可证复印件和银行开具的保函。除订金外，其余货款可按不同阶段分期支付，买方开来不可撤销信用证，即期付款。但最后一笔货款，一般是在交货或卖方承担质量保证期满时付清。货物所有权则在付清最后一笔货款时转移。在分期付款的条件下，货款在交货时付清或基本付清。因此，按分期付款条件所签订的合同是一种即期合同。

2. 延期付款

在成套设备和大宗交易的情况下，由于成交金额较大，买方一时难以付清全部货款，可采用延期付款的办法。买卖双方签订合同后，买方一般要预付一小部分货款作为订金。大部分货款是在交货后若干年内分期摊还，即采用远期信用证支付。

3. 分期付款和延期付款的区别

第一，货款清偿程度不同。采用分期付款，其货款是在交货时付清或基本付清；而采用延期付款时，大部分货款是在交货后一个相当长的时间内分期摊还。

第二，所有权转移时间不同。采用分期付款时，只要付清最后一笔货款，货物所有权即行转移；而采用延期付款时，货物所有权一般在交货时转移。

第三，支付利息费用不同。采用分期付款时，买方没有利用卖方资金，因而不存在利息问题；而采用延期付款时，由于买方利用了卖方的资金，所以买方需向卖方支付利息。

延期付款是买方利用外资的一种形式，一般货价较高。因此，在延期付款条件下签订合同时，应结合利息、费用和价格等因素进行考虑，权衡得失，然后做出选择。

# 项目 5 审核信用证和填制信用证项下的结汇单据

制单结汇是指货物装运后，出口商应按信用证要求，正确缮制各种单据，在信用证规定的交单有效期内，填写出口结汇申请书（联系单），连同全套正本单据，递交银行办理议付结汇手续。制单结汇是出口商出口业务的重要环节，信用证是出口商制单的依据，因此，出口商收到信用证后，要认真审核信用证。

## 一、审核信用证

信用证是依据合同开立的，应与合同内容一致。但实际业务中，由于工作疏忽、电文传递错误、贸易习惯不同或进口商有意加列对其有利的软条款，可能会出现信用证并非与合同完全相符的情况，因此，出口商为了安全收汇和顺利履行合同，要认真审核国外开来的信用证。

### （一）出口商审证要点

（1）信用证类型是否与合同一致。

（2）信用证的效期是否与合同一致；信用证的到期地点一般应在受益人地点或国家为好。

（3）信用证金额的币种和金额大小是否与合同一致。

（4）开证申请人和受益人的名称和地址是否与合同一致。

（5）货物描述。

①品名、规格、数量、单价（币种、计量单位、大小、贸易术语）、包装是否与合同一致。

②提到的合同号码或形式发票号码是否与合同一致。

③是否遗漏溢短装条款。

（6）汇票条款。

①汇票的付款期限是否与合同一致。

②汇票的付款人是否合理，付款人应为开证行或开证行指定的银行。

（7）装运条款。

①装运港和目的港是否与合同一致。

②分期装运与转运条款是否与合同一致。

③装运期是否与合同一致。

（8）单据要求。

①提单：提单的运费与合同中的贸易术语是否匹配。

②保险单据：根据贸易术语判断是否需要受益人提交保险单据。CIF 需卖方提交单据，注意审核险别、投保金额是否与合同一致；CFR 和 FOB 由买方办理保险，卖方不用提交保险单据，因此，单据要求中不应包含保险单据。

③不应含有由开证申请人或其授权的人出具的单据。

④合同中如有单据要求，则信用证中的单据种类、份数等要与合同一致。

（9）交单期限。交单期限要合理，一般在装运日后 15 天左右，但应在信用证的效期内。

（10）费用承担。开证申请人所在国之外的费用由受益人负担。

（11）附加条款。注意审核附加条款提出的有关单据等，比如受益人证明、装船通知等。

（12）软条款。软条款就是信用证中附加生效条件的条款，或者条款规定单据的取得需要进口商的配合，从而使进口商掌握贸易主动权，致使出口商面临交单不符的风险，或者让开证行随时免责，企图正当免除第一性的付款责任。常见的软条款有：

① 开证申请人通知船公司、船名、装船日期、目的港、验货人等，受益人才能装船。此条款使卖方装船完全由买方控制。

② 信用证开出后暂不生效，待进口许可证签发后通知生效，或待货样经申请人确认后生效。此类条款使出口货物能否装运，完全取决于进口商，出口商则处于被动地位。出口商见信用证才能投产，生产难安排，装期紧，出运有困难。

③ 1/3 的正本提单径直寄开证申请人。买方可能持此单先行将货提走。

④ 信用证到期地点在开证行所在国，有效期在开证行所在国，使卖方延误寄单，单据寄到开证行时已过议付有效期。

⑤ 品质检验证书须由开证申请人或其授权者签发，由开证行核实，并与开证行印签相符。采用买方国商品检验标准，此条款使得卖方由于采用本国标准，而无法达到买方国标准，从而使信用证失效。

### （二）修改信用证

受益人在审证时发现信用证条款与合同不符，或有对受益人不利的软条款，必须及时向开证申请人提出要求修改，在收到改证通知书并确定无误后才能发货。

1. 修改信用证的程序

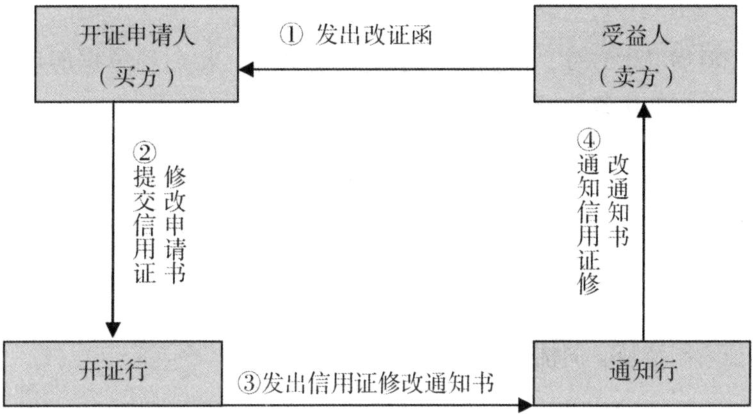


**图 7－5　信用证修改程序**

2. 修改信用证的注意事项

（1）收到信用证应及时审核，修改必须及时提出。

（2）需要修改的内容，应做到一次性提出，避免多次修改信用证的情况。

（3）对于不可撤销信用证中任何条款的修改，都必须取得当事人的同意后才能生效。

（4）对于修改内容要么全部接受，要么全部拒绝，部分接受修改中的内容是无效的。

（5）收到信用证修改后，应及时检查修改内容是否符合要求，并分情况表示接受或重新提出修改。

（6）有关信用证修改必须通过原信用证通知行传递有效，通过客人直接寄送的修改申请书或修改书复印件不是有效的修改。

3. 改证函的内容

受益人向开证申请人发出改正函，是修改信用证的第一步，改证函一般包括以下三方面内容：第一，感谢对方及时开来信用证；第二，逐项列明不符点并说明如何修改；第三，感谢对方合作，并希望早日收到信用证修改书，以便卖方按时发货。

## 二、信用证项下缮制结汇单证的基本要求

结汇单证是指在国际贸易结算中，为解决货币收付问题所使用的各种单据及证明。信用证支付方式下，出口货物装运之后，出口方应按信用证要求，正确缮制各种单证（如发票、箱单、提单、保险单、产地证明等），并在信用证规定的有效时间内，送交银行议付和结汇，从而完成一笔有效的出口任务。

出口单据不单是收汇的依据，而且还是发生质量纠纷时处理争议的依据，单据制作应做到正确、完整、及时、简明、整洁。

1. 正确

正确是单证工作的前提，信用证支付方式下各种单据必须做到“三相符”，即单证相符、单单相符、单据与有关惯例和法律规定相符，非信用证支付方式下，还要做到单同相符（单据与贸易合同相符）。

2. 完整

主要指成套单据群体完整，即提交的单据种类齐全；每一种单据所填的内容完备齐全；同时，每类单据的份数要齐全。

3. 及时

这一方面指出单及时，即各种单据的出单日期必须合理可行，不能超过信用证有效期或按商业习惯的合理日期；另一方面指结汇及时，即向银行交单议付不能超过信用证规定的交单期。

4. 简明

主要指单证缮制清晰、简洁明了。

5. 整洁

主要指单证的表面清洁，美观大方。

**【小贴士】**

**单据缮制中常用的英文缩写**

（1）货币符号：USD（美元）；EUR（欧元）；HKD（港元）；SGD（新元）；JPY（日元）；CNY（人民币）。

（2）计量单位：PCS（件）；CTN（箱）；CBM（立方米）；KGS（公斤）；MT（公吨）。

（3）其他：FCL（整箱装）；LCL（拼箱装）；CY（集装箱堆场）；CFS（集装箱货运站）；G. W.（毛重）；N. W.（净重）。

【知识链接】

**信用证的“三期”**

信用证的“三期”是指信用证的有效期、交单期和装运期。《UCP600》规定，信用证必须规定一个到期日和一个交单付款、承兑的地点，规定的付款、承兑或议付的到期日，将被解释为信用证的有效期。信用证还应规定一个运输单据出单日期后必须提交符合信用证条款的单据的特定期限，即“交单期”。如果信用证未规定交单期，银行将拒收迟于运输单据出单日期 21 天后提交的单据，但单据也不得迟于信用证到期日提交。装运期是指卖方将货物装上运往目的港的运输工具或交付给承运人的日期。信用证可以没有装运期，只有有效期，在实际业务中叫做“双到期”。

## 三、信用证项下主要结汇单据的填制规范

CIF 术语、信用证项下的结汇单据主要有商业发票、装箱单、提单、保险单、原产地证书、受益人证明书和装船通知等。

### （一）商业发票的填制规范

商业发票（Commercial Invoice）是由出口商（卖方）签发给进口商（买方），证明将一定数量的货物销售给进口商的文件，是买卖双方记账的依据，也是进出口报关纳税的总说明。

商业发票是一笔业务的全面反映，虽没有统一的格式，但基本内容都包括了首文、正文和结文三个部分，首文内容包括单据名称、编号、签发日期、合同号码、信用证号码、运输资料和买卖双方的名称和地址等，正文内容包括商品名称、规格型号、单价、数量、金额和包装等，结文内容主要是出票人的签章。在单据制作过程中，商业发票是全套出口单据的核心，其余单据均需参照商业发票缮制。

1. 首文部分的缮制

（1）出票人的名称与地址。

一般情况下，出票人即为信用证的受益人，单据中要显示出票人的中英文名称和英文地址。

（2）单据名称。

按信用证要求的发票名称填写“COMMERCIAL INVOICE”或“INVOICE”。

（3）发票抬头人（Messrs；To）。

此栏填写发票抬头人的名称与地址，名称与地址分行填写。发票的抬头人一般为信用证的开证申请人，即合同的买方，如果信用证有指定的抬头人，即按信用证的规定填写。

（4）出口商（Exporter）。

此栏填写出口商的名称与地址，名称与地址分行填写。一般情况下，出口商通常为信用证的受益人。

(5) 发票号码 (Invoice No. )。

填写发票号码，一般由出口商根据一定的规律自行编号。

(6) 发票日期 (Invoice Date)。

填写发票的签发日期。一般情况下，发票是所有结汇单据中出具最早的单据。

(7) 信用证编号 (L/C No. )。

填写信用证的号码。

(8) 开证日期 (L/C Date)。

填写信用证的开立日期。

(9) 合同号码 (S/C No. )。

填写合同号码。如信用证中注明合同号码，则按信用证中注明的号码填写；如未列明，则按实际交易货物的合同号码填写。

(10) 支付方式 (Terms of Payment)。

填写该笔业务的付款方式。信用证支付方式填写“By L/C”。

(11) 运输细节 (Transport Details)。

此栏填写货物实际的装运港（地）、目的港（地）以及运输方式，如果货物需中途转运，需注明装运港的名称，一般表示为：FROM…TO…（W/T…）BY…。如填写“FROM SHANGHAI TO NEW YORK W/T HONGKONG BY SEA”。

2. 正文部分的缮制

(1) 唛头 (Marks and Number)。

填写唛头。如果信用证规定了唛头，则按信用证的规定填写，否则，根据合同的规定填写，如合同未规定唛头，出口商可自行设计或填写 N/M。

**【任务互动】**

中国 AAA 公司向新加坡 GGG 公司出口一批服装，货物共 100 箱，从广州运至新加坡，合同未规定唛头，请您代 AAA 公司设计一个唛头。

分析：一般的唛头包括收货人的代码、目的港和件号三部分，标准唛头还包括参考号（合同号或发票号），如可设计为 GGG/SINGAPORE/C－NO. 1－100。

(2) 货物描述 (Description of Goods)。

此栏主要填写货物的名称、具体规格与型号。如信用证规定“AS PER S/C NO. ……”，制单时应具体列明不同规格或型号，同时，加注“AS PER S/C NO. ……”。

(3) 数量 (Quantity)。

填写不同规格或型号货物对应的实际装运的数量，并合计总数量。非散装货的数量一般填写销售包装的数量。

**【任务互动】**

请查阅《UCP600》对数量机动幅度的规定。

分析：①根据《UCP600》，凡信用证数量前有“约”“大概”“大约”或类似的词语，交货时允许数量有10%的增减幅度。②在信用证未以包装单位件数或货物自身件数的方式规定货物数量时，货物数量允许有5%的增减幅度，只要总支取金额不超过信用证规定的金额。

（4）单价（Unit Price）。

填写不同规格或型号货物对应的单价。国际贸易中的单价由计价货币、计量单位、单位金额和贸易术语四个部分组成。

（5）总值（Amount）。

填写不同规格或型号货物对应的总值，并合计总值。注意发票的总值不能超过信用证规定的最高金额。

（6）其他。

在单据中加注信用证要求的有关其他信息。如注明进口许可证号码、外汇管理许可证号码等，如果要加注证明货物的原产地、发票内容的真实性等声明文句，则发票必须由出票人签署。

3. 结文部分的缮制

结文内容主要是出票人的签章，由信用证的受益人签发。

样单 7－2 商业发票

GUANGZHOU WINSIN ARTS & CRAFTS IMPORT & EXPORT CO.，LTD
NO. 18 WUYI ROAD HAIZHU DISTRICT GUANGZHOU，CHINA

# COMMERCIAL INVOICE

INVOICE NO.：WS150928－16
DATE：SEPT. 16，2014

S/C NO.：201409080116
L/C NO.：DC－K1560

TO：
AMERICA SUNFLOWER CO.
RM1006，SS STREET WINK
NEW YORK，U. S. A.

FROM：GUANGZHOU　　TO：NEW YORK　　BY：SEA

| MARKS & NOS. | DESCRIPTION OF GOODS | QUANTITY (PCS) | UNIT PRICE | AMOUNT |
|---|---|---|---|---|
| A. S. C.<br>201409080116<br>NEW YORK<br>NO. 1－300 | CHRISTMAS GIFTS<br>WS001<br>WS002<br>WS0201<br>WS0202<br><br>AS PER SALES CONFIRMATION NO. 201409080116 OF SEPT. 08 2014<br><br>COUNTRY OF ORIGIN：CHINA | <br>50 000<br>40 000<br>20 000<br>10 000 | CIF NEW YORK<br>USD2. 00/PC<br>USD5. 00/PC<br>USD15. 00/PC<br>USD20. 00/PC | <br>USD100 000<br>USD200 000<br>USD300 000<br>USD200 000 |
| TOTAL | | 120 000 | | USD800 000 |

TOTAL AMOUNT：SAY U. S. DOLLARS EIGHT HUNDRED THOUSAND ONLY.
WE HEREBY CERTIFY THAT THE ABOVE MENTIONEDIS TURE AND CORRECT.

GUANGZHOU WINSIN ARTS & CRAFTS IMPORT & EXPORT CO.，LTD
吴晓

【小贴士】

**有关单据的日期关系**

（1）《UCP600》规定保险单的日期不能迟于提单的日期。

（2）各单据出单先后顺序一般依次为发票日期—检验证书日期或保险单日期—装船日期（提单日期）—信用证最迟装运日期—汇票出票日期—信用证最迟交单日期或信用证有效期。

### （二）装箱单的填制规范

装箱单（Packing List or Packing Specification）又称包装单、码单，是用以说明货物包装细节的清单。装箱单的作用主要是补充发票内容，详细记载包装方式、包装材料、包装件数、货物规格、数量、重量等内容，便于进口商或海关等有关部门对货物的核准。

装箱单是对商业发票内容的补充，和商业发票一样，没有统一的格式，但内容也包括首文、正文和结文三个部分。首文内容主要有单据名称、单据签发日期、发票号码、合同号码、信用证号码、运输资料及买卖双方的名称和地址等，正文内容包括唛头、货名、规格、包装单位、件数、每件的货量、毛净重以及包装材料、包装方式、包装规格等，结文内容主要是出票人的签章。

1. 首文部分的缮制

（1）出票人的名称与地址。

一般情况下，出票人即为信用证的受益人，单据中要显示出票人的中英文名称和英文地址。如果来证要求用中性包装单（Neutral Packing List），则包装单名称打“Packing List”，注意包装单内不打卖方名称，不能签章。

（2）单据名称。

按照信用证规定的名称填写。通常为“Packing List”“Packing Specification”“Detailed Packing List”。

（3）装箱单日期（Date）。

填写装箱单的签发日期。一般情况下，装箱单的签发日期和商业发票的签发日期相同。

（4）发票号码（Invoice No.）；信用证编号（L/C No.）；合同号码（S/C No.）；运输细节（Transport details）。

该部分内容的填写与商业发票的相同，具体填法参见商业发票的填法。

2. 正文部分的缮制

（1）唛头（Marks and Number）。

与发票中的唛头一致，具体填法参见商业发票的填法。

（2）货物描述（Description of Goods）。

此栏主要填写货物的名称、具体规格与型号，具体填法参见商业发票的填法。

（3）数量（Quantity）。

填写不同规格或型号货物对应的运输包装的数量和单位包装的件数，并合计总数量。

（4）毛重（Gross Weight）。

填写不同规格或型号的货物对应的单位毛重和总毛重，并合计总毛重。

（5）净重（Net Weight）。

填写不同规格或型号的货物对应的单位净重和总净重，并合计总净重。

（6）体积（Measurement）。

填写不同规格或型号的货物对应的单位体积和总体积，并合计总体积。

（7）其他。

在单据中加注信用证要求的其他有关信息。

3. 结文部分的缮制

结文内容主要是装箱单出票人的签章，由信用证的受益人签发。中性装箱单不用签章。

样单 7－3 装箱单（中性装箱单）

# PACKING LIST

INVOICE NO.：WS150928－16
DATE：SEPT. 16，2014
S/C NO.：201409080116

TO：
JULLIRIS COMPANY
3－72，OHTAMACHI，NAKA－KU，
YOKOHAMA，JAPAN

MARKS & NOS.
A. S. C.
201409080116
NEW YORK
NO. 1－300

| DESCRIPTION OF GOODS | QUANTITY (DOZS) | PACKING (CTNS) | G. W. (KGS) | N. W. (KGS) | MEAS. (CBMS) |
|---|---|---|---|---|---|
| CHRISTMAS GIFTS | | @400PCS | @25KGS | @20KGS | @(0.5×0.8×0.4)CBM |
| WS001 | 50 000 | 125 | 3 125 | 2 500 | 20 |
| WS002 | 40 000 | 100 | 2 500 | 2 000 | 16 |
| WS0201 | 20 000 | 50 | 1 250 | 1 000 | 8 |
| WS0202 | 10 000 | 25 | 625 | 500 | 4 |
| AS PER SALES CONFIRMATION NO. 201409080116 OF SEPT. 08 2014 | PACKING CONDITIONS：400PCS/CTN，300CTNS | | | | |
| TOTAL | 120 000 | 300 | 7 500 | 6 000 | 48 |

TOTAL PACKING：SAY THREE HUNDRED CARTONS ONLY.
TOTAL G. W.：SAY SEVEN THOUSAND FIVE HUNDRED KGS ONLY.
TOTAL N. W.：SAY SIX THOUSAND KGS ONLY.

### （三）直达海运提单的填制规范

提单中涉及的内容主要是提单的有关关系人：托运人、收货人、被通知人和提单的签发人；关于运输的信息：船名、航次、装货港、卸货费、交货地点、运费和费用等；关于货物的内容：货物的名称、装箱情况、包装数量、毛重、体积等；提单本身的信息：提单号码、正本提单份数、提单的签发时间、地点和签发人等。

1. 托运人（Shipper）

填写提单的托运人，一般为信用证的受益人。

2. 收货人（Consignee）

提单的收货人也称为提单的抬头人，一般有记名式、不记名式和指示式 3 种。其中最常见的是指示式提单，指示提单又可分为记名指示式和空白指示式两类。具体填法如下：

记名指示式一般填写“To Order of × × ×，”并根据信用证的不同规定由 × × × 在提单背面作相应的背书；空白指示一般填写“To Order”由托运人背书。

3. 被通知人（Notify Party）

若信用证有规定，则按规定填写被通知人的名称和地址；若信用证没规定被通知人，则填开证申请人名称和地址。

4. 提单号码（B/L No.）

提单号码一般列在提单右上角，以便于工作联系和查核。

5. 船名、航次（Ocean Vessel & Voy. No.）

填写货物所装的船名及航次。

6. 装货港（Port of Loading）

填写货物实际装船港口的具体名称。

7. 卸货港（Port of Discharge）

填写货物最终卸货港口的具体名称。

8. 交货地点（Place of Delivery）

填写货物最终的交货地，如目的港与交货地相同，可不填。

9. 集装箱箱号、铅封号和唛头（Container, Seal No. Marks & Nos.）

填写集装箱箱号、铅封号和唛头。唛头的填写方法参考商业发票的填法。

10. 包装数量和包装种类（Number and Kind of Packages）

填写运输包装的数量和种类。

11. 货物描述（Description of Goods）

此栏填写货物的名称，可使用统称，但不得与信用证规定的描述相矛盾。

12. 毛重（Gross Weight）

填写该批货物的总毛重。

13. 尺码（Measurement）

填写该批货物的总体积。

14. 运费和费用（Freight and Charges）

根据信用证的规定或贸易术语，注明运费的支付情况，CIF、CFR 术语，一般注明“Freight Prepaid”；FOB 术语，一般注明“Freight Collect”。如信用证要求列明具体运费金额的，可详细列明，否则，一般不列具体运费金额。

15. 正本提单份数（No. of Original B（s）/L）

填写承运人签发的正本提单份数，用英文大写并用阿拉伯数字注明。如信用证规定“Full set…”，承运人可签发两份提单，即填写“TWO（2）”。

16. 提单的签发时间和地点（Place and Date of Issue）

提单的签发日期是实际完成装船的提起，签发地点一般是装运港。

17. 提单的有效签章（Stamp & Signature）

提单是由承运人或船长或他们的代理签发的，提单中要明确表明签发人的身份，并由授权人签名。

如果是承运人签发，一般表述为：× × × as carrier；如果是承运人的代理人签字，一般表述为：× × ×as agent for the carrier × × ×，如填写为“Kenwa Shipping Co. , Ltd. as agent for the carrier COSCO”；如果是船长签字，一般表述为：× × ×as master。

18. 其他

在单据中加注信用证要求的其他有关信息，如信用证号码、货物原产地等。另外，如果提单是收妥备运提单，而信用证要求的提单是“Shipped on Board”，则必须在提单中加注已装船批注。

## 样单7-4 提 单

| | |
|---|---|
| Shipper<br>GUANGZHOU WINSIN ARTS & CRAFTS<br>IMPORT & EXPORT CO. ,LTD<br>NO. 18 WUYI ROAD HAIZHU DISTRICT GUANGZHOU,CHINA<br>COSCO | B/L NO. COSU141108<br>中远集装箱运输有限公司<br>COSCO CONTAINER LINES<br>ORIGINAL<br>TLX:33057 COSCO CN<br>AX: +86(021)6545 8984 |
| Consignee<br>TO ORDER OF SHIPPER | Port - to Port or Combined Transport<br>**BILL OF LADING**<br>RECEIVED in apparent good order and condition except as otherwise noted the total number of containers or other packages or units enumerated below for transportation from the place of receipt to the place of delivery subject to the terms and conditions hereof. One of the Bills of Lading must be surrendered duly endorsed to the Carrier by or on behalf of the Holder of the Bill of Lading, the rights and liabilities arising in accordance with the terms and conditions hereof shall, without prejudice to any rule of common law or statute rendering them binding on the Merchant, become binding in all respects between the Carrier and the Holder of the Bill of Lading as though the contract evidenced hereby had been made between them. IN WITNESS whereof the number of original Bills of Lading stated under have been signed. All of this tenor and date, one of which being accomplished, the other(s) to be void.<br>For delivery of goods please apply to : |
| Notify Address<br>AMERICA SUNFLOWER CO.<br>RM1006,SS STREET WINK<br>NEW YORK, U. S. A. | |

| | |
|---|---|
| Pre - carriage by | Place of receipt |
| Ocean Vessel Voy. No.<br>CHANLIN V. 818 | Port of Loading<br>GUANGZHOU |
| Port of Discharge<br>NEW YORK | Place of Deliver |

| Container/Seal No. Marks & Nos. | No. of Container or Packages | Description of Goods (If Dangerous Goods. See Clauses 20) | Gross Weight | Measurement |
|---|---|---|---|---|
| CN:SXLU25735 | 300 CTNS | CHRISTMAS GIFTS | 7 500 KGS | 48 CBMS |
| A. S. C.<br>201409080116<br>NEW YORK<br>NO. 1 - 300 | 1 ×40' | ON BOARD DATE:NOV. 08,2014 | | |
| Total Number of Containers and/or Packages (in words) | SAY THREE HUNDRED CARTONS ONLY. | | | |

| FREIGHT & CHARGES | Revenue Tons. | Rate | Per | Prepaid | Collect |
|---|---|---|---|---|---|
| | | | | FREIGHT PREPAID | |

| | | | |
|---|---|---|---|
| Ex. Rate: | Prepaid at | Payable at | Place and date of issue<br>GAUNZGHOU NOV. 08,2014 |
| | Total Prepaid | No. of Original B(s)/L<br>THREE(3) | Stamp & Signature<br>COSCO CONTAINER LINES AS CARRIERS<br>× × × |

LADEN ON BOARD THE VESSEL
Date By

(TERMS CONTINUED ON BACK HEREOF)

**【任务互动】**

阅读海运提单样单7-4，找出以下内容：

1. 托运人
2. 收货人
3. 被通知人
4. 提单号码
5. 船名
6. 装货港
7. 目的港
8. 唛头
9. 件数和包装
10. 总毛重
11. 总尺码
12. 货物名称
13. 运费缴付方式
14. 正本提单份数
15. 提单日期及签发地点
16. 货物的装运日期

### （四）保险单的填制规范

1. 发票号码（Invoice No.）

填写该批货物商业发票的号码。

2. 保险单号次（Policy No.）

填写保险单的号次，由保险公司提供。

3. 被保险人（Insured）

按信用证的要求填写，如果信用证没有特别规定，保险单的被保险人一般为信用证上的受益人。

4. 保险货物项目（Description of Goods）

此栏填写货物的名称，可使用统称，但不得与信用证规定的描述相矛盾。

5. 包装单位和数量（Packing Unit Quantity）

填写运输包装的总数量和包装单位。

6. 保险金额（Amount Insured）

按照信用证的规定计算保险金额并填写货币代码和金额小写。如果信用证未规定投保加成，则受益人可按照发票金额的110%填写。

7. 承保险别

按信用证规定的险别投保，如果信用证没规定具体险别，可投保最低险别。

8. 货物标记（Marks of Goods）

填写唛头，唛头的填写参加商业发票的填法。

9. 总保险金额（Total Amount Insured ）

填写总保险金额的大写，且大写应与保险金额小写的货币种类和金额一致。

10. 保费（Premium）

根据信用证的具体规定填写，如果信用证要求注明保费已付，可填“Paid”，如果要求注明按约定，可填“As Arrabged”。

11. 载运输工具（Per Conveyance S. S）

填写装载货物的船名和航次。

12. 开航日期（Slg. on or abt. ）

一般填写提单签发日期，或填写“As per B/L”。

13. 起运港（From）

填写装运港名称。

14. 目的港（To）

填写目的港名称。

15. 赔款偿付地点（Claim Payable at）

填写赔款偿付地点，一般为目的地。

16. 保险单的签发日期和地点（Date……at……）

填写保险单的签发日期。根据《UCP600》的规定，保险单据日期不得晚于货物的发运日期，除非保险单据表明保险责任不迟于发运日生效。保险单的签发地点，一般为装运港。

样单7-5 保险单

中保财产保险有限公司
The people's insurance(Property) Company of China, Ltd.

PICC PROPERTY

发票号码
Invoice No. WS150928-16

保险单号次
Policy No. PI141022-12

# 海 洋 货 物 运 输 保 险 单
# MARINE CARGO TRANSPORTATION INSURANCE POLICY

被保险人:
Insured: GUANGZHOU WINSIN ARTS & CRAFTS IMPORT & EXPORT CO., LTD....................

中保财产保险有限公司(以下简称本公司)根据被保险人的要求，及其所缴付约定的保险费，按照本保险单承担险别和背面所载条款与下列特别条款承保下列货物运输保险，特签发本保险单。
This policy of Insurance witnesses that The People's Insurance(Property)Company of China, Ltd.(hereinafter called "The Company"), at the reruest of the Insured and in consideration of the agreed premium paid by the Insured, undertakes to insure the undermentioned goods in transportation subject to the conditions of this Policy as per the Clauses printed overleaf and other special clauses attached hereon.

| 保险货物项目 Descriptions of Goods | 包装 单位 数量 Packing Unit Quantity | 保险金额 Amount Insured |
|---|---|---|
| CHRISTMAS GIFTS | 300 CTNS | USD880 000 |

承 保 险 别
Conditions

货 物 标 记
Marks of Goods

COVERING F. P. A OF PICC, WAREHOUSE TO WAREHOUSE CLAUSE UP 201409080116 TO FINAL DESTINATION AT GOTHENBURG, FOR AT LEAST 110 PCT OF CIF-VALUE.

A. S. C.
NEW YORK
NO. 1-300

总 保 险 金 额:
Total Amount Insured:...SAY U. S. DOLLARS EIGHT HUNDRED EIGHTY THOUSAND ONLY. ..........................................................

保费
Premium.............As arranged..............

载运输工具
. Per conveyance S. S...........CHANLIN V. 818...................

开航日期
Slg. on or abt...NOV. 08, 2014............

起运港
From.....................GUANGZHOU.................................

目的港
To....................................................NEW YORK..........

所保货物，如发生本保险单项下可能引起索赔的损失或损坏，应立即通知本公司下述代理人查勘。如有索赔，应向本公司提交保险单正本(本保险单共有 1 份正本)及有关文件。如一份正本已用于索赔，其余正本则自动失效。
In the event of loss or damage which may result in a claim under this Policy, immediate notice must be given to the Company's Agent as mentioned hereunder. Claims, if any, one of the Original Policy which has been issued in ONE Original(s) together with the relevant documents shall be surrendered to the Company. If one of the Original Policy has been accomplished, the others to be void.

中保财产保险有限公司
THE PEOPLE'S INSURANCE(PROPERTY) COMPANY OF CHINA, LTD.

赔款偿付地点
Claim payable at ...............GOTHENBURG IN USD..........................

日期
Date......NOV. 06, 2014..............................

在
at...................GUANGZHOU..................................

地址:
Address:

【任务互动】

阅读保险单样单，找出被保险人是谁？出口商办理运输保险，为什么被保险人不直接填进口商，即信用证的开证申请人？

分析：如果被保险人填写进口商，则货物从卖方的仓库至装运港的运输风险将漏保，因为进口商承担风险从货物装上船开始，保险公司从货物装上船开始承担保险责任，当被保险人是信用证受益人时，被保险人通过受益人在交单时的背书转让，保险公司承担了全程运输保险责任。

**（五）原产地证书的填制规范**

原产地证书（Certificate of Origin）是由公证机构或政府或出口商出具的证明货物原产地或制造地的一种证明文件。原产地证书是贸易关系人交接货物、结算货款、索赔理赔、进口国通关验收、征收关税的有效凭证，它还是出口国享受配额待遇、进口国对不同出口国实行不同贸易政策的凭证。

原产地证书根据签发者不同，一般可分为以下三类：①商检机构出具的原产地证书，如中国出入境检验检疫局（CIQ）出具的普惠制原产地证格式 A（GSP Form A）；一般原产地证书（Certificate of Origin）。②商会出具的产地证书，如中国国际贸易促进委员会（CCPIT）出具的一般原产地证书，简称贸促会产地证书（CCPIT Certificate of Origin）；③制造商或出口商出具的产地证书。此处仅介绍普惠制原产地证格式 A 的填制。

1. 证书编号（Reference No.）

填写原产地证书编号，证书编号由证书签发者提供。

2. 货物从……托运来（Goods Consigned from）

填写出口商的名称、地址和国家。信用证项下一般填写信用证受益人的名称、地址和国家。

3. 货物托运至……（Goods Consigned to）

填写收货人名称、地址和国家。根据信用证要求应填写最终收货人名称，一般按信用证上规定的收货人或提单的通知人填写，如果信用证没有规定最终收货人，可以填写商业发票的抬头人，不可填中间商的名称。

4. 运输方式和航线（Means of Transport and Route）

填写所知的运输方式和航线。一般表述为：From…to…（W/T…）by…（in transit to…）on or after…，海运方式具体填写结构为：From 装运港 to 目的港（W/T 转运港）by sea（in transit to 内陆地）on/after 提单日。如填写为“From Guangzhou to New York by Sea on Feb. 20，2015”。

5. 供官方使用（For Official Use）

一般情况下，此栏空白不填，但发生证书遗失、被盗或损毁、签证日期迟于出货日期等特殊情况时，签证当局才在此栏加注有关批注。

6. 商品顺序号（Item Number）

填写不同品种商品的阿拉伯数字顺序号，如为一种商品，即填“1”。

7. 唛头及包装号（Marks and Numbers of Packages）

此栏主要填写该批货物的唛头，如果没有唛头应填写“N/M”或“NO MARK”。

8. 包装件数，包装种类及商品的名称（Number and Kind of Packages; Description of Goods）

填写包装件数，包装种类及商品的名称。一般表述为：运输包装件数的大小写 + OF + 商品名称，填写完后，必须以“*********”结尾，以防添加。如填写为“FIVE HUNDRED（500）CARTONS OF SHOES*****”。

9. 原产地标准（Origin Criterion）

对含有进口成分不同的商品，原产地标准不同。如果出口商品完全是出口国自产的，不含任何进口成分，则出口到所有给惠国，填写“P”。

10. 毛重或其他数量（Gross Weight or Other Quantity）

填写货物的毛重，如果货物不是以重量计量，则填写其他计量数量。

11. 发票日期和号码（Number and Date of Invoices）

填写发票日期和号码。

12. 签证当局的证明（Certification）

签证当局审核证明后，注明签证时间、地点，并签字盖章。注意：签证时间应早于货物的出运日，但晚于发票日期和申报日期。

13. 出口商声明（Declaration by the Exporter）

出口商声明货物的原产国和进口国，填写申报日期、地点，并签字盖章。注意：原产国和进口国必须填写国家名称，不能填写城市名称，进口国必须与目的港的国别一致，另外，申报日期要早于货物的出运日，但应晚于发票的日期。

### 样单 7－6　普惠制原产地证书

1. Goods consigned from (Exporter's business name, address, country)
GUANGZHOU WINSIN ARTS & CRAFTS
IMPORT & EXPORT CO., LTD
NO. 18 WUYI ROAD HAIZHU DISTRICT GUANGZHOU,
CHINA

Reference No. GZ141101/6

GENERALIZED SYSTEM OF PREFERENCES
CERTIFICATE OF ORIGIN
(Combined declaration and certificate)
FORM A
issued in THE PEOPLE'S REPUBLIC OF CHINA
(Country)

See Notes Overleaf

2. Goods consigned to (Consignee's name, address, country)
AMERICA SUNFLOWER CO.
RM1006, SS STREET WINK
NEW YORK, U. S. A.

3. Means of transport and route (as far as known)
FROM GUANGZHOU TO NEW YORK BY SEA
ON/AFTER NOV. 08, 2014

4. For official use

| 5. Item number | 6. Marks and numbers of packages | 7. Number and kind of packages; description goods | 8. Origin criterion (see Notes overleaf) | 9. Gross weight or other quantity | 10. Number and date of invoices |
|---|---|---|---|---|---|
| 1 | A. S. C.<br>201409080116<br>NEW YORK<br>NO. 1－300 | SIX THOUSAND (6 000) CARTONS OF CHRISTMAS GIFTS.<br>******************************************** | P | 7 500KGS | WS150928－16<br>SEPT. 16, 2014 |

11. Certification
It is hereby certified, on the basis of control carried out, that the declaration by the exporter is correct.

WE HEREBY BY CERTIFY THAT GOODS OF ORIGIN IN CHINA.

**CIQ**

GUANGZHOU NOV. 04, 2014 ×××
..................................................
Place and date, signature and stamp of certifying authority

12. Declaration by the export
The undersigned hereby declares that the above details and statements are correct; that all the goods were produced in

CHINA
..................................................
(country)

and that they comply with the origin requirements specified for those goods in the Generalized System of Preferences for goods exported to

AMERICA
..................................................
(importing country)

GUANGZHOU NOV. 01, 2014 ×××
..................................................
Place and date, signature of authorized signatory

### （六）受益人证明书的填制

受益人证明书（Beneficiary's Certificate）是由受益人自己出具的，证明自己履行了信用证规定的任务或自己按信用证的要求已办事的文件。

常见的受益人证明主要有寄单证明、寄样证明、包装和标签证明等。受益人证明书的缮制一般包括以下内容：

（1）受益人的中英文名称。

（2）单据名称。一般表述为“Beneficiary's Certificate”（受益人证明）或“Beneficiary's Statement”（受益人声明）。

（3）有关单证号码。包括发票号码、合同号码和信用证号码。

（4）出证日期。受益人出具证书的时间。

（5）证明内容。信用证要求受益人证实的相关内容。

（6）受益人签章。

**样单7-7　受益人证明书**

**GUANGZHOU WINSIN ARTS & CRAFTS IMPORT & EXPORT CO., LTD**

NO. 18 WUYI ROAD HAIZHU DISTRICT GUANGZHOU, CHINA

**BENEFICIARY'S CERTIFICATE**

TO WHOM IT MAY CONCERN,

DATE: NOV. 09, 2014

L/C NO.: DC-K1560

S/C NO.: 201409080116

INVOICE NO.: WS150928-16

WE HEREBY CERTIFY THAT ONE SET OF ORIGINAL SHIPPING DOCUMENTS HAS BEEN SENT DIRECTLY TO THE AMERICA SUNFLOWER CO.

GUANGZHOU WINSIN ARTS & CRAFTS IMPORT & EXPORT CO., LTD

×××（签章）

### （七）装船通知

装船通知也叫装运通知，是出口商在货物装船后发给进口方的包括货物详细装运情况的通知，其目的在于让进口商做好筹措资金、付款和接货的准备，也是 FOB、CFR 或 FCA、CPT 条件下买方提供办理货物保险的凭证。

装船通知因为通知的目的不同，内容也略有不同，用以通知买方购买保险的装船通知，其内容主要包括货名、数量、唛头、装运港名称、目的港名称、买方名称或买方指定的保险公司、预约保单号码、装船的具体时间、装载船名、航次和转船及开航时间等；用以通知买方做好报关接货或筹措资金准备的装船通知，内容一般包括合同号、发票号、信用证号、船名、装船日期、装运港、目的港、品名、规格、件数、重量、金额、唛头等。装船通知的缮制一般包括以下内容：

（1）出口公司的中英文名称。

（2）单据名称。一般表述为“Shipping Advice”或“Advice of Shipment”。

（3）有关单证号码，包括商业发票号码、信用证号码、预约保单号码等。

（4）抬头人名称和地址。装船通知的抬头人可以是开证申请人、买方签了预约保险单的保险公司，也可以是开证申请人或保险公司的代理人，具体根据信用证的要求填写，信用证没有规定抬头人，即可填写开证申请人的名称和地址。

（5）单据名称。常用“Advice of Shipment”或“Shipping Advice”表示。

（6）商品名称。填写商品的总称即可。

（7）装运数量。该处填写商品的包装总数量，而不是计价单位的总数量。

（8）发票金额。

（9）唛头。

（10）船名、航次。当需要转船时，必须填写中转港的名称。

（11）开航日期。

（12）出口公司签章。

样单 7－8 装船通知

**GUANGZHOU WINSIN ARTS & CRAFTS IMPORT & EXPORT CO. , LTD**

NO. 18 WUYI ROAD HAIZHU DISTRICT GUANGZHOU, CHINA

# SHIPPING ADVICE

TO:　　　　DATE: NOV. 08, 2014

AMERICA SUNFLOWER CO.　　　　INVOICE NO. :

WS150928－16

RM1006, SS STREET WINK　　　　L/C NO. : DC－K1560

NEW YORK, U. S. A.　　　　S/C NO. : 201409080116

1. COMMODITY: CHRISTMAS GIFTS
2. NUMBER OF PKGS: 300CTNS
3. INVOICE NO. : WS150928－16
4. VESSEL: CHANLIN V. 818
5. CARRIER'S NAME: COSCO CONTAINER LINES
6. SHIPMENT DATE: NOV. 08, 2014
7. PORT OF LOADING: GUANGZHOU
8. PORT OF DESTINATION: NEW YORK
9. SHIPPING MARKS:

A. S. C.
201409080116
NEW YORK
NO. 1－300

GUANGZHOU WINSIN ARTS & CRAFTS IMPORT & EXPORT CO. , LTD

×××（签章）

## 四、信用证项下结汇单证缮制实例

### （一）背景资料

2014 年 9 月 16 日，广东省丝丽国际集团服装有限责任公司与法国 SHAUSSEA CAC 公司签订了一笔买卖童鞋的合同，9 月 24 日，广东丝丽收到了买方开来的信用证，以下是该公司收到的信用证与制作的结汇单据。

### （二）信用证

Eximbills Enterpriste Incoming Swift

---

Message Type：MT700
Send Bank：CCBPFRPPMTZ
BANQUE POPULAIRE LORRAINE CHAMPAGNE METZ
Reev Bank：BKCHCNBJ400
BANK OF CHINA GUANGDONG BRANCH GUANGZHOU（GUANGDONG BRANCH）
User Name：gd101007
Print Times：1
Print Date：2014 -09 -25 MIR：140924CCBPFRPPAMTZ7961583171

27：[Sequence of Total]
1/1
40A：[Form of Documentary Credit]
IRREVOCABLE
20：[Documentary Credit Number]
30249/SC
31C：[Date of Issue]
140924
40E：[Applicable Rules]
UCP LATEST VERSION
31D：[Date and Place of Expiry]
140226 CHINA
50：[Applicant]
SHAUSSEA CAC
105 AVENUE CHARLES DE GAULLE
54910 VALLEROY
FRANCE
59：[Beneficiary]

GUANGDONG SILIQUE INTERNATIONAL
GROUP GARMENT CO. , LTD
NO. 198, DONGFENG ROAD WEST
GUANGZHOU, CHINA
32B: [Currency Code, Amount]
USD8 175. 20
39B: [Maximum Credit Amount]
NOT EXCEEDING
41D: [Available with... by... ]
ANY BANK IN CHINA
BY NEGOTIATION
42C: [Drafts at... ]
Sight
42D: [Drawee]
ISSUING BANK
43P: [Partial Shipments]
ALLOWED
43T: [Transshipment]
ALLOWED
44E: [Port of Loading/Airport of Departure]
SHENZHEN, CHINA
44F: [Port of Discharge/Airport of Destination]
ANTWERP, BELGIUM
44D: [Shipment Period]
SEE FIELD 45A
45A: [Description of Goods and/or Services]
FOB SHENZHEN, CHINA
+CHIDLREN SHOES AS PROFORMA INVOICE 2014PA102 FOR P. 0 7994
FOR A TOTAL OF 3040 PAIRS/190 CTNS WITH LATEST SHIPMENT
DATE 10FEBRUARY2015
46A: [Documents Required]
+ ORIGINAL SIGNED COMMERCIAL INVOICE PLUS 5 COPIES, MENTIONING
QUANTITY AND UNIT PRICE FOR EACH CHAUSSEA REFERENCE AND INCLUDING
1 PER CHNT NO CLAIM DEDUCTION.
IF THE DEDUCTION IS NOT INCLUDED. IT WILL BE AUTOMATICALLY
DEDUCED FROM THE INVOICE
+ FULL SET OF ORIGINAL ON BOARD MARINE BILL OF LADING MADE OUT
TO ORDER BLANK ENDORSED MARKED FREIGHT COLLECT AND NOTIFY

1. SHAUSSEA CAC 105 AVENUE CHARLES DE GAULLE 54910 VALLEROY FRANCE
+ ORIGINAL PACKING LIST (ONE PER CONTAINER) PLUS 4 COPIES SHOWING TOTAL NUMBER OF PACKAGES
+ ORIGINAL WEIGHT LIST (ONE PER CONTAINER) PLUS 4 COPIES SHOWING TOTAL GROSS AND NET WEIGHT
+ ORIGINAL CERTIFICATE OF CHINA ORIGIN GSP FORM A ISSUED BY TRADE AUTHORITIES OF CHINA
+ ORIGIN ATTESTAION FULLY SIGNED BY THE BENEFICIARY ISSUED AS PER FOLLOWING TERMS: WE HEREBY GUARANTEE THAT THE GOODS UNDER FOLLOWING SHIPMENT: 1. INVOICE NUMBER 2. BILL OF LADING NUMBER 3. CERTIFICATE OF ORIGIN GSP FORM A NUMBER ARE ACTUALLY PRODUCED IN (COUNTRY) ...... AND THAT RELATIVE DOCUMENTS ARE TRUE AND RESPECT INTERNATIONAL AND EUROPEAN COMMUNITY RULES ABOUT ORIGIN
+ CERTIFICATE OF DE-GASSING FULLY SIGNED BY THE SUPPLIER ISSUED AS PER FOLLOWING TERMS: WE HEREBY GUARANTEE THAT THE CARGO WAS NOT FUMIGATED BEFORE CLOSING DOORS OF CONTAINER UNDER FOLLOWING SHIPMENT: 1. INVOICE NUMBER 2. BILL OF LADING NUMBER 3. CONTAINER NUMBER 4. OCEAN VESSEL

47A: [Additional Conditions]
+ THIRD PARTY ON DOCUMENTS ACCEPTABLE (EXCEPT COMMERCIAL INVOICE)
+ INSURANCE COVERED BY APPLICANT
+ IN CASE OF LATE SHIPNENT, AND PROVIDED BOTH APPLICANT AND OURSELVES DO ACCEPT DOCUMENTS DESPITE DISCREPANCY (IES), FOLLOWING PENALTY FEES WILL BE SYSTEMATICALLY APPLIED AND DEDUCED FROM OUR PATMENT AT MATURITY:
.. FOR DELAY FROM 08 DAYS UP TO 14 DAYS: 3 PERCENT
.. FOR DELAY FROM 15 DAYS UP TO 21 DAYS: 6 PERCENT
.. FOR DELAY OVER 21 DAYS: 10 PERCENT
THIS DEDUCTION WILL HAVE TO BE MENTIONED ON THE RELATIVE INVOICE AS LATE DELIVERY PENALTY (OR, ALTERNATIVELY, THE SUPPLIER WILL HAVE TO PRESENT A SEPARATE CREDIT NOTE IN ACCORDANCE TO)
+A DISCREPANCY FEE OF USD 130.00 WILL BE DEDUCTED FROM THE RAYMENT FOR EACH SET OF DOCUMENTS CONTAINING DISCREPANCY (IES)

71B: [Charges]
ALL BANKING CHARGES AND EXPENSES
OUTSIDE OF FRANCE ARE FOR
ACCOUNT OF BENEFICIARY

48: [Period for Presentation]
DOCUMENTS MUST BE PRESENTED WITHIN
16 DAYS AFTER SHIPMENT DATE BUT
WITHIN L/C VALIDITY
49: [Confirmation Instructions]
WITHOUT
78: [Instructions to the Paying/Accepting/Negotiating Bank]
REIMBU AT BEST CONVENIENCE OF NEGOTIATING BANK
PROVIDED THAT ALL TERMS AND CONDITIONS HAVE BEEN COMPLIED
WITH. THIS SWIFT IS OPERATIVE INSTRUMENT. ORIGINAL OF
WHICH MUST BE ENDORSED BY THE NECOTIATING BANK FOR THE
NEGOTIATING BANK AT THIS EFFECT IS REQUIRED.
DOCUMENTS TO BE SENT BY DHL OR SIMILAR TO BANQUE POPULAIRE
LORRALNE GHAMPAGNE 3 RUE FRANCOIS DE CUREL BP 40124 57021
METZ CEDEX 1 FRANCE ATTN TO INTL DEPT S. COULON
570: ["Advise through" Bank]
BANK OF CHINA, GUANGDONG BRANCH
SWIFT: BKCHCNBI400
A/C NO: 6639 5773 5774
72: [Sender to Receiver Information]
URGENTLY PHONE OR FAX ADVISE
BENEFICIARY
KINDLY ACKNOWLEDGE RECEIPT
5: (MAC: E2E4898F) (CHK: 172FDB4E98EE)

## （三）结汇单据

### 1. 汇票

F14

凭
Drawn under BANQUE POPULAIRE LORRAINE CHAMPAGNE METZ

1

信用证 第 号
L/C No. 30249/SC

日期 年 月 日
dated SEPT. 24, 2013

按 息 付 款
Payable with interest @ ______ % per annum

号码 汇票金额 中国 广州 年 月 日
No. Exchange for USD 8175.02 Guangzhou. China NOV.14, 2013

见票 日后（本汇票之副本未付）付
At *** sight of this FIRST of Exchange (Second of exchange being unpaid)

pay to the order of OURSELVES 或其指定人

金额
the sum of SAY U.S.DOLLARS EIGHT THOUSAND ONE HUNDRED SEVENTY FIVE AND CENTS TWO ONLY.

此致
TO BANQU POPULAIRE LORRAINE CHAMPAGNE METZ

广东省丝丽国际集团服装有限责任公司
GUANGDONG SILIQUE
INTERNATIONAL GROUP GARMENT CO.,LTD
林××

2. 商业发票

广东省丝丽国际集团服装有限责任公司

**GUANGDONG SILIQUE INTERNATIONAL GROUP GARMENT CO. , LTD**

NO. 198, DONGFENG ROAD WEST, GUANGZHOU, CHINA

TEL:(8620) 83375627 83337448 - FAX:(8620) 83182668 83398898

# COMMERCIAL INVOICE

OUR FER NO. : 2014PA102B

DATE: 2015 - 01 - 21

S/C NO. : 2014PA102B

L/C NO. : 30249/SC

TO:

SHAUSSEA CAC

105 AVENUE CHARLES DE

GAULLE 54190 VALLEROY

FROM: SHENZHEN, CHINA TO: ANTWERP, BELGIUM BY: SEA

| MARKS & NOS. | DESCRIPTION OF GOODS | QUANTITY | UNIT PRICE | AMOUNT |
|---|---|---|---|---|
| N/M AS PER FROFORMA INVOICE 2014PA102 FOR A TOTAL OF 3040 PAIRS/190 CTNS WITH LATEST DATE FEB. 10,2015 | CHILDREN SHOES | | FOB SHENZHEN, CHINA | |
| | CY - 0698 - L107 | | | |
| | 20# | 160PRS | USD2. 65 | USD424. 00 |
| | 21# | 176PRS | USD2. 65 | USD466. 40 |
| | 22# | 224PRS | USD2. 65 | USD593. 60 |
| | 23# | 208PRS | USD2. 65 | USD551. 20 |
| | 24# | 144PRS | USD2. 65 | USD381. 60 |
| | 25# | 112PRS | USD2. 65 | USD296. 80 |
| | CY - 0696 - L021 | | | |
| | 19# | 144PRS | USD2. 65 | USD381. 60 |
| | 20# | 160PRS | USD2. 65 | USD424. 00 |
| | 21# | 176PRS | USD2. 65 | USD466. 40 |
| | 22# | 208PRS | USD2. 65 | USD551. 20 |
| | 23# | 192PRS | USD2. 65 | USD508. 80 |
| | 24# | 128PRS | USD2. 65 | USD339. 20 |
| | HT - 0815 - MOO1 | | | |
| | 20# | 176PRS | USD2. 85 | USD501. 60 |
| | 21# | 192PRS | USD2. 85 | USD547. 20 |
| | 22# | 192PRS | USD2. 85 | USD547. 20 |
| | 23# | 176PRS | USD2. 85 | USD501. 60 |
| | 24# | 144PRS | USD2. 85 | USD410. 40 |
| | 25# | 128PRS | USD2. 85 | USD364. 80 |
| | | | LESS 1% NO CLAIM | USD 82. 58 |
| TOTAL | | 3 040PRS | | USD8 175. 02 |

TOTAL AMOUNT: SAY U. S. DOLLARS EIGHT THOUSAND ONE HUNDRED SEVENTY FIVE CENTS TWO.

广东省丝丽国际集团服装有限责任公司

GUANGDONG SILIQUE INTERNATIONAL GROUP GARMENT CO. , LTD

林××

3. 装箱单

广东省丝丽国际集团服装有限责任公司
**GUANGDONG SILIQUE INTERNATIONAL GROUP GARMENT CO., LTD**
NO. 198, DONG FENG ROAD WEST, GUANGZHOU, CHINA
TEL: (8620) 83375627 83337448 - FAX: (8620) 83182668 83398898

# PACKING LIST

OUR FER NO: 2014PA102B
DATE: 2015 - 01 - 21
S/C NO: 2014PA102B
L/C NO: 30249/SC
MARKS & NOS.:
N/M

TO:
SHAUSSEA CAC
105 AVENUE CHARLES
DEGAULLE 54190 VALLEROY

| DESCRIPTION OF GOODS | QUANTITY (PRS) | PACKING (CTNS) | G. W. (KGS) | N. W. (KGS) | MEAS. (CBM) |
|---|---|---|---|---|---|
| CHIDLREN SHOES | | | | | |
| CY - 0698 - L107 | | @16PRS | @4.8KGS | @4.3KGS | @ (0.63 × 0.43 × 0.225) CBM |
| 20# | 160 | 10 | 48 | 43 | 0.609 525 |
| 21# | 176 | 11 | 52.8 | 47.3 | 0.670 477 5 |
| 22# | 224 | 14 | 67.2 | 60.2 | 0.849 135 |
| 23# | 208 | 13 | 62.4 | 55.9 | 0.792 382 5 |
| 24# | 144 | 9 | 43.2 | 38.7 | 0.548 572 5 |
| 25# | 112 | 7 | 33.6 | 30.1 | 0.426 667 5 |
| CY - 0696 - L021 | | | @4.8KGS | @4.3KGS | @ (0.63 × 0.43 × 0.225) CBM |
| 19# | 144 | 9 | 43.2 | 38.7 | 0.548 572 5 |
| 20# | 160 | 10 | 48 | 43 | 0.609 525 |
| 21# | 176 | 11 | 52.8 | 47.3 | 0.670 477 5 |
| 22# | 208 | 13 | 62.4 | 55.9 | 0.792 382 5 |
| 23# | 192 | 12 | 57.6 | 51.6 | 0.731 43 |
| 24# | 128 | 8 | 38.4 | 34.4 | 0.487 62 |
| HT - 0815 - MOO1 | | | @7.6KGS | @4.4KGS | @ (0.63 × 0.43 × 0.275) CBM |
| 20# | 176 | 11 | 83.6 | 48.4 | 0.819 472 5 |
| 21# | 192 | 12 | 91.2 | 52.8 | 0.893 97 |
| 22# | 192 | 12 | 91.2 | 52.8 | 0.893 97 |
| 23# | 176 | 11 | 83.6 | 48.4 | 0.819 472 5 |
| 24# | 144 | 9 | 68.4 | 39.6 | 0.670 477 5 |
| 25# | 128 | 8 | 60.8 | 35.2 | 0.595 98 |
| AS PER FROFORMA INVOICE 2014PA102 FOR A TOTAL OF 3 040 PAIRS/190 CTNS WITH LATEST DATE FEB. 10, 2014. | | | | | |
| TOTAL | 3 040PRS | 190 | 1 088.4 | 823.3 | 12.434 |

TOTAL PACKING: SAY ONE HUNDRED NINETY CARTONS ONLY.

广东省丝丽国际集团服装有限责任公司
GUANGDONG SILIQUE INTERNATIONAL GROUP GARMENT CO., LTD
林××

4. 重量单

广东省丝丽国际集团服装有限责任公司
**GUANGDONG SILIQUE INTERNATIONAL GROUP GARMENT CO. , LTD**
NO. 198, DONGFENG ROAD WEST, GUANGZHOU, CHINA
TEL: (8620) 83375627 83337448 - FAX: (8620) 83182668 83398898

# WEIGHT LIST

OUR FER NO. : 2014PA102B
DATE: 2015 - 01 - 21
S/C NO. : 2014PA102B
L/C NO. : 30249/SC
MARKS & NOS. : N/M

TO:
SHAUSSEA CAC
105 AVENUE CHARLES
DEGAULLE 54190 VALLEROY

| DESCRIPTION OF GOODS | QUANTITY (PRS) | PACKING (CTNS) | G. W. (KGS) | N. W. (KGS) | MEAS. (CBM) |
|---|---|---|---|---|---|
| CHILDREN SHOES | | | | | |
| CY - 0698 - L107 | | @16PRS | @4. 8KGS | @4. 3KGS | @ (0. 63 ×0. 43 ×0. 225) CBM |
| 20# | 160 | 10 | 48 | 43 | 0. 609 525 |
| 21# | 176 | 11 | 52. 8 | 47. 3 | 0. 670 477 5 |
| 22# | 224 | 14 | 67. 2 | 60. 2 | 0. 849 135 |
| 23# | 208 | 13 | 62. 4 | 55. 9 | 0. 792 382 5 |
| 24# | 144 | 9 | 43. 2 | 38. 7 | 0. 548 572 5 |
| 25# | 112 | 7 | 33. 6 | 30. 1 | 0. 426 667 5 |
| CY - 0696 - L021 | | | @4. 8KGS | @4. 3KGS | @ (0. 63 ×0. 43 ×0. 225) CBM |
| 19# | 144 | 9 | 43. 2 | 38. 7 | 0. 548 572 5 |
| 20# | 160 | 10 | 48 | 43 | 0. 609 525 |
| 21# | 176 | 11 | 52. 8 | 47. 3 | 0. 670 477 5 |
| 22# | 208 | 13 | 62. 4 | 55. 9 | 0. 792 382 5 |
| 23# | 192 | 12 | 57. 6 | 51. 6 | 0. 731 43 |
| 24# | 128 | 8 | 38. 4 | 34. 4 | 0. 487 62 |
| HT - 0815 - MOO1 | | | @7. 6KGS | @4. 4KGS | @ (0. 63 ×0. 43 ×0. 275) CBM |
| 20# | 176 | 11 | 83. 6 | 48. 4 | 0. 819 472 5 |
| 21# | 192 | 12 | 91. 2 | 52. 8 | 0. 893 97 |
| 22# | 192 | 12 | 91. 2 | 52. 8 | 0. 893 97 |
| 23# | 176 | 11 | 83. 6 | 48. 4 | 0. 819 472 5 |
| 24# | 144 | 9 | 68. 4 | 39. 6 | 0. 670 477 5 |
| 25# | 128 | 8 | 60. 8 | 35. 2 | 0. 595 98 |
| AS PER FROFORMA INVOICE 2014PA102 FOR A TOTAL OF 3 040 PAIRS/190 CTNS WITH LATEST DATE FEB. 10, 2015. | | | | | |
| TOTAL | 3 040PRS | 190 | 1 088. 4 | 823. 3 | 12. 434 |

TOTAL PACKING: SAY ONE HUNDRED NINETY CARTONS ONLY.

广东省丝丽国际集团服装有限责任公司
GUANGDONG SILIQUE INTERNATIONAL GROUP GARMENT CO. , LTD
林××

5. 提单

**ORIGINAL**

**SCHENKER OCEAN** **Ocean or Transport Bill of Lading**

<table>
<tr><td colspan="2">(1) SHIPPER/EXPORTER<br>GUANGDONG SILIQUE<br>INTERNATIONAL GROUP GARMENT CO., LTD<br>NO. 198, DONGFENG ROAD WEST,<br>GUANGZHOU, CHINA</td><td>(4) B/L NO. CNSZX4283400734<br><br>(5) REFERENCE NOS.<br>FER. (SO): 4283400734<br>STT: 15677009361511</td></tr>
<tr><td colspan="2">(2) CONSIGNEE<br>TO ORDER</td><td>(6)<br>MINI. LI</td></tr>
<tr><td colspan="2">(3) NOTIFY PARTY<br>SHAUSSEA CAC<br>105 AVENUE CHARLES DE<br>GAULLE 54190 VALLEROY</td><td>(7) FOR DELIVERY OF GOODS APPLY FOR<br>SCHENKER SA<br>PORT RHENAN<br>FR－68600 NEUF BRISACH</td></tr>
<tr><td colspan="2">(8) VESSEL<br>MAERSKESSEN /1402</td><td>(11) PLACE OF RECEIPT<br>YANTIAN, SHENZHNE, * *</td></tr>
<tr><td>(9) PORT OF LOADING<br>YANTIAN, SHENZHNG, * *</td><td>(10) PORT OF DISCHAR<br>ANTWERP, BELGIUM</td><td>(12) FINAL DESTINATION<br>ANTWERP, BELGIUM</td></tr>
<tr><td colspan="3">* ANTWERP, BE LGIUM</td></tr>
<tr><td colspan="3">BELOW PARTICULARS FURNISHED BY SHIPPER－CARRIER NOT RESPONSIBLE－FOR MERCHANT'S USE ONLY AND NOT THE BILL OF LADING CONTRACT</td></tr>
<tr><td>(13) KIND OF PACKAGES; DESCRIPTION OF GOODS; MARKS & NOS.; CONTAINER NO. /SEAL NO.</td><td>(14) G. W. (KG)</td><td>(15) MEAS. (CBM)</td></tr>
<tr><td colspan="3">SHIPPER'S COUNT, LOAD & SEALED<br>ONE OF 3 PAIRS OF 1×40' (8 1/2) CY/CY S. L. A. C<br>CONTAINER NO. /SEAL NO. PCKGS/SIZE/TYPE/SHPMTYPE/WEIGHT/VOLUME<br>PONU1735166 /CN0895964 190 40PART GP FCL－FCL 1 088. 40/12. 434<br>190CARTONS 1 088. 40KG 12. 434<br>FOB SHENZHEN, CHINA<br>CHILDREN SHOES<br>* * CHINA ON BOARD DATE: 04. 02. 2015<br>TOTAL SAY 1 OF 3 PARTS 1×40' GP CONTAINER ONLY.<br>PONU 173516－6 /CN0895964</td></tr>
<tr><td colspan="3">ABOVE PARTICULARS AS DECLARED BY SHIPPER, BUT WITHOUT RESPONSIBILITY OF OR RESPRESENTATION BY THE CARRIER (SEE CLAUSE8)</td></tr>
</table>

（续上表）

<table>
<tr><td colspan="3">(16) CARRIER'S RECEIPT (AS CLAUSES 1 AND 8)<br>TOTAL NUMBER OF CONTAINERS OF PACKAGES RECEIVED BY CARRIER:</td><td colspan="2" rowspan="2">RECEIVED in apparent good order and condition except as otherwise noted the total number of containers or other to the terms and conditions hereof. One of the Bills of Lading must be surrendered duly endorsed to the Carrier by or on behalf of the Holder of the Bill of Lading, the rights and liabilities arising in accordance with the terms Merchant, become binding in all respects between the Carrier and the Holder of the Bill of Lading as though the contract evidenced hereby had been made between them. IN WITNESS whereof the number of original Bills of Lading stated under have been signed. All of this tenor and date, one of which being accomplished, the other (s) to be void.</td></tr>
<tr><td>(17) FREIGHT AND CHARGES</td><td>(18) PREPAID</td><td>(19) COLLECT</td></tr>
<tr><td colspan="3" rowspan="3">FOB SHENZHENG, CHINA<br>FREIGHT COLLECT</td><td>(20) DECLARED CARGO VALUE (SEE CLAUSE 7.3):</td><td>(21) NUMBER OF ORIGINAL BILLS OF LADING<br>3 /THREE</td></tr>
<tr><td colspan="2">(22) PLACE AND DATE OF ISSUE OF B/L<br>SHENZHEN 04.02. 2015</td></tr>
<tr><td colspan="2">(23) SIGNED AND ISSUED AS AGENTS FOR SCHENKER OCEAN AS CARRIER BY:<br>SCHENKER CHINA LTD.<br>SHENZHEN BRANCH</td></tr>
</table>

6. 受益人证明书

**广东省丝丽国际集团服装有限责任公司**

**GUANGDONG SILIQUE INTERNATIONAL GROUP GARMENT CO., LTD**

NO. 198, DONG. FENG ROAD WEST, GUANGZHOU, CHINA

TEL:(8620) 83375627 83337448 – FAX:(8620) 83182668 83398898

# CERTIFICATE

L/C NO.: 30248/SC

INVOICE NO.: 2014PA102B

DATE: JAN. 27, 2015

We hereby guarantee that the cargo was not fumigated before closing doors of container under following shipment:

1. INVOICE NUMBER: 2014PA102B
2. BILL OF LADING NUMBER: CNSZX4283312601
3. CONTAINER NUMBER: PONU1735166
4. OCEAN VESSEL: MAERSKESSEN 1402

广东省丝丽国际集团服装有限责任公司

GUANGDONG SILIQUE INTERNATIONAL GROUP GARMENT CO., LTD

林××

广东省丝丽国际集团服装有限责任公司

**GUANGDONG SILIQUE INTERNATIONAL GROUP GARMENT CO., LTD**

NO. 198, DONGFENG ROAD WEST, GUANGZHOU, CHINA

TEL:(8620) 83375627 83337448 - FAX:(8620) 83182668 83398898

# ATTESTATION

L/C NO.: 30248/SC

INVOICE NO.: 2014PA102B

DATE: JAN. 27, 2015

We hereby guarantee that the goods under following shipment:

1. INVOICE NUMBER: 2014PA102B
2. BILL OF LADING NUMBER: CNSZX4283312601
3. CERTIFICATE OF ORIGIN GSP FORM A NUMBER: G144401804480024

Are actually produced in China and that relative documents are true and respect international and community rules about origin.

广东省丝丽国际集团服装有限责任公司

GUANGDONG SILIQUE INTERNATIONAL GROUP GARMENT CO., LTD

林××

**【小贴士】**

**《UCP600》有关审单的标准**

第14条 审核单据的标准

b. 按照指定行事的被指定银行、保兑行（如有）以及开证行，自其收到提示单据的翌日起算，应各自拥有最多不超过五个银行工作日的时间以决定提示是否相符。该期限不因单据提示日适逢信用证有效期或最迟提示期或在其之后而被缩减或受到其他影响。

d. 单据中内容的描述不必与信用证、信用证对该项单据的描述以及国际标准银行实务完全一致，但不得与该项单据中的内容、其他规定的单据或信用证相冲突。

e. 除商业发票外，其他单据中的货物、服务或行为描述若需规定，可使用统称，但不得与信用证规定的描述相矛盾。

i. 单据的出单日期可以早于信用证开立日期，但不得迟于信用证规定的提示日期。

**【任务互动】**

根据《UCP600》，发票的签发日期可以早于开证日期，但不得晚于信用证规定的议付有效期。

模块八

# 进口履约流程及相关单证

**【知识目标】**

1. 掌握进口业务履约流程
2. 掌握进口业务过程中涉及的单证的作用和填写

**【技能目标】**

1. 会根据进出口合同填写开证申请书
2. 会填写进口业务流程涉及的相关单证
3. 能根据进出口合同，对租船订舱、接运货物、投保货运保险、审单付款、办理进口报关手续、进口货物的报验与检验、提取与拨交货物和进口索赔等环节业务进行协助操作

**【业务背景】**

2015 年 2 月 28 日，广州红星有限公司与澳大利亚 SANDYDRIS 公司签订了一笔进口儿童成长奶粉的合同，合同以 FOB 术语、信用证支付方式成交。2015 年 3 月 6 日，广州红星有限公司业务员李玲向公司的开户银行中国银行广州分行申请开证，4 月 20 日，货物抵达目的港广州，公司于 4 月 26 日完成结关，货物入库。

本模块将以本项目背景中涉及的单据为样单，带领大家认识履行进口合同的流程，学习履行进口合同中产生的开证申请书等单据的填写。

在我国的进口业务中，买卖双方洽谈一般按 FOB 条件成交的情况较多，如果合同是采用 FOB 术语、即期信用证支付方式成交，履行这类进口合同的一般程序是：进口商申请开立信用证、租船订舱、装运、办理保险、审单付款、接货报关、检验、拨交、索赔。进口业务流程也可总结为“货、证、船、款”四个环节工作，其中“货”是指进口商的接货，“证”指进口商向开证行申请开立信用证，“船”指进口商办理租船订舱手续，“款”指进口商付款赎单。FOB 条件成交的进口合同，具体流程如下：

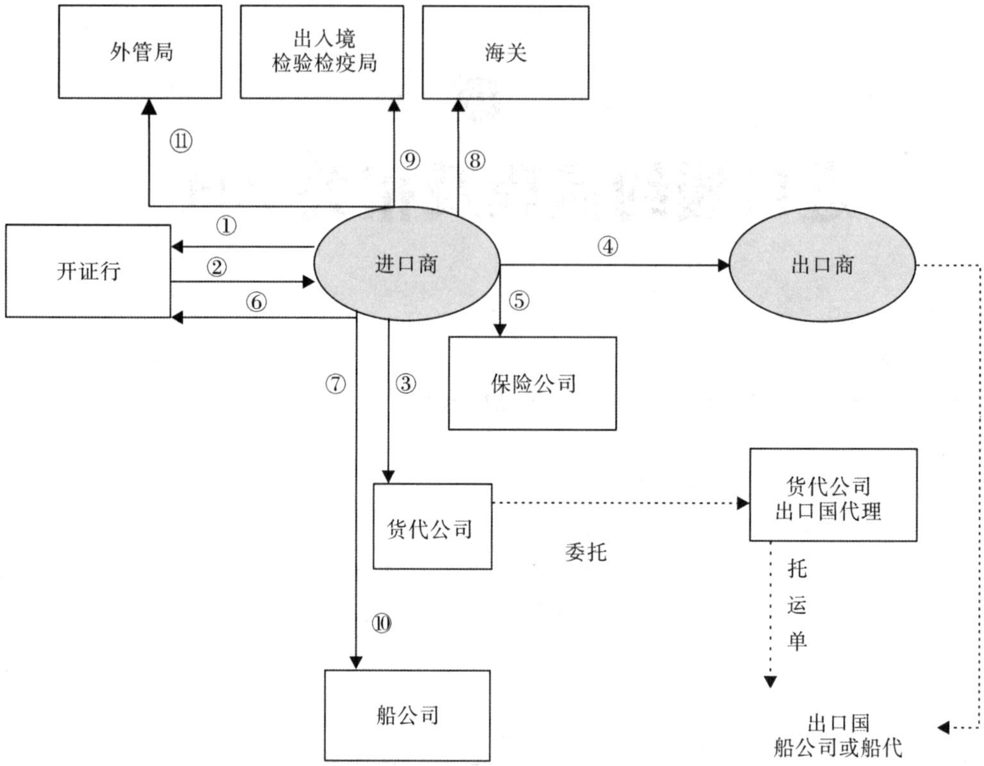


**图 8－1　FOB 进口合同履行流程**

① 申请开立信用证。进口商按照合同规定填写开证申请书，连同进口合同一并交给银行，申请开立信用证。

② 开立信用证。开证行审查开证申请书、开证申请人的资信和有关文件，收取保证金和手续费，开立信用证，并将信用证副本交予开证申请人。

③ 委托订舱。进口商根据合同有关内容填写进口订舱委托书，委托货代公司办理订舱。

④ 装船指示。货代公司将订舱信息反馈给进口商后，进口商向出口商发出装船指示，告知船名、航次和到达装运港的时间，以便出口商做好装运货物的准备。

⑤ 办理进口货物运输保险。进口商发出装船指示后，及时向保险公司办理进口货物运输保险。

⑥ 付款赎单。进口商收到开证行发出的付款或承兑通知书后，根据信用证审核单据，审核无误后根据汇票付款时间进行付款赎单。

⑦ 向船公司换提货单。进口商持正本提单、进口许可证等向船公司换取提货单。

⑧ 进口货物报检。进口商根据我国出入境商品检验检疫有关法律法规的规定办理报检手续，填写入境货物报检单，并随附合同、商业发票、提单、装箱单等有关单证。检验结束后，出入境检验检疫局签发入境货物通关单。

⑨ 进口货物报关。进口商填写进口货物报关单，并随附入境货物通关单、提货单、

进口许可证、发票等向海关办理进口货物报关手续，海关查验合格并征收进口关税后，予以放行，进口商方可提货。

⑩ 办理提货。进口商报关后，持海关盖放行章的提货单向船公司提货。

⑪ 进口付汇核销。进口商填写进口付汇核销单和贸易进口付汇到货核销表，随附进口货物报关单、付汇水单等，向外管局办理付汇核销手续。

进口合同的履行也可以简单概括为“证、船、款、货”四个环节。进口合同履行过程中产生的与出口合同履行过程中报检单、报关单等同类单证的填制规范，可参考前述模块相关内容。

## 一、进口合同履约流程

### （一）开立信用证

在采用信用证支付方式的进口业务中，进口商履行合同的第一个环节就是向银行申请开立信用证。进口商按照合同规定填写开证申请书，连同进口合同一并交给银行，申请开立信用证，同时，向开证银行交付一定比率的保证金和开证手续费。开证申请书是开证银行开立信用证的依据。

1. 开证申请书样单

## IRREVOCABLE DOCUMENTARY CREDIT APPLICATION

<table>
<tr><td colspan="3">TO: BANK OF CHINA GUANGZHOU BRANCH     Date: MAR. 16, 2015</td></tr>
<tr><td colspan="2">☐Issue by airmail    ☐With brief advice by teletrans mission<br>☐Issue by express delivery<br>☒ Issue by teletransmission (which shall be the operative instrument)</td><td>Credit No.<br>Date and place of expiry APR. 30, 1015 IN AUSTRALIA</td></tr>
<tr><td colspan="2">Applicant beneficiary (Full name and address)</td><td>Amount<br>USD864 000.00<br>SAY U. S. DOLLARS EIGHT HUNDRED SIXTY FOUR THOUSAND ONLY.</td></tr>
<tr><td>Partial shipments<br>☐allowed    ☒ not allowed</td><td>Transhipment<br>☐allowed    ☒ not allowed</td><td rowspan="3">Credit available with<br>ANY BANK IN AUSTRALIA<br>By<br>☐sight payment    ☐acceptance<br>☒negotiation<br>☐deferred payment at<br>against the documents detailed herein<br>× and beneficiary's draft(s) for 100% of invoice value at ___* * *___ sight<br>drawn on ISSUING BANK</td></tr>
<tr><td colspan="2">Loading on board/dispatch/taking in charge at/from<br>ADELAIDE<br>not later than APR. 06, 2015<br>For transportation to: GUANGZHOU</td></tr>
<tr><td colspan="2">☒ FOB    ☐CFR    ☐CIF<br>☐ or other terms</td></tr>
</table>

Documents required: (marked with ×)

1. (×) Signed commercial invoice in __3__ copies indicating L/C No. and Contract No. RS150228 - 16
2. (×) Full set of clean on board Bills of Lading made out to order and blank endorsed, marked "freight [ × ] to collect / [ ] prepaid [ ] showing freight amount" notifying __APPLICANT__ .
( ) Airway bills/cargo receipt/copy of railway bills issued by ________ showing "freight [ ] to collect/[ ] prepaid [ ] indicating freight amount" and consigned to ________.
3. ( ) Insurance Policy/Certificate in ______ copies for ____ % of the invoice value showing claims payable in ______ in currency of the draft, blank endorsed, covering All Risks, War Risks and ________.
4. (×) Packing List/Weight Memo in __3__ copies indicating quantity, gross and weights of each package.
5. ( ) Certificate of Quantity/Weight in ____ copies issued by ______.
6. ( ) Certificate of Quality in ___ copies issued by [ ] manufacturer/[ ] public recognized surveyor ______
7. (×) Certificate of Origin in __1__ copies .
8. (×) Beneficiary's certified copy of fax / telex dispatched to the applicant within __15__ days after shipment advising L/C No., name of vessel, date of shipment, name, quantity, weight and value of goods.

Other documents, if any.

Description of goods:

18 000 CANS OF AMMI BRAND CHILDREN GROWING - UP MILK POWDER S - II USD 48.00/CAN FOB ADELAIDE AS PER S/C NO. RS150228 - 16

PACKING: 12 CANS/CARTON, TOTAL 1 500 CARTONS.

Additional instructions:

1. (×) All banking charges outside the opening bank are for beneficiary's account.
2. (×) Documents must be presented within __15__ days after date of issuance of the transport documents but within the validity of this credit.
3. ( ) Third party as shipper is not acceptable, Short Form/Blank back B/L is not acceptable.
4. ( ) Both quantity and credit amount ____ % more or less are allowed.
5. ( ) All documents must be sent to issuing bank by courier/speed post in one lot.

( ) Other terms, if any.

2. 开证申请书填制规范

（1）致×××行（To）。

填写开证行名称，即进口商所在地银行名称。

（2）申请开证日期（Date）。

填写开证申请人向开证银行申请开证的日期。

（3）信用证的开立方式。

选择信用证的开立方式：

以信开航邮的形式开立信用证（Issue by Airmail）的方式，开证行以航邮将信用证寄给通知行。

以简电的形式开立信用证（With Brief Advice by Teletransmission）的方式，开证行将信用证主要内容发电预先通知受益人，银行承担必须使其生效的责任，但简电本身并非信用证的有效文本，不能凭以议付或付款，银行随后寄出的证实书才是正式的信用证。

以信开快递的形式开立信用证（Issue by Express Delivery）的方式，开证行以快递（如DHL）将信用证寄给通知行。

以全电的形式开立信用证（Issue by Teletransmission）的方式，开证行将信用证的全部内容加注密押后发出，该电讯文本为有效的信用证正本。目前实际业务中大多用全电开证的方式开立信用证。

（4）信用证编号。（Credit No.）

由银行填写信用证的编号。

（5）信用证的有效期和到期地点（Date and Place of Expiry）。

填写信用证的到期日和到期地点。信用证的到期地点可以规定在出口国、进口国或第三国，受益人一般会要求规定在出口国，方便交单。

（6）开证申请人（Applicant）。

填写开证申请人的名称和地址，开证申请人一般为进口商，也就是合同的买方。

（7）受益人（Beneficiary）。

填写受益人的名称和地址，受益人一般为出口商，也就是合同的卖方。

（8）通知行（Advising Bank）。

填写通知行的名称和地址。

（9）金额（Amount）。

填写信用证金额的大小写，按合同币别和金额填写。

（10）分批装运（Parital Shipments）。

选择信用证项下是否允许分批装运。

（11）转运（Transhipment）。

选择信用证项下是否允许货物转运。

（12）装运港（Loading on Board/Dispatch/Taking in Charge at/from）。

填写装运港名称。

（13）最迟装运期（Not Later than）。

填写货物的最迟装运日期。

（14）目的港（For Transportation to）。

填写目的港的名称。

（15）价格条款。

选择交易的贸易术语。

（16）押汇银行（出口地银行）（Credit Available with）。

填写此信用证可由×××银行即期付款、承兑、议付、延期付款，即押汇银行（出口地银行）名称。如果信用证为自由议付信用证，可填写为“ANY BANK”。

（17）信用证付款类型。

选择信用证付款类型：

即期付款信用证（Sight Payment）。

承兑信用证（Acceptance）。

议付信用证（Negotiation）。

延期付款信用证（Deferred Payment at）。

（18）Against the documents detailed herein and beneficiary's draft（s）for ____% of invoice value at ____sight drawn on ____（受益人按发票金额____%，作成期限为____天，付款人为____的汇票）。

填写汇票的金额、付款期限和付款人。

（19）信用证需要提交的单据（Documents Required）。

选择需要的单据。一般要求提交的单据有海运提单（或空运单、收货单）、发票、箱单、保险单、产地证、重量证明、数量证明、质量证明、装船通知、商检证明等。具体根据运输方式、贸易术语及进口商的需求填写。

（20）其他单据（Other Documents，if any）。

如果有其他单据，填写其他单据。

（21）货物描述（Description of Goods）。

填写货物名称、规格型号、单价、数量和包装。

（22）附加条款（Additional Instructions）。

填写对以上各条款未述之情况的补充和说明，包括对银行的要求等。

（23）开证申请人的银行账号（Account No.）；开证申请人的开户银行名称（With __________Name of Bank）；开证申请人签章（Transacted by）；开证申请人的联系电话（Telephone No.）。

**【任务互动】**

阅读开证申请书样单，找出以下内容：

1. 开证银行
2. 开证申请人
3. 信用证金额
4. 分批装运与转运

5. 装运港
6. 目的港
7. 最迟装运日
8. 汇票的付款期限与付款人

【知识链接】

**信用证交易为进口商带来的好处**

（1）改善谈判地位：开立进口信用证相当于进口商为出口商提供了商业信用以外的有条件付款承诺，对进口商有信用增强的作用，进口商可据此争取到比较合理的货物价位。

（2）货物有所保证：信用证属于银行信用，银行的介入可能使贸易本身更有保证，通过单据和条款，有效控制货权、装期等。

（3）减少资金占压：对于使用授信开证的进口商来讲，在开证后到付款前可减少自有资金的占用。

## （二）办理运输

1. 派船接运货物

海洋运输中，大批量货物出口需整船装运，办理租船手续；小批量货物出口，大部分采用班轮订舱方式运输。实际业务中，多数情况采用班轮运输，履行 FOB 交货条件下的进口合同，买方应及时向货运公司办理租船订舱手续，负责派船到对方口岸接运货物。在办妥租船订舱手续后，应按规定的期限将船名及船期及时通知卖方，以便对方备货装船。

（1）进口商委托货代办理租船订舱业务流程。

①进口商缮制托运委托书或称托运单和出口货物明细单，委托货代办理订舱手续。

②货代接受委托后，将托运单随同商业发票、装箱单等向船公司办理订舱。

③船公司或船代接受订舱，并向托运人或货代签发装货单。

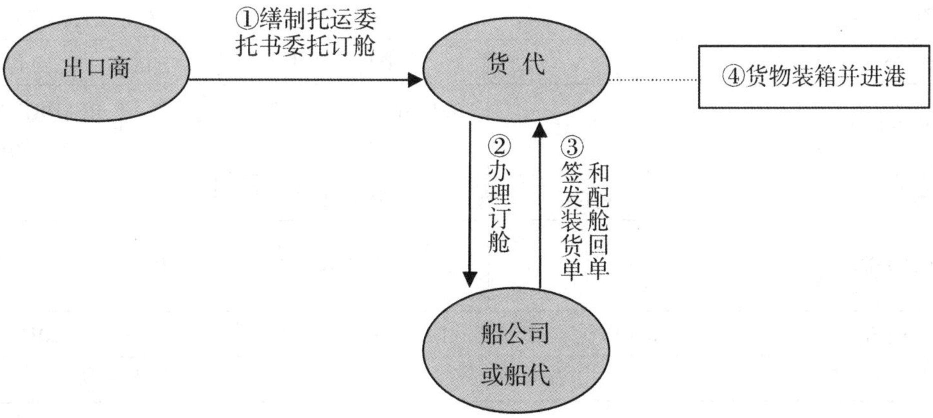


**图 8－2　租船订舱业务流程**

（2）托运委托书样单。

**中 国 外 运 广 东 公 司**

**进出口货物托运单**

提单编号 ______ 托运日期 MAR. 10,2015 托运单位编号 ______

合约编号 RS150228 – 16

船 名 MOON 船 期 V. 818 运往地点 GUANGZHOU

托 运 人 GUANGZHOU RED STAR CO. , LTD.

NO. 426 JIANYANG ROAD HAIZHU DISTRICT GUANGZHOU, CHINA

受 货 人 TO ORDER

通 知 SANDYDRIS TRADING COMPANY LTD.

ROOM 2401, WORLDTRADE MANSION, SYDNEY AUSTRALIA

| 标记及号码 | 件 数 | 货 名 | 重量 净重 | 重量 毛重 | 体积 |
|---|---|---|---|---|---|
| RED STAR<br>GUANGZHOU<br>RS150228 – 16<br>C/NO. 1 – 1500 | 1 500 CARTONS | AMMI BRAND CHILDREN GROWING – UP MILK POWDER<br>S – II | 3 600 KGS | 3 780 KGS | 72 CBMS |
| 合计 | 1 500 CARTONS | | 3 600 KGS | 3 780 KGS | 72 CBMS |

| | | | | | |
|---|---|---|---|---|---|
| 特约事项 | | | | | |
| 可否转船 | 是 | | （托运人盖章） | | |
| 可否分批 | 是 | 需要提单正本 3 份付本 3 份 | | | |
| 货物堆存地点 | | 装船期限 | BEFORE APR. 1, 2015 | 结汇期限 | BEFORE APR. 20, 2015 |
| 运费缴付方式 | 运费到付 | 运费账单开送 | | | |
| 信用证号码 | | 货 价 | FOB CIF | | |
| 运往船名 | MOON | 实际装船日期 | APR. 12, 2015 | | |
| 运费吨： | | 运费率： | | 运费金额： | |

（3）托运委托书的缮制规范。

托运委托书的缮制规范参见模块六。

2. 办理货运保险

FOB 或 CFR 交货条件下的进口合同，保险由买方办理。进口商向保险公司办理进口货物运输保险时，有两种做法，一种是逐笔投保方式，另一种是预约保险方式。

逐笔投保是进口商在接到国外出口商发来的装船通知后，直接向保险公司提出投保申请，填写起运通知书，并送交保险公司。保险公司承保后，即在起运通知书上签章，进口商缴付保险费后，保险公司出具保险单，保险单随即生效。

预约保险是进口商或收货人同保险公司签订一个总的预约保险合同，按照预约保险合同的规定，所有预约保险合同项下的按 FOB 及 CFR 条件进口货物的保险，都由该保险公司承保。预约保险合同对各种货物应保险的险别做出具体规定，故投保手续比较简单。每批进口货物，在收到国外装船通知后，即直接将装船通知寄到保险公司或填制国际运输预约保险启运通知书，将船名、提单号、开船日期、商品名称、数量、装运港、目的港等内容通知保险公司，即已办妥保险手续，保险公司则对该批货物负自动承保责任，一旦发生承保范围内的损失，由保险公司负责赔偿。

（1）进口货物运输投保业务流程。

①填写投保单。投保人按合同或信用证的规定，填写投保单。

②缴纳保险费。投保人按投保险别及相应保险费率计算并缴纳保险费。

③取得保险单据。支付保险费后，保险公司签发保险单据，投保人取得保险单据。

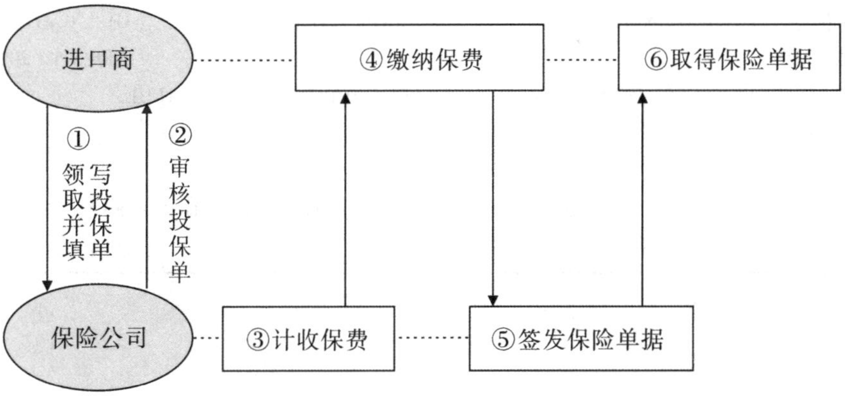


**图 8－3　进口投保业务流程**

（2）投保单样单。

**海运进口货物投保单**

| （1）保险人 | （2）被保险人 |
|---|---|
| THE PEOPLE'S INSURANCE （PROPERTY） COMPANY OF CHINA，LTD | GUANGZHOU RED STAR CO.，LTD. |

| （3）标记 | （4）包装及数量 | （5）保险货物项目 | （6）保险货物金额 |
|---|---|---|---|
| RED STAR<br>GUANGZHOU<br>RS150228－16<br>C/NO. 1－1 500 | 1 500CARTONS | AMMI BRAND CHILDREN<br>GROWING－UP MILK POWDER<br>S－II | USD956 858.00 |

（7）总保险金额（大写）

SAY U. S. DOLLARS NINE HUNDRED FIFTY－SIX THOUSAND EIGHT HUNDRED AND FIFTY－EIGHT ONLY.

（8）运输工具　（船名）MOON　（航次）V. 818

（9）装运港　SYDNEY　（10）目的港　GUANGZHOU

（11）投保险别　（12）货物起运日期　APR. 06，2015

COVERING ALL RISKS. OF PICC. FOR AT LEAST 110 PCT OF CIF－VALUE.

（13）投保日期　APR. 03，2015

（14）投保人签字

GUANGZHOU RED STAR CO.，LTD.

李玲

（3）保险单样单。

中保财产保险有限公司
The people's insurance(Property) Company of China, Ltd.
PICC PROPERTY

发票号码　　　　　　　　　　　　　　　　　　　　　　　　保险单号次
Invoice No. RS20150308-12　　　　　　　　　　　　　　　　Policy
No. PI150403-18

## 海 洋 货 物 运 输 保 险 单
## MARINE CARGO TRANSPORTATION INSURANCE POLICY

被保险人：
Insured: GUANGZHOU RED STAR CO., LTD

中保财产保险有限公司(以下简称本公司)根据被保险人的要求，及其所缴付约定的保险费，按照本保险单承担险别和背面所载条款与下列特别条款承保下列货物运输保险，特签发本保险单。
This policy of Insurance witnesses that The People' s Insurance(Property)Company of China, Ltd. (hereinafter called "The Company"), at the reruest of the Insured and in consideration of the agreed premium paid by the Insured, undertakes to insure the undermentioned goods in transportation subject to the conditions of this Policy as per the Clauses printed overleaf and other special clauses attached hereon.

| 保险货物项目<br>Descriptions of Goods | 包装 单位 数量<br>Packing Unit Quqntity | 保险金额<br>Amount Insured |
|---|---|---|
| AMMI BRAND CHILDREN GROWING-UP MILK POWDER S-II | 1 500CARTONS | USD956 858.00 |

承保险别　　　　　　　　　　　　　　　　　　　　　　　　货 物 标 记
Conditions。　　　　　　　　　　　　　　　　　　　　　　Marks of Goods

COVERING ALL RISKS. OF PICC. FOR AT LEAST 110 PCT OF CIF-VALUE.

RED STAR
GUANGZHOU
RS150228-16
C/NO. 1-1500

总保险金额：
Total Amount Insured: SAY U.S.DOLLARS NINE HUNDRED FIFTY-SIX THOUSAND EIGHT HUNDRED AND FIFTY-EIGHT ONLY.

保费　　　　　　　　　　载运输工具　　　　　　　　　　开航日期
Premium As arranged　　Per conveyance S.S MOON V.818　　Slg. on or abt APR.06,2015

起运港　　　　　　　　　　　　　　　　目的港
From SYDNEY　　　　　　　　　　To GUANGZHOU

所保货物，如发生本保险单项下可能引起索赔的损失或损坏，应立即通知本公司下述代理人查勘。如有索赔，应向本公司提交保险单正本(本保险单共有　　份正本)及有关文件。如一份正本已用于索赔，其余正本则自动失效。
In the event of loss or damage which may result in a claim under this Policy, immediate notice must be given to the Company' s Agent as mentioned hereunder. Claims, if any, one of the Original Policy which has been issued in ONE Original(s) together with the relevant documents shall be surrendered to the Company, If one of the Original Policy has been accomplished, the others to be void.

中保财产保险有限公司
THE PEOPLE' S INSURANCE(PROPERTY) COMPANY OF CHINA, LTD.

赔款偿付地点
Claim payable at GUANGZHOU IN USD
日期　　　　　　　　在
Date APR.03,2015　at GUANGZHOU
地址：
Address：

### （三）审单付款

开证银行收到国外寄来的汇票及单据后，根据“单证相符、单单相符、单据与有关国际贸易惯例相符”的原则，对照信用证的条款，核对单据的种类、份数和内容，如相符，即由开证银行向国外付款，并通知进口商按当日外汇牌价付款赎单。进口商收到开证银行通知后，在其付汇之前，首先需要审核卖方凭以议付的全套单据（包括发票、提单、装箱单、原产地证书等），然后买汇赎单。

【知识链接】

**货物贸易外汇管理制度改革——进口付汇制度改革**

进口付汇管理按照属地管理原则进行，外汇局对辖内进口单位和经营外汇业务的金融机构进行监管，对进口单位进口付汇情况进行非现场总量核查和监测预警，对异常资金流动情况进行现场监督核查。

为大力推进贸易便利化，进一步改进货物贸易外汇服务和管理，国家外汇管理局、海关总署、国家税务总局决定，自 2012 年 8 月 1 日起在全国实施货物贸易外汇管理制度改革，新制度下企业外汇核销业务流程与改革前业务流程相比发生较大变化，其中进口付汇变化如下表：

| 业务项目 | 改革前 | 改革后 | 对比 |
| --- | --- | --- | --- |
| 进口付汇 | 货到项下，付汇需凭进口报关单、合同、发票办理，三者缺一不可 | 凭进口报关单、合同、发票之一即可办理 | 简化单证 |
| | 预付货款还需先向外汇局申请额度，经系统确认或外汇局人工确认后方可到银行办理付汇 | 凭进口合同、发票之一即可办理 | 取消额度控制，简化单证 |

### （四）通关提货

进口货物到港后，会安排进入海关监管的港区，报关员持正本提单或者电放凭证去船公司换取提货单，进口商提取货物前，需向有关机构申报检验通关。进口商品分法定检验商品和非法定检验商品，进口法定检验商品必须先报检后报关，非法定检验商品可以先报关后报检。

进口货物申报是指在进口货物入境时，由进口公司（收货人或其代理人）向海关申报、交验规定的单据文件，请求办理进口手续的过程。进口货物到货后，由进口公司或委托货运代理公司或报关行根据进口单据填写进口货物报关单向海关申报，并随附发票、提货单、装箱单、保险单、进口许可证及审批文件、进口合同、产地证和所需的其他证件。如属法定检验的进口商品，还须随附商品检验证书。货、证只有经海关查验无误，才能放行。

1. 进口报关

（1）进口报关业务流程。

进口报关的基本环节包括申报、查验、征税、放行。进口报关具体流程如图 8－4 所示：

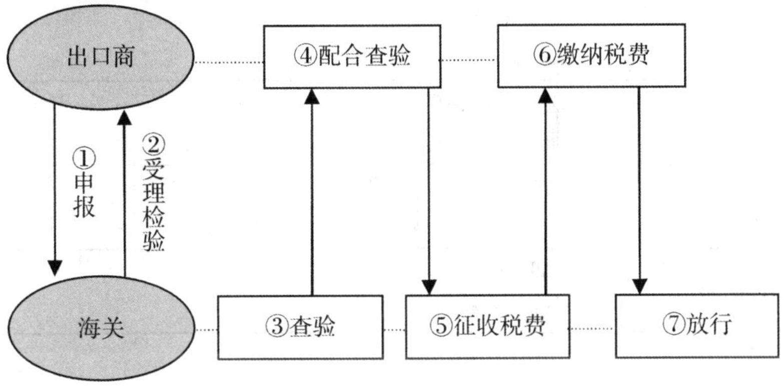


**图 8－4　进口报关业务流程**

（2）进口报关提交的单证。

①进口货物报关单。

②商业发票。

③装箱单。

④贸易合同。

⑤入境货物通关单。

⑥提货单。

（3）进口货物报关单。

中华人民共和国海关进口货物报关单

预录入编号：　　　　海关编号：

| | | | |
|---|---|---|---|
| 进口口岸<br>广州海关 | 备案号 | 进口日期<br>2015-04-22 | 申报日期<br>2015-04-22 |
| 经营单位<br>广州红星有限公司 | 运输方式<br>江海运输 | 运输工具名称<br>MOON　V.818 | 提运单号<br>COSCO15032016 |
| 收货单位<br>广州红星有限公司 | 贸易方式<br>一般贸易 | 征免性质<br>一般征税 | 征税比例 |
| 许可证号 | 起运国（地区）<br>澳大利亚 | 装货港<br>悉尼港 | 境内目的地<br>广州 |
| 批准文号 | 成交方式<br>FOB | 运费<br>USD3 000.00 | 保费<br>USD2 861.1 | 
| | | | 杂费 |
| 合同协议号<br>RS150228-16 | 件数<br>1 500 | 包装种类<br>CARTON | 毛重（公斤）<br>3 780 |
| | | | 净重（公斤）<br>3 600 |
| 集装箱号<br>COCU2687448（40′） | 随附单据<br>入境货物通关单 | | 用途 |

标记唛码及备注

RED STAR
GUANGZHOU　　　　COCU2687456（20′）
RS150228-16
C/NO.1-1500

| 项号 | 商品编号 | 商品名称、规格型号 | 数量及单位 | 最终目的国（地区） | 单价 | 总价 | 币制 | 征免 |
|---|---|---|---|---|---|---|---|---|
| 1 | 1901101000 | AMMI 牌儿童成长奶粉 S-II | 18 000CANS | 中国 | 48.00 | 864 000.00 | USD | 照章征税 |
| | | | | | | | | |
| | | | | | | | | |
| | | | | | | | | |

税费征收情况

| | | |
|---|---|---|
| 录入员　　录入单位 | 兹声明以上申报无讹并承担法律责任 | 海关审单批注及放行日期(签章)<br>审单　　审价 |
| 报关员<br>李玲 | 申报单位（签章） | 征税　　统计 |
| 单位地址　广州市海珠区建阳路 426 号 广州红星有限公司（签章） | | 查验　　放行 |
| 邮编　510522　　电话　*********** 填制日期　2015-04-22 | | |

(4) 进口货物报关单的填制规范。

进口货物报关单的内容和填制规范与出口货物报关单的大体相似，具体请参考模块四出口货物报关单的填法。

2. 进口报检

(1) 进口报检业务流程。

我国进口商品检验的程序主要包括报检资格认定（首次报检）、申请报检、检验、签证与放行等四个环节。具体过程如图 8－5 所示。

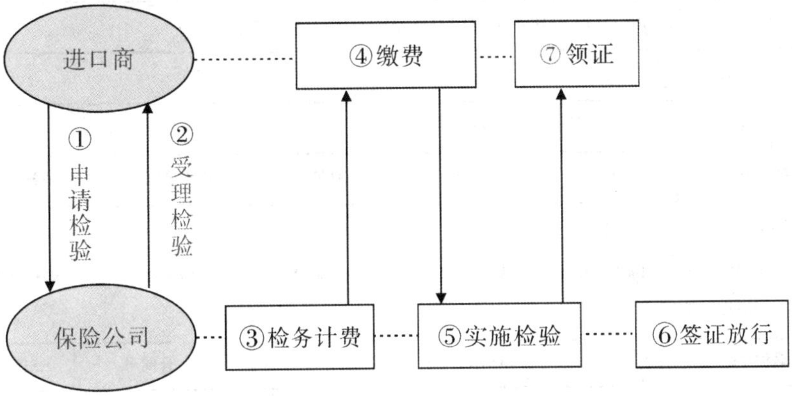


**图 8－5　进口报检业务流程**

(2) 进口报检时应提交或出示的单据。

①报检单。

②合同与合同附件

③信用证。

④商业发票。

⑤装箱单。

（3）入境货物报检单样单。

中华人民共和国出入境检验检疫
入境货物报检单

报检单位（加盖公章）: GUANGZHOU RED STAR CO.,LTD. *编 号

报检单位登记号: 1886566 联系人: 李玲 电话: 020-87684666 报检日期: 2015 年 04 月 21 日

| | | | | |
|---|---|---|---|---|
| 收货人 | （中文） | 广州红星有限公司 | 企业性质(划“√”) | □合资 □合作 □外资 |
| | （外文） | GUANGZHOU RED STAR CO.,LTD. | | |
| 发货人 | （中文） | | | |
| | （外文） | SANDYDRIS TRADING COMPANY LTD. | | |

| 货物名称(中/外文) | H.S.编码 | 原产国(地区) | 数/重量 | 货物总值 | 包装种类及数量 |
|---|---|---|---|---|---|
| 儿童成长奶粉 AMMI BRAND CHILDREN GROWING-UP MILK POWDER | 1901101000 | AUSTRALIA | 18 000CANS | USD864 000 | 1 500CARTONS |

| | | | | | |
|---|---|---|---|---|---|
| 运输工具名称号码 | MOON V.818 | | | 合同号 | RS150228-16 |
| 贸易方式 | 一般贸易 | 贸易国别(地区) | 澳大利亚 | 提单／运单号 | COSCO15032016 |
| 到货日期 | 2015-04-20 | 启运国家(地区) | 澳大利亚 | 许可证／审批号 | |
| 卸货日期 | 2015-04-20 | 启运口岸 | 悉尼港 | 入境口岸 | 广州港 |
| 索赔有效期至 | 2015-04-30 | 经停口岸 | | 目的地 | 广州 |
| 集装箱规格、数量及号码 | COCU2687448（40′） COCU2687456（20′） | | | | |
| 合同、信用证订立的检验检疫条款或特殊要求 | | 货物存放地点 | 仓库 | | |
| | | 用 途 | 其他 | | |

| 随附单据（划“✓”或补填） | | 标 记 及 号 码 | *外商投资资产(划“✓”) | □是☑否 |
|---|---|---|---|---|
| ☑合同<br>☑发票<br>☑提/运单<br>□兽医卫生证书<br>□植物检疫证书<br>□动物检疫证书<br>□卫生证书<br>□原产地证<br>□许可/审批文件 | □到货通知<br>☑装箱单<br>□质保书<br>□理货清单<br>□磅码单<br>□验收报告<br>□<br>□<br>□ | RED STAR<br>GUANGZHOU<br>RS150228-16<br>C/NO.1-1500 | *检验检疫费 | |
| | | | 总金额（人民币元） | |
| | | | 计费人 | |
| | | | 收费人 | |

| | | |
|---|---|---|
| 报检人郑重声明：<br>1. 本人被授权报检。<br>2. 上列填写内容正确属实。<br>签名：李玲 | 领 取 证 单 | |
| | 日期 | |
| | 签名 | |

注：有“*”号栏由出入境检验检疫机关填写 ◆国家出入境检验检疫局制

[1-2 (2000.1.1)]

（4）入境货物报检单的填制规范。

入境货物报检单的内容和填制规范与出境货物报检单的大体相似，具体请参考模块四出口货物报关单的填法。

3. 提货

进口货物在办完向海关申报，接受查验、缴纳税款等手续以后，由海关在货运单据（海运方式下为提货单）上签印放行，其中提货单（Delivery Order，简称 D/O）又称小提单，是收货人凭正本提单或副本提单随同有效的担保向承运人或其代理人换取的，可向港口装卸部门提取货物的凭证。收货人或其代理人必须凭海关签印放行的货运单据才能提取进口货物。货物的放行是海关对一般进出口货物监管的最后一个环节，放行就是结关，但是对于担保放行货物、保税货物、暂时进口货物和海关给予减免税进口的货物来说，放行不等于办结海关手续，还要在办理核销、结案或者补办进出口和纳税手续后，才能结关，收货人才能提货。提货单样单如下：

**提货单**　　NO. STBL0000031

**DELIVERY ORDER**

收货人：GUANGZHOU RED STAR CO.，LTD.　　致：广州　港区、场、站

下列货物已办妥手续，运费结清，准予交付收货人

| | | | | |
|---|---|---|---|---|
| 收货人开户银行账号 | | ******** | | |
| 船名　MOON | | 航次　V. 818 | 起运港　悉尼 | 目的地　广州 |
| 提单号　COSCO15032016 | | 交付条件 CY－CY | 到付海运费 COLLECT | 合同号 RS150228－16 |
| 卸货地点 GUANGZHOU | | 抵港日期 2015－04－20 | 进库场日期 2015－04－20 | 第一程运输 |
| 货名 | 儿童成长奶粉 | 集装箱号/铅封号 | | |
| 集装箱数 | 2 | COCU2687448（40′） | COCU2687456（20′） | |
| 件数 | 18 000PCS | | | |
| 重量 | G. W. 3 780KGS | | | |
| 体积 | 72 CBM | | | |
| 标志<br>RED STAR<br>GUANGZHOU<br>RS150228－16<br>C/NO. 1－1 500 | | | | |
| 请核对发货。 | | | | |

| | | | |
|---|---|---|---|
| 收货人章 | 海关章 | | |
| 1 | 2 | 3 | 4 |
| 5 | 6 | 7 | 8 |

4. 进口索赔

进口货物须经商检局检验。如有残损短缺，凭商检局出具的证书对外索赔。进口货物常因品质、数量、包装等不符合合同的规定，而需向有关方面提出索赔。有以下三种情况：

（1）向卖方索赔。

凡属下列情况者，均可向卖方索赔。例如，原装数量不足，货物的品质，规格与合同规定不符，包装不良致使货物受损，未按期交货或拒不交货等。

（2）向承运人索赔。

凡属下列情况者，均可向承运人索赔。例如，原装数量少于提单所载数量；提单是清洁提单，而货物有残缺情况，且属于船方过失所致；货物所受的损失，根据租船合约有关规定应由船方负责等。

（3）向保险公司索赔。

凡属下列情况者，均可向保险公司索赔。例如，由于自然灾害、意外事故或运输中其他事故的发生致使货物受损，并且属于承保险别范围以内的；凡轮船公司赔偿金额不足抵补损失的部分，并且属于承保范围内的损失。

**【案例】**

我国华东某公司以CIF术语于2012年5月从澳大利亚进口巧克力食品2 000箱，以即期不可撤销信用证为支付方式，目的港为上海。货物从澳大利亚某港口装运后，出口商凭已装船清洁提单和投保一切险及战争险的保险单，向银行议付货款。货到上海港后，经我方公司复验后发现下列情况：

（1）该批货物共有8个批号，抽查16箱，发现其中2个批号涉及300箱内含沙门氏细菌超过进口国的标准。

（2）收货人是实收1 992箱，短少8箱。

（3）有21箱货物外表情况良好，但箱内货物共短少85公斤。

请问：进口商就以上损失情况应分别向谁索赔？并说明理由。

分析要点：进口商常常因为货物的品质、数量、包装等不符合合同的规定，而需向有关方面提出索赔。根据造成损失原因的不同，进口索赔的对象主要有三个：即向卖方索赔、向承运人索赔和向保险公司索赔。进口索赔时，需要提供充足的证据。如证据不足、责任不明或与合同索赔条款不符，都有可能遭到理赔方的拒绝。

（1）在本案中，如果合同中已明确注明货物必须符合进口国的衡量标准，货物由于不符合规定而导致的损失应由出口方赔偿，反之应由进口方自行承担。

（2）对于收货时出现的数量短少问题，鉴于该案例中船公司签发的是已装船清洁提单，因此短少的数量应由船公司负责，但如果已经投保了一般附加险，则可以凭“偷窃提货不着险”向保险公司索赔。

（3）箱内货物的短少，由于船公司只负责审查货物外表情况是否良好，货物件数是否符合合同规定，船公司没有义务核实货物实质情况，所以货物内在瑕疵问题所导致的损失应向出口方索赔。

【小贴士】

**FOB + L/C 进口商履约流程与相应的单据**

| 履约流程 | 办理（受理）部门 | 进口商<br>提交的单据 | 受理部门<br>签发或返还的单据 |
|---|---|---|---|
| 申领进口付汇核销单 | 银行 | | 进口付汇核销单 |
| 申请开证 | 银行 | 开证申请书、合同、进口付汇核销单、进口许可证 | 信用证 |
| 租船订舱<br>向出口商发出派船通知 | 船公司或货代 | 进口订舱委托书 | 配舱通知、装货单 |
| 办理保险 | 保险公司 | 货物运输保险投保单 | 货物运输保险单 |
| 付款赎单 | 银行 | 信用证副本 | 信用证规定的提单、保险单、商业发票、装箱单、产地证书等单据 |
| 向船公司换提货单 | 船公司 | 提单 | 提货单 |
| 进口报检 | 出入境<br>检验检疫局 | 提货单<br>入境货物报检单<br>合同<br>商业发票<br>装箱单<br>原产地证书 | 入境货物通关单 |
| 进口报关 | 海关 | 合同<br>商业发票<br>装箱单<br>提货单<br>入境货物通关单<br>进口货物报关单 | 海关加盖放行章，返还提货单与进口报关单 |
| 缴税 | 国税局 | 海关进口关税专用缴款书<br>海关进口增值税专用缴款书 | |
| 提货 | 船公司 | 提货单 | |
| 进口付汇核销 | 外管局 | 进口付汇核销单<br>进口货物报关单 | |

# 参考文献


［1］张玉卿．国际货物买卖统一法——联合国国际货物销售合同公约释义．北京：中国对外经济贸易出版社，1998.

［2］黎孝先．国际贸易实务（第三版）．北京：对外经济贸易大学出版社，2000.

［3］石玉川．国际贸易术语的解释与应用．北京：对外经济贸易大学出版社，2000.

［4］韩经纶．国际贸易基础理论与实务（修订本）．天津：南开大学出版社，2001.

［5］陈红蕾．国际贸易实务（修订本）．广州：暨南大学出版社，2001.

［6］周厚才．国际贸易理论与实务．北京：中国财政经济出版社，2001.

［7］杨良宜．提单及其付运单证．北京：中国政法大学出版社，2001.

［8］顾民．外贸制单与结汇（第三版）．北京：对外经济贸易大学出版社，2001.

［9］赵承壁．国际货物买卖合同．北京：对外经济贸易大学出版社，2001.

［10］周树玲．外贸单证实务．北京：对外经济贸易大学出版社，2002.

［11］邵铁民．进出口货物海关通关实务．上海：上海财经大学出版社，2002.

［12］吴百福．国际货运风险与保险．北京：对外经济贸易大学出版社，2002.

［13］赵承壁．进出口合同履行与违约救济．北京：对外经济贸易大学出版社，2002.

［14］黎孝先．进出口合同条款与案例分析．北京：对外经济贸易大学出版社，2003.

［15］陈哲．进出口业务案例解析．北京：对外经济贸易大学出版社，2004.

［16］余世明．国际贸易实务练习题及分析解答．广州：暨南大学出版社，2004.

［17］张立玉，何康民．国际贸易进出口实务．武汉：武汉大学出版社，2004.

［18］陈岩，于永达．解析贸易术语．北京：清华大学出版社，2005.

［19］陈岩，刘玲．跟单信用证实务．北京：对外经济贸易大学出版社，2005.

［20］李元旭，吴国新．国际贸易单证实务．北京：清华大学出版社，2005.

［21］赖瑾瑜．国际商务理论基础．广州：暨南大学出版社，2006.

［22］吴百福，徐小薇．进出口贸易实务教程．上海：上海人民出版社，2007.

［23］王善论．国际贸易实务解惑 500 题．北京：对外经济贸易大学出版社，2007.

［24］阎之大．《UCP600》解读与例证．北京：中国商务出版社，2007.

［25］黄进，宋连斌，徐前权．仲裁法学．北京：中国政法大学出版社，2007.

［26］刘源海，吴勇．报关与报检实务．北京：高等教育出版社，2007.

［27］刘立平．国际贸易——理论与政策．合肥：中国科学技术大学出版社，2007.

［28］陈志红．国际贸易业务流程（第 2 版）．上海：华东师范大学出版社，2010.

［29］全国国际商务单证专业培训考试办公室．国际商务单证理论与实务（2011 年

版）．北京：中国商务出版社，2011.

［30］魏翠芬．国际贸易实务教程．北京：清华大学出版社，北京交通大学出版社，2010.

［31］李小可．国际贸易实务（第3版）．上海：华东师范大学出版社，2012.